CMP BOOKS
机工IT

U0347736

量子金融

理论与实战

Quantum Finance

Theory and Practice

郭国平　庄希宁　王超　著

机械工业出版社
CHINA MACHINE PRESS

本书从实用的角度出发，首先介绍了量子金融行业的整体现状，以及目前量子金融的发展方向，其次介绍了基础的量子门和线路，然后介绍了基础和进阶的量子算法，为量子金融实战进行铺垫，最后着重介绍了目前量子金融领域的主流量子金融应用算法。

　　本书采用了一些经典书籍的编写形式，不设置阅读门槛，读者可以从基础量子计算的算法开始，层层递进，完成书中内容的学习。低起点高坡度的方式，能够有效培养量子金融复合型人才。

　　本书适合量子计算技术相关研究人员和工程技术人员，以及金融行业的从业者阅读，无论是否有量子算法基础都可以直接进行上手应用。

图书在版编目（CIP）数据

量子金融：理论与实战／郭国平，庄希宁，王超著．
北京：机械工业出版社，2024.8. --ISBN 978-7-111
-76135-8

Ⅰ. F830.9

中国国家版本馆 CIP 数据核字第 2024B92D36 号

机械工业出版社（北京市百万庄大街 22 号　邮政编码 100037）
策划编辑：郝建伟　　　　责任编辑：郝建伟　陈崇昱　解　芳
责任校对：郑　婕　牟丽英　责任印制：张　博
北京利丰雅高长城印刷有限公司印刷
2024 年 8 月第 1 版第 1 次印刷
184mm×240mm · 12 印张 · 284 千字
标准书号：ISBN 978-7-111-76135-8
定价：79.00 元

电话服务　　　　　　　　网络服务

客服电话：010-88361066　　机　工　官　网：www.cmpbook.com
　　　　　010-88379833　　机　工　官　博：weibo.com/cmp1952
　　　　　010-68326294　　金　书　网：www.golden-book.com
封底无防伪标均为盗版　　机工教育服务网：www.cmpedu.com

前　言

PREFACE

　　量子计算（Quantum Computing）是近年来发展迅速的前沿科技，其巨大的算力提升潜能，对诸多行业的生态产生了深远的变革式影响。其中，金融因其巨大的社会、经济价值及与国家总体安全的密切关联，成为最受学界和业界瞩目的量子计算实际应用领域之一。如何向更多关心量子计算及其金融应用的从业人员及广大爱好者介绍这个多学科交叉、尚在快速发展中的领域，帮助他们快速建立一个基本全面的整体认知，进而提高量子金融相关领域的人才储备，促进行业整体发展进步，是一个有难度，更有价值的问题。

　　本书从量化金融（Quantitative Finance）的典型问题及其所面临的现实挑战出发，与量子计算的基本概念和原理相结合，阐述了量子金融（Quantum Finance）领域的最新研究现状及产业化进程；并逐步按照量子线路模型、基础运算模块与常用算法的顺序由浅及深介绍，以期帮助读者快速了解领域基础知识，具备自学与文献扩展阅读的能力。聚焦到具体金融问题，本书按照随机模拟、组合优化、机器学习、金融安全四个主题分别展开，较为详细地论述了与之相关的主流量子算法原理与具体实现过程，涵盖了包括金融衍生品定价、风险分析、投资组合优化、量化交易、后量子密码等场景在内的十余种具体应用，以期帮助读者熟悉金融领域计算问题的特点、难点及其量子解决方案，掌握应用算法研发的流程与方法。

　　在基础知识方面，本书假定读者具备线性代数、概率论等数学知识及一定的程序设计开发经验，以保证相关内容的正确理解。在应用实施方面，本书以本源量子自主研发的量子编程开发框架Pyqpanda 为工具，并结合本源量子在量子金融领域积累的一系列专业算法库，以降低开发难度及代码量，提高学习效率。目录中带有星号的章节为选读内容，供感兴趣的读者拓展阅读。

　　本书由郭国平、庄希宁、王超撰写。参加本书资料整理、调试工作的同志还有陈昭昀、窦猛汉、郑永杰、邹天锐、崔富鑫、殷博澳、袁野为、王辈等。本书的顺利出版，要感谢中国科学技术大学、合肥综合性国家科学中心人工智能研究院（安徽省人工智能实验室）、本源量子计算科技（合肥）股份有限公司的领导和老师给予的大力支持和帮助。

　　由于时间仓促，书中难免存在不妥之处，请读者原谅，并提出宝贵意见。

作　者

第 3 章
CHAPTER.3

基于量子随机模拟的金融应用 / 68

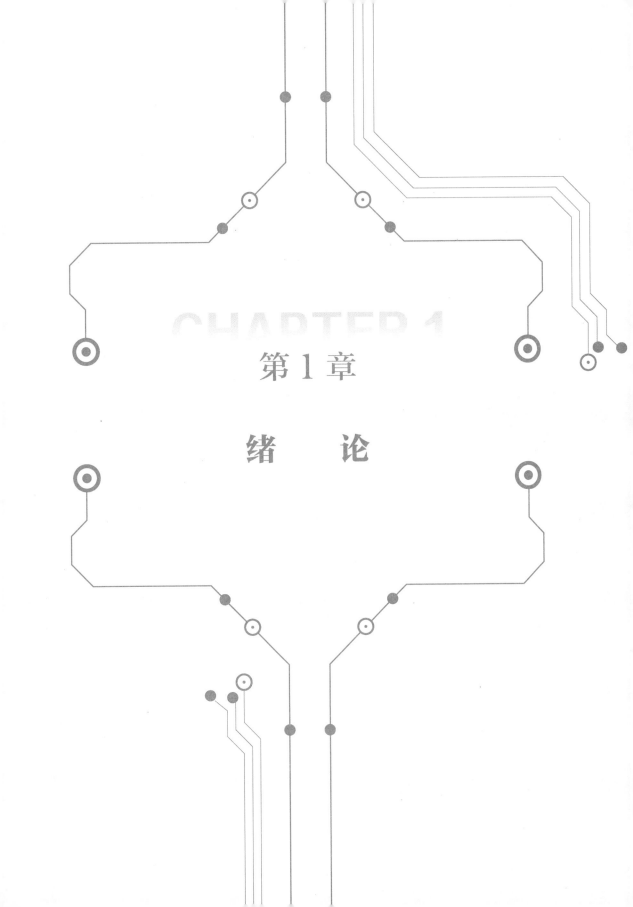

第 1 章

绪　　论

金融学研究个人和企业如何进行货币、资本等资源的配置。量化金融综合运用数学、概率统计、计算机和人工智能等学科方法对金融问题进行定量化研究和求解。量子计算建立在量子世界的物理规律之上，已经被证明可以解决包括物理、金融、化学、生物等领域在内的众多问题，且在特定问题上业已显示出一定优势和巨大潜力。如何利用量子计算的强大算力解决价值发现、资源配置、风险管理等关系国家安全与发展、社会生产与稳定、人民生活与进步的量化金融领域重要问题？方兴未艾的量子金融给出了一个充满想象力的答案。

本章共分为三节，第一节简要回顾量化金融的历史和其需要解决的典型问题，第二节初步介绍量子计算的简单概念和其潜在蕴含的强大算力，第三节描述运用量子计算解决金融问题的基本框架和广阔前景。

1.1　量化金融的典型问题与挑战

量化金融的研究兴起于 20 世纪 50 年代，应用概率统计和随机过程等数学工具对金融市场进行建模，并借助计算机科学特别是各类算法对定量化金融模型进行求解和调整，以协助人们在金融资本市场实现价值发现、风险管理、资源配置优化等目标。各类机器学习算法和计算硬件的发展进一步提高了量化金融模型的能力，也丰富了量化金融的内涵。本节回顾了量化金融的历史，简略介绍当代量化金融的经典和非经典场景，并初步认识量化金融当下和未来所面临的挑战。

▶▶ 1.1.1　量化金融的历史

现代西方金融（Finance）的概念形成于 20 世纪 50 年代，其研究内容主要包括与资本市场密切相关的股票、期货、期权等金融资产以及资本市场的运行机制。伴随着概率论与数理统计、随机过程和随机微分方程等金融数学工具的发展，计算机硬件的进步和有限差分方法、蒙特卡洛模拟、最小二乘回归、样条插值、二叉树模拟、凸优化算法等的提出，以及经典有监督和无监督学习、人工神经网络和深度学习等的发明应用，应用金融数学、计算机科学和人工智能算法的量化金融取得了长足的进步。传统的量化金融主要有两个分支，分别是金融衍生品定价和风险投资组合管理。

金融衍生品定价理论主要研究基于风险中性测度的期权、可转债、利率衍生品等金融资产的定价理论。最早的关于金融衍生品定价模型的研究可以追溯到 20 世纪初。1990 年，金融数学先驱、法国数学家路易·巴施里耶（Louis Bachelier）发表博士论文，首次在金融领域引入离散随机游走并研究了布朗运动假设下的期权定价模型。20 世纪 70 年代，美国经济学家保罗·A. 萨缪尔森（Paul Anthony Samuelson）与其学生罗伯特·C. 默顿（Robert Cox Merton）分别于 1965 年和 1969 年引入随机积分与连续时间随机过程，作为工具进行量化金融的研究；随后，菲舍尔·布雷克（Fischer Black）和迈伦·舒尔兹（Myron Scholes）以此为基础发展了基于几何布朗运动的 Black-Scholes 模型以解决欧式期权的定价问题[1]，Merton 和 Scholes 也因此分享了 1997 年的诺贝尔经济学奖。此后，该模型被扩展到更多不同类型标的资产的金融衍生品上，用以解决诸如各类奇异期权、固定收益和利率衍生品等的定价问题[2-7]。1981 年，哈里森（Harrison）和普利斯卡（Pliska）提出了基于完全市场无套利条件下的资产定价基本定理，引入随机过程中鞅的概念描述风险中性的资产价格[8]。金融衍生品定价理论的核心是对各类金融风险资产进行定价和对冲，随着定价理论和模型发展变得逐渐复杂，往往需要借助统计和概率论、随机过程、偏微分方程等数学工具，以及有限差分方法、蒙特卡洛模拟、最小二乘回归、样条插值、二叉树模拟等数值方法。在这里需要指出的是，金融衍生品定价理论大多数都基于风险中性假设，因而人们常用其对应的风险中性概率 Q 指代，称为 Q-Quant。

投资组合与风险管理重点关注对于市场的各类金融资产价格在一定投资周期内的概率统计分布进行建模和估计。1952 年，哈里·马可维茨（Harry Markowitz）在关于投资组合选择的开创性工作中引入均值-方差模型解决基于一定投资回报和风险的最优投资组合选择问题。威廉·夏普（William Sharpe）在 Markowitz 的工作基础上，于 1964 年提出了资本资产定价模型（Capital Asset Pricing Model，CAPM），描述证券市场资产价格与风险的关系，该理论被看作是金融市场现代价格理论的支柱。Markowitz、Sharpe 和 Miller 分享了 1990 年的诺贝尔经济学奖。此后，美国经济学家尤金·法马（Eugene Fama）和肯尼斯·弗伦奇（Kenneth French）于 1992 年提出了描述股票价格变化的 Fama-French 三因子模型，该统计模型利用简单因子解释复杂的股价变化，成为现代量化金融描述股票变化的基本模型，Fama 因此与他人分享了 2013 年的诺贝尔经济学奖[9]。与此同时，对投资组合的风险敞口及其控制的研究也变得愈发重要，特别是 20 世纪 90 年代以来，如何利用诸如期权、利率衍生品和金融衍生品作为对冲工具控制投资的风险暴露成为量化金融关注的焦点[10]。投资组合与风险管理同样需要引入各类复杂的金融数学工具和计算机算法进行建模和求解。需要强调的是，相较于金融衍生品定价理论的风险中性概率假设，投资组合与风险管理领域更关注如何估计真实概率 P，又称为 P-Quant。

随着 21 世纪数据规模爆炸式增长和计算机硬件算力的提升，基于经典机器学习（统计推断）和深度学习的量化金融应用也在快速兴起[11,12]，并已经被广泛应用于包括金融衍生品定价[13]和投资组合与风险管理[14,15]在内的经典量化金融场景。近年来，自然语言处理特别是大语言模型正逐步介入公司财务分析、金融舆情分析、金融人工智能客服等非传统量化金融领域，进一步丰富了量化金融的内涵。

以史为鉴，可以知兴替。回顾量化金融历史可以发现，数学工具和计算机与信息科学的发展不断加深和丰富人们对于金融市场的认识，同时也正在深刻和广泛地影响着金融行业的现状与未来。

▶▶ 1.1.2　量化金融的典型场景

量化金融的典型场景很多，用到的金融数学工具和计算机算法既有区别也有联系，面临的金融市场的数据规模等特征和典型问题也有所不同。本小节对量化金融的一些经典场景，例如金融衍生品定价与设计、量化交易与高频交易、金融风险分析、投资组合管理等进行简单介绍，以期读者对这些金融场景有一个初步的整体认识。各个金融场景具体使用的金融数学和算法会在后续章节进行更为详细的补充介绍，读者也可以在本章参考文献中了解一些更为深入、全面的相关材料。

❶ 金融衍生品定价与设计

金融衍生品是一种用于对冲风险或者投机交易的合约，其内在价值由合约规定的股票、股票指数、利率、信用、外汇、大宗商品等标的金融资产的价格决定，其按照合约的交易日期、标的资产的定义与价格、双方的权利义务等具体规定的不同可以分为远期（Forwards）、期货（Futures）、期权（Options）、互换（Swaps）、信用违约互换（Credit Default Swaps，CDS）、担保债务凭证（Collateralized Debt Obligation，CDO）、抵押担保证券（Mortgage-Backed Securities，CBS）等[16]。由于金融衍生品需要的数学知识涵盖了随机微积分、鞅（Martingale）理论、数值方法等，又被称为"华尔街上的火箭科学"。金融衍生品的定价主要使用 Black-Scholes-Merton 模型⊖方法和金融衍生品的鞅定价方法。由于强路径依赖的金融衍生品，例如各类复杂的奇异期权的价格无法通过解析方法求解，量化金融分析师往往需要使用格树方法（lattice tree methods）、有限差分算法（finite difference algorithms）和蒙特卡洛模拟（Monte Carlo simulation）等方法进行数值计算。除了金融衍生品的定价问题，如何开发、设计、检验新的金融衍生品和结构化金融产品，如何利用衍生品进行分析对冲和管理也是该领域的主要问题，这些问题的量化分析同样需要借助复杂的金融数学工具和数值方法。由于金融衍生品市场的巨大规模和衍生品设计的复杂结构，金融衍生品定价的数值方法对计算速度和计算能力的需求也与日俱增。关于金融衍生品定价与设计场景的更深入的内容可以参考本章列出的参考文献或者本书第 3 章相关内容。

❷ 量化交易与高频交易

量化交易是一种借助概率统计、数据分析、计算机算法等进行的程序化交易[17-19]。最早的量化交易可以追溯到 20 世纪 70 年代，经过约五十年的快速发展，至 2019 年美国股票市场超过 99.9%的股票交易量通过电子化交易进行，超过 92%的股票交易量是程序化交易[19,20]。由于量化交易是由计算机程序执行，其数据处理的规模和速度、执行交易规则的纪律性和系统性都远超普通基金经理。美国数学家詹姆斯·西蒙斯（James Simons）在 1982 年创立的文艺复兴对冲基金公司发行的"大奖章（Medallion）"基金取得了从 1988 年到 2018 年间连续三十多年年化收益率超过 66%的辉煌业绩，其间经历了 2008 年金融危机的考验。通常而言，量化交易需要量化策略研究员通过对交易行情数据、基本面宏观经济数据、新闻舆情等进行概率统计建模分析从而形成交易策略；再利用回测系统对策略的收益、最大回撤等进行分析模拟；最后通过交易算法实盘执行[17-19]。常见的交易策略包括基于时间序列分析的动量（momentum）模型与均值回归（mean-reversion）模型、基于多元回归分析的多因子（multi-factor model）模型、基于随机过程平稳性的统计套利（statistical arbitrage）模型、基于市场中性的配对交易（pair trading）模型、基于人工智能如经典机器学习和深度学习的交易模型等。其中有一类量化交易称为高频交易或者低时延交易，对交易的时间延迟和速度要求非常高，交易频率一般也较高；高频交易的交易策略也有所不同，例如基于市场微观结构的高频做市策略、基于时间序列分析的高频统计套利策略和高频抢单策略等[21-24]。量化交易与高频交易除了对金融数学模型和算法的发展提供了重要的贡献和促进，也对各类计算和通信硬件的技术进步有着强烈的需求，微波通信、低延时交易系统（low latency trading systems）、现场可编程门阵列（Field-Programmable Gate Array，FPGA）芯片等先进的通信和计算技术都被量化交易工程师特别

⊖ 本书提到的 Black-Scholes 模型和 Black-Scholes-Merton 模型在数学和理论上是相同的，区别主要在于对贡献者的认可和一些扩展。在实际应用中，这两个术语常常互换使用，因为它们都描述了相同的期权定价模型及其公式。

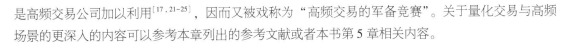

是高频交易公司加以利用[17, 21-25]，因而又被戏称为"高频交易的军备竞赛"。关于量化交易与高频场景的更深入的内容可以参考本章列出的参考文献或者本书第 5 章相关内容。

❸ 金融风险分析

量化金融风险分析借助各类概率统计模型对公司财务和资本市场的各类风险进行定量化的建模、预测和管理。早在 17 世纪，帕斯卡（Blaise Pascal）和费马（Pierre de Fermat）等数学家建立古典概率论的初衷之一就是描述不确定性带来的风险，保险作为最早的风险管理与转移工具也应运而生；现代金融风险分析管理最早可以追溯到 20 世纪 50 年代 Markowitz 的组合选择和分散投资理论；1987 年的金融危机促使金融公司和学术界开始关注"黑天鹅事件"和肥尾分布（fat－tail distribution）在金融风险分析中的作用；2008 年的金融危机后，金融系统的风险进一步引起了监管部门、金融公司和学术界更多的重视[26]。狭义的金融风险主要包括市场行情风险、流动性风险、操作风险、信用风险、商业风险等，其常见的金融风险分析模型包括风险因子模型（Risk Factor Model，RFM）、主成分分析（Principal Component Analysis，PCA）、经典波动率和协相关模型（Classical Volatility and Correlation Models，CVCM）、广义自回归性条件异方差（Generalized AutoRegressive Conditional Heteroskedasticity，GARCH）模型、概率耦合（Copulas）模型等[27]。除此之外，广义的金融领域的风险还包括保险精算领域的各类风险模型，如累积风险模型（Collective Risk Model，CRM）、广义线性模型（Generalized Linear Model，GLM）、毁灭理论（Ruin Theory）等[28-31]。导致金融市场不确定性增加的风险因子多、涉及面广、内部关系复杂，这些都使得金融风险的理论分析和数值模拟变得更加困难。关于金融风险分析场景的更深入的内容可以参考本章列出的参考文献或者本书第 3 章相关内容。

❹ 投资组合管理

现代投资组合管理与量化交易和金融风险分析等概念密切相关，有时甚至难以与后两者完全区分，本书讨论的投资组合管理主要是指在给定各类金融资产的回报率、风险、市场整体行情和投资者的风险偏好等因素的条件下如何有效管理并优化投资组合[32]。现代西方经济学基于"市场有效性假设"在一定程度上否定了主动投资组合，有研究声称绝大多数的基金经理管理投资组合的表现弱于市场基准，并推动了被动投资和各类指数型基金的发展壮大[33]；但是仍然有研究者和投资人寻求超越市场基准表现的主动投资组合管理[32]。主动型投资组合管理借用经济学和现代投资组合管理的理论方法，利用历史数据、各类金融资产特征和模型尝试预测金融资产的超额回报率和风险，进而实现有效的投资组合管理。关于投资组合管理场景的更深入的内容可以参考本章列出的参考文献或者本书第 4 章相关内容。

▶▶ 1.1.3　非传统量化金融场景

除了上述的经典量化金融场景，科学技术的发展特别是人工智能技术的进步催生了很多新的金融应用。尽管这些应用场景不属于传统的量化金融范畴，但是其使用的底层技术和量化金融是相通的，其应用的场景和金融领域密切相关且蕴含重要的应用价值和前景，因而我们也对这些非传统量化的金融场景做些简单的介绍。

❶ 经济新闻和舆情分析

突发性事件，例如战争和地区冲突的爆发、流行病的扩散、公司财务造假等丑闻的曝光、新的革命性技术的公布、公共事务和财政政策的变化，都有可能会对金融市场产生强烈的冲击；特别是在有效市场或半有效市场的条件下，此类经济新闻会被迅速乃至瞬间消化反映到市场行情中，从而导致股票和大宗商品等金融资产的价格出现剧烈的波动。能否迅速把握这些经济新闻和舆情的分析，并对标的金融资产的价格变化做出正确的预判，直接决定了投资者能否对冲、控制风险甚至利用市场波动盈利。关于这些范畴的研究属于事件驱动类策略和风险控制。利用人工智能特别是自然语言处理等技术可以更快速地对此类经济新闻进行舆情分析和情感判断，也可以更快地解读上市公司的财报；特别是在有效市场中不存在非公开信息，这种自动化、全天候、全市场跟踪监控经济新闻和舆情的算法相较于交易员可以更快更好地进行分析决策[34]。此外，通过对社交媒体、流媒体平台相关的讨论进行情感色彩分析，也可以辅助基金经理分析掌握公众对总体市场情绪、经济前景等的普遍看法，从而更好地进行交易决策[35-37]。关于经济新闻和舆情分析场景的更深入的内容可以参考本章列出的参考文献或者本书第5章相关内容。

❷ 反洗钱与反欺诈

洗钱（Money laundering）一词起源于利用洗衣房（收入多为硬币等零钱）为掩护将非法收入转化为表面合法的收入的过程，当今利用现金交易量大的行业、套壳公司、内幕交易等方式洗白非法收入的犯罪手法更是层出不穷，越发隐蔽，甚至规模仍在不断增加。除了加强监管措施，如何利用概率统计模型和算法检测洗钱行为也成为研究的热点。借助社区发现等图算法和异常检测等机器学习算法，可以对现金流网络进行社区划分或者对网络中包含的异常现金流进行检测，进而实现反洗钱[38,39]。反欺诈是针对钓鱼（phishing）等金融犯罪的监测和预防，同样地由于金融犯罪的形式千变万化，也需要借助各类反欺诈模型和算法进行检测。尽管应用场景和反洗钱有所区别，两者利用的算法在逻辑上有很多相似之处，例如对社交关系进行社区划分和图挖掘从而发现犯罪网络，或者利用各类异常检测算法识别金融犯罪。关于反洗钱与反欺诈场景的更深入的内容可以参考本章列出的参考文献或者本书第5章相关内容。

❸ 信用评分与信用分析

信用评分与信用分析是两个相互区别又密切相关的领域。信用评分的评价对象是个人，主要是通过个人的银行流水、信贷记录、学历、年龄等对一个人的财务状况和信用等进行评分，进而决定其信用卡额度授信或者贷款受理额度。信用分析的评价对象是公司、机构等，是通过公司财务报表、债务规模和结构等的分析，判断其发行的债的信用评级和违约概率。尽管评价的对象不同，传统的评价方法却又很多相似之处，往往是通过一些资深人士的经验制定评分规则和打分卡，对个人或者公司的信用情况进行判断[40-42]。传统方法受限于人的精力、能力和经验，容易出现评判标准缺陷、评判标准不统一、培训慢等情况。借助于电子化征信系统的建立、基于社交网络上社区划分的图算法、基于授信历史数据的数据挖掘算法等各类机器学习和优化算法，可以协助银行员工和评级机构更准确、全面、客观判断个人和机构的信用情况，更精确地定量刻画授信的额度、期限等[43,44]。关于信用评分与信用分析场景的更深入的内容可以参考本章列出的参考文献或者本书第5章相关内容。

④ 卫星遥感图像分析

卫星遥感图像是指利用人造卫星的雷达对大气、地表和地下的情况进行遥感测绘，进而得到可以用于分析大气云层、各类矿物等国土资源、农作物种植情况、城市用电量乃至国际航线和港口的船只数量等能够反映各国自然、经济状况的图像。一方面卫星技术的进步使得民用卫星已经可以达到 1 m 左右的精确度，并且利用不同波段电磁波探测的遥感技术可以反映包括各种地球化学、气象等信息的立体数据；另外一方面，机器学习的进步使得自动化分析这些海量遥感地图数据成为可能[45]。例如，通过对巴西大豆种植和收获面积的遥感卫星图像分析，可以比传统方法更快预测当年的大豆产量，而大豆作为重要的大宗商品会对诸如现货、商品期货、期权等金融资产的价格产生重要的影响，通过机器学习的图像识别算法这些产量数据的获取甚至可以早于收获本身，起到良好的预测作用。关于卫星遥感图像分析场景和图像识别算法的更深入的内容可以参考本章列出的参考文献或者本书第 5 章相关内容。

▶▶ 1.1.4 量化金融面临的挑战

经过逾半个世纪的快速发展，量化金融已经成为金融市场投资理论和实践的主流之一，但是其也面临诸多严峻的现实挑战，包括量化竞争的同业竞争加剧、监管和金融犯罪对抗的增强、新兴技术的冲击、信息的爆发式增长和数据质量的下降、算力瓶颈的制约等。这些挑战的出现和持续存在引导人们不断提高对风险的分析建模、对信息的收集和处理、对算力的提高和分配等各项能力。

❶ 竞争对抗的加剧

量化金融面对的严峻挑战之一，是竞争与对抗的不断加剧，大体可以分为两个层面。其一，是量化金融同业之间的竞争不断增强：美国市场的量化对冲基金数量从 1984 年的 68 只迅速增长到 21 世纪初的约超过 6000 只，到 2020 年量化金融的股票交易规模在市场总量的占比已经超过 92%[19,20]；中国的量化基金资产管理规模在 2020 年底突破 6000 亿元人民币，几乎是前一年规模的两倍。量化基金数量和资管规模的不断增大，导致不同量化基金之间的竞争日益激烈：市场有效性的增强使得对公开信息进行消化的价值发现过程加快，进而导致量化投资策略的有效期越来越短；市场的风格切换加快使得长期稳定收益变得更加困难，也导致中小规模量化基金的生存更加困难；对交易速度的追求使得量化基金特别是高频交易公司对硬件的投入不断加大也极大地增加了量化基金的运营成本[24]。其二，是在非传统量化金融领域，洗钱、欺诈、幌骗等金融犯罪行为和反洗钱、反欺诈等金融监管的对抗也更为激烈：基于区块链技术的去中心化加密货币使得跨国资金流动变得更加难以监管，利用各类网站、手机应用漏洞的网络诈骗更加隐蔽和难以回溯，技术进步的双刃剑既提高了检测金融犯罪的能力，也提高了发现金融犯罪的门槛和成本。竞争和对抗的加剧给量化金融的理论发展、技术进步、硬件升级、人才储备都带来了巨大的挑战。

❷ 新兴技术的冲击

量化金融同样面临新兴技术的冲击——量化金融既受益于金融数学和计算机科学等发展带来的技术进步，也面临着各项新兴技术的冲击。来自量化金融领域内部的冲击，如新的金融衍生品的开发、新的交易策略的研究、新的计算硬件的使用都会对金融机构特别是量化基金的市场盈利水平乃至生存能力造成挑战，特别是一些突破性技术的出现会极大改变原有的竞争格局。例如 FPGA 的应用直接绕过基于计算机服务器的量化算法，使得一些高频交易策略的执行不需要通过计算机操作系统的部分环节，极大地提高这些策略的速度优势[24,25]；显卡技术的进步使得人工神经网络的训练速度不断加快，使得用更多数据和更好的连接方式构造训练的神经网络对金融市场信息数据的处理能力得到了极大提高。除此以外，量化金融也面临领域外的新兴技术的冲击：基于区块链技术的加密货币使得对资金流动的监管变得更加困难；基于大语言模型和人工智能生成内容模型正在快速改变金融服务业和其他传统行业的基本面貌，这些都间接放大了金融市场的不确定性和量化金融管理投资组合和风险的难度。新兴技术对量化金融的冲击是全方位和双向的，如何应对新兴技术的冲击、控制新兴技术带来的风险、把握新兴技术潜在的能力是量化金融面临的又一巨大挑战。

❸ 信息的爆炸

量化金融亟待应对的又一挑战是现代社会的信息爆炸。就信息的规模而言，现代信息生产和传播技术的更新迭代使得社会无时无刻不在产生和传播各类信息。信息的来源不断增加：除了传统的来自金融市场的数据，还出现例如来自互联网和社交媒体等的聊天通信数据，来自物联网的各类传感器数据，来自人造卫星遥感图像等的图像数据，来自人工智能生产内容的数据，来自游戏和元宇宙的数据等；信息的数据规模不断膨胀：光纤通信、5G 网络、显卡和人工智能芯片等技术的进步促使高清语音通信、高清视频信号、数字艺术品、游戏和虚拟现实技术等的数据体积快速变大。另一方面，信息的质量却令人担忧：各类虚假信息层出不穷：显卡技术和各类人工智能生成算法的进步使得信息真伪的甄别变得更加困难；社交网络和自媒体的传播使得信息源和信息流的追溯确认变得更加难以实现；移动互联网对流量的追捧也在客观上刺激了夸张甚至虚假的谣言的生产和传播；此外，新的数据形式和结构也缺乏完善的理论框架进行分析和描述。高噪声、低质量的海量信息使得量化金融需要使用更加复杂的模型与算法，以及更加大规模的算力。

❹ 算力瓶颈的制约

量化金融同样难以回避算力瓶颈的制约——自从电子计算机诞生以来，集成电路的算力一直保持快速增长，英特尔创始人戈登·摩尔（Gordon Earle Moore）曾经在 1965 年和 1975 年的两篇论文中分别预言集成电路的算力每隔一年到两年会增长一倍，此后各种先进半导体制程工艺的研发一直在延续该预言的实现，使得集成电路的总体算力依照摩尔定律指数增长。然而随着半导体的制程从 90 nm（2004 年）、14 nm（2015 年）、7 nm（2019 年）一直进步到 5 nm（2020 年）乃至 3 nm（2022 年），量子世界的物理规律越来越成为算力的现实制约瓶颈。随着半导体尺寸的减小，量子隧穿效应导致的漏电流等越发明显，从根本上限制了算力的发展速度。除了制程的限制，高性能计算带来的资源、能源消耗和环境影响也越来越不容忽视。大规模计算中心甚至需要修建在海底或者溶洞中以提高散热能力减少冷却成本，很多国家和地区开始有限制地规划和管理计算中心的建设。算力增长面临的诸多瓶颈也同样制约着量化金融的发展。

量化金融面临的挑战很多，无法一一列举。但是通过本节的粗浅叙述，我们仍然不难看到，计算技术的进步是助力量化金融发展的关键，量化金融所面临挑战之解决又反过来促进量化金融和相关计算技术的进步。本书所介绍和谈论的量子计算正是其中最有希望的先进计算技术之一。

1.2 量子计算的飞速发展与现状

量子效应虽然制约了传统半导体集成电路的尺寸，却也蕴含着解锁更大算力潜能的钥匙——量子计算。量子计算是一种基于量子物理原理和量子信息科学的先进计算技术，经过物理学家、计算机科学家等孜孜不倦的探索和天才灵感的迸发，量子计算发展快速并已经在特定问题上超越现有的计算机，众多论文研究表明量子计算有望在更广泛的领域实现量子优越性。准确理解量子计算原理和充分认识量子计算潜能都离不开对量子力学和量子信息的科学认识，更需要对量子计算的发展和现状有整体的把握。

▶▶ 1.2.1 量子物理规律的发现

国内外有关量子力学理论及其发展历史的优秀著作汗牛充栋[46-49]，重新叙述这些内容既非笔者本意也远超笔者的能力范围。尽管如此，这里仍然会对量子力学的建立过程和基本原理做一些简单的陈述，以期能够帮助那些对物理学不甚熟悉的读者建立一些与量子计算密切相关的量子力学概念的直观认识，感兴趣的读者可以通过本书列举的一些参考文献做进一步了解。

众所周知，量子力学的建立起源于 1900 年普朗克（Max Planck）提出的能量量子化理论，该理论有效解决了开尔文勋爵威廉·汤姆孙（William Thomson，Baron Kelvin）所言"物理学晴朗天空的两朵乌云"之一的黑体辐射"紫外灾难"问题。这是人们第一次认识到能量并非连续和无限可分的。1905 年爱因斯坦（Albert Einstein）利用光的粒子性成功解释了光电效应实验现象，这与 1803 年英国博物学家托马斯·杨（Thomas Young）所做杨氏双缝干涉实验证明的光的波动性迥然不同，此即所谓的"波粒二象性"——光既是一种波动又是一种粒子，如图 1.1 所示。能量分立和波粒二象性所代表的主宰微观世界的物理规律与当时已知的宏观世界物理规律有着本质的不同。波尔（Niels Bohr）在 1913 年利用原子的电子轨道假设成功解释和预测了氢原子光谱，标志着旧量子理论的巨大成功——尽管此时的旧量子理论尚且缺乏坚实的数学基础和完整的理论框架，但是它已向人们初步揭示了很多重要的量子现象，例如不确定性和量子叠加态（quantum superposition）。

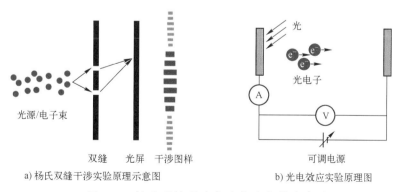

a) 杨氏双缝干涉实验原理示意图   b) 光电效应实验原理图

● 图 1.1　杨氏双缝干涉实验和光电效应实验

1923 年，法国物理学家德布罗意（Louis de Broglie）提出了物质波的概念，认为波粒二象性可以被推广到其他物质，这种革命性的思想跨越也成为现代量子力学发展的基础之一；1925 年，德国物理学家海森堡（Werner Heisenberg）和波恩（Max Born）、若当（Pascual Jordan）等人发展了描述量子物理的矩阵力学，利用当时物理学家并不十分熟悉的线性代数工具阐述量子力学的基本原理；1926 年，薛定谔（Erwin Schrödinger）发展了量子物理的波动力学，利用波函数的概率幅解释及其相关动力学方程给出了量子力学的一个数学框架；1927 年，海森堡提出了著名的"不确定性原理"，即一个粒子的位置和动量无法被同时准确测量，这种不确定性成为量子物理非常重要的基础概念。后文我们将会看到，这种不确定性导致的量子物理的叠加态是赋予量子计算强大计算能力的基础之一。20 世纪 20 年代到 30 年代，以波尔为首的一些物理学家逐步形成了量子力学的哥本哈根诠释：量子物理的本质是基于概率和不确定性的，而测量会导致处于叠加态的量子体系坍缩到某个确定的态。数学家希尔伯特（David Hilbert）、物理学家狄拉克（Paul Dirac）以及数学物理和计算机学家冯·诺依曼（John von Neumann）等人更深入发展和统一了量子力学的形式化公理体系。狄拉克提出相对论量子力学的狄拉克方程，尝试统一量子力学和狭义相对论，冯·诺依曼利用希尔伯特空间和算子理论为现代量子力学奠定了数学基础，并特别强调了量子测量（quantum measurement）的重要性。笔者想要指出的是，在量子力学中测量不再是一种单纯的旁观而是与被观测体系发生相互作用，这种与经典宏观观测迥异的量子测量在量子通信和量子计算的信息提取过程中起到了至关重要的作用，是理解量子计算基本原理和判断量子算法能否实现加速效果的关键之一。

▶▶ 1.2.2 量子信息科学的探索

量子信息科学是一个年轻的学科，回首半个世纪的发展历史，其进步之快、成就之多令人惊叹，展望量子信息科学的未来，其潜力之大、前景之广令人期待。本小节仅粗略回顾一下量子信息科学的发展历史和本领域一些重要概念的发现过程，以期读者领略量子信息科学的日新月异和充满想象力的未来。

❶ 量子信息科学的起源

量子力学的基本原理简单但是违背直觉。为了更好地理解量子力学，形成更准确的物理直觉，几代物理学家经过了不懈的努力，这个发展的过程也孕育了量子信息科学的诞生[50]。一些量子信息科学领域的基本概念和定理被确立，最早的量子密钥分发协议被提出，通用量子计算模型也被描述。

1973 年，苏联数学家亚历山大·霍尔沃（Alexander Holevo）指出量子比特可以携带的信息量超过了经典比特，但是能够通过测量得到的信息量与经典比特相同。Holevo 定理给出了量子比特携带信息量的上限，也展现出了量子态在表示和存储信息时相对经典比特的巨大潜力。在同一年，查尔斯·H. 本内特（Charles H. Bennett）证明利用量子效应计算是可逆的。量子计算的可逆性具有重要的应用价值：经典计算过程是不可逆的，对于一些复杂的机器学习模型，计算过程的能耗很高，而量子计算由于其可逆性理论上计算过程中不产生能量损耗，具有更好的经济性和环境友好性。

进入 20 世纪 80 年代，量子信息科学进入更为快速的发展阶段。1980 年保罗·贝尼奥夫（Paul

Benioff）第一次描述了计算机的量子力学模型，证明了量子计算机的理论可行性。

随后 Benioff 在 1982 年进一步发展了原始的量子图灵机模型。1984 年，查尔斯·H. 本内特和吉勒斯·布拉萨德（Gilles Brassard）提出了量子通信中著名的 BB84 协议，该协议中他们借助 Wiesner 共轭码实现了量子密钥分发，利用量子物理中观测会对物理体系产生影响的基本原理，通信双方可以察觉到窃听者的存在[51]。紧接着在 1985 年大卫·多伊奇（David Deutsch）首次描述了一个通用量子计算机，它可以在多项式时间内模拟任意一个量子计算机。同一年，艾雪·佩雷斯（Asher Peres）首次提出了量子纠错的概念，通过编码可以消除量子计算机运行中特定类型的错误[52]。

❷ 量子计算实现的曙光

20 世纪和 21 世纪相交的二十多年，量子计算迈出了从概念原型到走向实用化的第一步。具有量子优越性和一定通用性的算法被提出，一些量子算法甚至完成了实验演示，量子计算实现的曙光照进现实。

20 世纪 90 年代，量子通信和基于量子计算机运行的具有优势的量子算法的研究取得了重要的突破。1991 年，阿图尔·埃克特（Artur Ekert）提出了基于量子纠缠的安全通信协议 E91 协议[53]。1992 年，大卫·多伊奇和里查德·乔萨（Richard Jozsa）共同提出了首个在算法复杂度上具有量子优势的 Deutsch-Jozsa 算法[54]。紧接着在 1994 年，彼得·秀尔（Peter Shor）提出了大名鼎鼎的 Shor 算法，Shor 算法可以在量子计算机上以多项式时间复杂度求解整数分解和离散对数问题，取得相对于经典计算机的指数加速[55]。Shor 算法的重要意义在于它可以攻破现在最主流的基于大质因数分解的 RSA 加密体系，对现有金融等领域加密体系的安全造成严重威胁。自从 Shor 算法提出以来，关于可以抵御量子计算机破解的后量子密码的研究受到了空前的重视。短短两年之后的 1996 年，同样来自美国贝尔实验室的洛夫·格罗弗（Lov Grover）提出了量子计算领域第二个重要的算法——针对无结构数据库的 Grover 搜索算法[56]。尽管 Grover 搜索算法"只能"实现相对于经典算法平方级的加速，但是因为它的使用范围极广，产生了众多后续的应用和广泛的影响，是后续诸如量子蒙特卡洛模拟等一系列算法实现量子加速的基础。随后的 1998 年，是量子算法走向实验验证里程碑的一年——在这一年中，先后有三个学术团队实现了对首个量子算法 Deutsch-Jozsa 算法在基于核磁共振的量子计算机上进行了演示；Grover 搜索算法也在 3 比特的核磁共振量子计算机上进行了实验[57]。接下来的 1999 年，加布里埃尔·艾普利（Gabriel Aeppli）和托马斯·罗森鲍姆（Thomas Felix Rosenbaum）实验演示了量子退火算法的基本概念[58]；中村泰信（Yasunobu Nakamur）和蔡兆申（Jaw-Shen Tsai）等人论证了利用超导电路实现量子计算的可能性[59]。

随着 21 世纪钟声的敲响，量子计算的发展进入了快速通道，更多不同物理体系中都实现了对量子计算的实验演示，新的量子计算模型被提出，量子计算的商业化也开始加速。2001 年，Emanuel Knill、Raymond Laflamme 和 Gerard Milburn 等人证明，利用单光子源、线性光学元件和光子探测器可以实现基于线性光学的量子计算；同一年，Robert Raussendorf 和 Hans Jürgen Briegel 提出了基于测量的量子计算（Measurement-Based Quantum Computer，MBQC）模型，利用聚态和图态的制备与不断测量来实现通用量子计算，由于计算过程中纠缠态被测量不断摧毁，该模型又被称为 one-way 量子计算。2008 年，Aram Harrow、Hassidim 和 Seth Lloyd 提出了又一个具有通用性的量子算法——HHL 算法，该算法可以用于求解线性方程组并且相对经典计算机有指数级的复杂度优势[60]。2011 年，D-wave 公司推出了商业化的量子退火机 D-waveone，该机器可以用于解决复杂的组合优化问题。自此以后，量子计算商业化的进程开始不断加快。2012 年，世界上第一个量子计算软件公司 1Qbit 成立；2018 年，IonQ 推出第一款商业化的离子阱量子计算机，它具有 11 个全连通的量子比特，编程长度超过 60 个双比特门；2019 年，IBM 公司推出其第一个商业化的基于量子线路的量子计算机。

③ 量子优越性的里程碑

物理学家和计算机科学家经过近半个世纪的努力阐述与证明了基于量子力学原理的计算机的可行性和优势，人类历史上首次实现量子计算优越性的实验证明也终于在 2019 年被谷歌量子计算团队实现。2019 年 9 月，谷歌团队声称实现了量子霸权，他们利用具有 53 个量子比特的可编程超导量子比特"悬铃木"量子计算机，在随机线路采样任务中通过 200 s 实现了一百万次采样——当时最先进的经典超级计算机需要超过一万年才能完成同样的任务。

除了在特定计算任务上实现的量子计算优越性的演示实验，量子计算实用化中十分关键的量子纠错也取得了重要的进展。2021 年 1 月，奥地利的研究团队首次在离子阱量子计算机上实现了两个基于拓扑量子纠错码的纠缠门操作，2022 年 5 月该团队又在离子阱计算机容错量子比特上实现了计算操作通用集的演示实验。2023 年 2 月，谷歌的研究团队宣布他们利用容错表面码首次在实验中实现了错误的抑制。量子纠错可以利用编码纠错等方式用数个物理比特组成一个逻辑比特，这是量子计算实用化中的关键一环。

▶▶ 1.2.3　量子计算的现状

如上文所述，量子计算的软硬件技术都处于飞速发展之际，对其最新现状的描述难免有局限性，等到本书付梓其中的一些内容很有可能已经过时，但是我们仍然希望能够通过对现状的描述为读者总结呈现出阶段性的前沿水平。

在量子计算机的硬件技术指标方面，按照不同物理体系技术路线分别陈述。2023 年 5 月，Quantinuum 推出的 H2 量子处理器代表了离子阱量子计算机目前的最先进水平，它的量子比特数为 32 且采用全连通方式，量子体积达到了 65536，单比特和双比特门操作的精度分别达到 99.997%和 99.8%；2022 年 12 月，IBM 推出的 IBM Osprey 量子处理器是目前比特数最多的超导量子计算机，量子比特数达到了 433；2022 年，Xanadu 推出的 Borealis 量子处理器是已知的比特数最多的光量子计算机，量子比特数量达到了 216；M Squared Lasers 于 2022 年 12 月推出有 400 个量子比特的基于中性原子技术的 Maxwell 量子处理器；D-wave 于 2020 推出的 D-wave Advantage 量子比特数为 5760，是目前比较先进的量子退火机。2023 年，本源量子推出了国内领先的 72 比特超导量子计算机"悟空"，如图 1.2 所示。

在量子计算机的算法应用方面，除了下文着重介绍的金融领域以外，还包括物理、化学、生物、密码安全、机器学习、组合优化等。在物理领域，量子计算可以进行量子动力学模拟、哈密顿能量基态求解、流体力学计算等[61,62]；在化学领域，量子计算可用于求解分子基态能量，分子振动与光谱分析以及分子动力学模拟等问题，并在制药、材料设计与制造等方面有诸多应用[63,64]；在生物领域，量子计算可以用于生物制药、蛋白质结构预测、X 光衍射数据处理等[65]；在密码安全领域，量子算法可以用于破解密码，由此产生的后量子密码的研究也非常广泛[66]；在机器学习领域，量子计算可以用于各类经典机器学习算法和神经网络[67,68]；在组合优化领域，量子计算可以用于半正定规划和各类离散优化问题[69,70]。

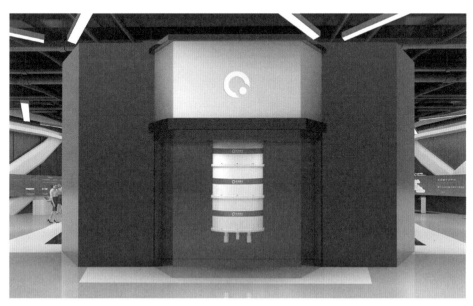

● 图 1.2　国产超导量子计算机"悟空"

通过上述量子信息科学发展历程的回顾和现状的概览不难看出，经过几代物理学家和计算机科学家的努力，量子信息特别是量子计算取得了飞速的发展——量子信息科学的理论基础日趋完善，基于不同物理体系的量子计算机百花齐放，具有一定通用性和速度优势的量子算法逐渐丰富，在一些特定领域已经展现出经典计算机无法比拟的优势。并且量子信息科学的技术进步和商业化的速度还在不断加快，人们有理由期待量子计算的技术奇点的到来。

1.3　量子金融的无限潜力与未来

在本章的第一节中我们介绍了量化金融的典型和新兴场景与问题，也指出计算技术的进步会是量化金融面临的主要机遇与挑战，而在第二节中我们回顾了量子信息科学迸发飞跃的历史，也领略到量子计算的先进算力优势，经过略微冗长但必要的铺垫，本节我们终于可以将目光聚焦到本书的主题——量子金融。

量子金融的研究内容正是运用新兴的量子计算技术解决富有挑战性的量化金融问题，蕴含着无限的潜力与未来。这种潜力体现在两个方面：一方面，资本市场的各大金融机构和科技公司纷纷倾注大量资源推动量子金融的商业化进程；另一方面，量子金融相关的研究成果也层出不穷。

▶▶ 1.3.1　量子金融的商业进程

量子计算的商业化进程主要由两个部分组成，其一是量子计算公司在资本市场备受追捧，融资和估值规模不断增加；其二是金融巨鳄和科技巨头纷纷展开量子计算的研究与合作。

❶ 资本市场的追捧

量子金融受到资本市场的追捧，相关初创公司的数量和融资规模不断增加，且投融资进展涵盖了产业链的各个环节以及各个技术路线，部分领先的量子计算公司开始登陆股票市场。

资本市场的追捧首先表现在获得融资的量子计算领域初创公司数量不断增加：量子人工智能公司 Sandbox AQ 获得了来自美国中央情报局投资机构 In-Q-Tel 和 Paladin Capital Group 的第一轮融资；德国中性原子量子计算公司 planqc 获得了 UVC Partners 和 Speedinvest 等投资机构的 460 万欧元融资；以色列量子计算公司 Quantum Source 获得了包括 Grove Ventures、Pitango First 和 Eclipse 等在内的 1500 万美元种子轮融资；光量子计算硬件公司 QuiX Quantum 宣布已获得 550 万欧元的种子资金，种子轮投资由集成光子产业加速器 PhotonDelta、荷兰风险投资公司 Forward.one 和区域发展机构 Oost.nl 牵头；可扩展量子计算机开发商 Atlantic Quantum 获得了由 The Engine 领投的 900 万美元种子轮融资；光量子计算公司 iPronics 融资 370 万欧元以加速可编程光子芯片的采用。

资本市场的追捧还表现在量子计算公司的各轮融资规模不断变大：量子软件开发公司 Classiq 的 B 轮融资达到了 3600 万美元，融资总额达到 5100 万美元；加拿大最大的成长型股权投资公司 Georgian Partners 牵头向多伦多量子计算初创公司 Xanadu 提供 1 亿美元的融资；2022 年 6 月，量子计算公司 Silicon Quantum Computing（SQC）宣布启动 1.3 亿美元的 A 轮融资；2022 年 7 月，英国超导量子计算公司 OQC 在 A 轮投资的第一笔交易中融资 3800 万英镑；同样是在 7 月，本源量子已完成新一轮股权融资，据透露本轮融资近 10 亿元人民币；欧洲超导量子计算领导者 IQM Quantum Computers（IQM）完成了 1.28 亿欧元的 A2 轮融资。

资本市场的追捧更表现在一些领先的量子计算公司已经开始陆续在包括纳斯达克和纽约证券交易所等美国股票市场上市。2021 年 10 月，IonQ 成为首家上市的量子计算初创企业，该公司于 2015 年成立，是量子计算领域的领导者之一，在创新和部署方面表现较为出色，也是目前唯一一家可以通过亚马逊（Amazon）Braket、微软（Microsoft）Azure 及 API 访问其量子系统的公司；2022 年 3 月，混合量子经典计算先驱 Rigetti Computing 与特殊用途收购公司 Supernova 完成业务合并，交易完成后 Rigetti 的普通股和认股权证开始在纳斯达克资本市场交易，作为行业先驱该公司取得了多项行业第一，包括第一个用于可扩展量子计算系统的多芯片量子处理器，以及目前在 Amazon Bracket 最大的门模型量子计算机；2022 年 8 月，D-Wave 量子计算公司敲响纽约证券交易所开市钟。

金融产业资本推动了量子计算和量子金融的商业进程，也说明了资本对量子金融前景的认可与肯定。

❷ 合作研究的展开

量子金融的商业化进程也推动和吸引各类金融公司与科技巨头参与量子金融的合作研究。相关研究的参与机构数量众多，实力雄厚，成果丰硕。

包括华尔街资本和各国大型银行、证券公司等都与量子计算公司合作开展研究工作，这种合作研究的层面很广泛，从合作机制的建立，到合作研究论文的撰写，再到人员的交流都有涉及。据统计，包括摩根大通、高盛集团、摩根士丹利、富国银行、花旗银行、丰业银行、渣打银行、巴克莱银行、汇丰银行、俄罗斯联邦储蓄银行、日本邮政银行、澳大利亚联邦银行、德意志银行、日本野村证券、芝加哥期货交易所等在内的数十家金融资本集团和机构提出了自己的量子金融计划并开展相关的合作研究。例如，摩根大通（JP Morgan Chase）在 2019 年与 IBM 合作发表利用量子计算机进行期权定价的工作成果[71]；2020 年，聘请前 IBM 杰出研究员 Marco Pistoia 担任全球应用技术研究中心主管；2021 年，又利用 NISQ 时代的 HHL 算法进行了组合优化的研究[72]；2022 年 6 月，撰写了长达 60 页的论文对量子金融领域的算法研究进行了相对系统的综述[73]。2021 年，高盛集团和量子计算公司 IonQ 合作在离子阱量子计算机上验证了量子蒙特卡洛算法的加速效果[74]。日本最大证券公司野村证券旗下的野村资产管理创新实验室（Nomura Asset Management，NAM）和日本东北大学合作研究量子机器学习的金融实用应用。

在国内，中国人民银行发布的《金融科技发展规划（2022−2025 年）》中指出"探索运用量子技术突破现有算力约束、算法瓶颈，提升金融服务并发处理能力和智能运算效率，节省能源消耗和设备空间，逐步培育一批有价值、可落地的金融应用场景。"包括中国国际金融公司、中国建设银行、中国工商银行、中信银行、民生银行、华夏银行等在内的金融机构均参与开展量子计算相关的调研和研究。例如，中国国际金融公司和本源量子联合申报的《量子计算机在期权定价的应用研究》入选中国证券业协会 2022 年重点课题；中国建设银行建信金科和本源量子合作推出国内最早的量子金融应用。

这些合作研究已经取得了丰富的学术成果，同时也引起了整个金融行业的极大关注，量子金融产生实际价值的时刻可能正在到来。

▶▶ 1.3.2　量子金融的研究现状

近年来利用量子计算解决量化金融领域的应用问题是研究的热点之一，相关的工作较多且一些已经在真实量子计算机上完成了实验演示。总体而言这些研究可以被分为三类：基于量子随机模拟的金融应用算法，包括利用量子蒙特卡洛模拟和哈密顿演化的金融衍生品定价问题，风险分析问题和保险精算问题等；基于量子组合优化的金融应用算法，包括利用变分量子算法与量子退火的投资组合优化问题和指数跟踪问题等；基于量子机器学习的金融应用算法，包括信用卡评分问题、异常检测问题、量化和高频交易问题等。

❶ 量子随机模拟的金融应用

量子随机模拟利用量子物理的随机性和量子态叠加原理，可以实现对随机过程等的高效模拟，因而可以用于对包括欧式期权和亚式期权在内的各类金融衍生品定价问题、希腊字母和 VaR 值等风险指标估计问题、保险公司破产问题的研究。

在金融衍生品定价问题方面，2018 年 P. Rebentrost 和量子计算公司 Xanadu 最早提出利用量子蒙特卡洛模拟的方法可以对金融衍生品定价问题进行研究并利用量子振幅估计算法获得平方加速效果[75]；2019 年，Ana Martin 等人利用 IBM 的 QX2 量子计算机和量子主成分分析完成了对利率衍生品定价问题的研究[76]；摩根大通的 N. Stamatopoulos 与 IBM 的 Daniel J. Egger 等人在 2020 年对量子蒙特卡洛模拟的期权定价问题进行了更为系统的研究，在包括香草期权、期权组合、篮式期权、亚式期权和障碍期权的定价问题上都进行了讨论，并且在真实量子计算机上进行了实验演示[71]；2021 年，Carsten Blank 等人利用离散随机过程的量子增强分析和傅里叶分析方法研究了欧式期权定价问题[77]；2022 年，中国科大和本源量子团队研究了更一般的基于连续随机过程的量子态制备与分析的期权定价模型[78]。

在金融风险分析问题方面，2019 年 IBM 研究团队 Stefan Woerner 等人利用量子蒙特卡洛分析实现了对重要风险指标风险价值（Value at Risk，VaR）的估计[79]；2020 年，N. Stamatopoulos 加入高盛并与 IBM 团队研究如何应用量子计算加速金融衍生品市场敏感度，即希腊字母的计算[80]；2022 年，中国科学技术大学（简称中科大）和本源量子团队研究了基于量子连续随机过程的累积风险模型并用于研究保险公司的破产概率问题。

关于量子随机模拟的基本原理及其金融应用可以参见本书第 3 章相关内容或者相关参考文献。

❷ 量子组合优化的金融应用

量子组合优化利用量子叠加态的指数级搜索空间和各类优化算法，可以实现对组合优化和二次无限制 0/1 优化的最优解加速求解，因而可以应用于包括投资组合优化问题，交易流优化问题和金融危机预测问题等在内的研究。

早在 2015 年 1Qbit 公司 Gili Rosenberg 等人联合美国 Lawrence 实验室利用量子退火机求解二次无限制 0/1 优化（Quadratic Unstrained Binomial Optimization，QUBO）模型从而解决交易流的优化问题[81]；2018 年，1Qbit 团队又提出利用量子退火机最小化投资组合的风险；同样是在 2018 年，Roman Orus 等人利用 QUBO 模型研究了金融危机的预测问题[82]；2019 年，Rigetti 团队的 Mark Hodson 等人利用变分量子算法研究投资组合的平衡问题，该方法使用量子经典混合算法，有望在近期中等规模含噪声量子计算机上实现应用[83]；2020 年，N. Slate 等人利用基于量子随机游走的优化算法进一步研究了组合优化问题的求解[84]。

关于量子组合优化的基本原理及其金融应用可以参见本书第 4 章相关内容或者相关参考文献。

❸ 量子机器学习的金融应用

量子机器学习利用基于 HHL 算法求解线性方程组的指数加速能力的各类有监督机器学习、量子聚类算法、量子贝叶斯推断和量子神经网络等，可以对随机分布进行学习或者对异常检测、量化高频交易等特定金融问题进行求解。

2018 年，新加坡国立大学量子中心的 Patrick Rebentrost 等人研究了在量子计算机中如何输入和表示金融数据的问题，并利用 HHL 算法加速投资组合优化的求解过程[85]；2020 年，英国爱丁堡大学的 Brian Coyle 和 Rigetti 团队研究了量子生成模型在金融领域的应用[86]；2021 年，中国科大和本源量子团队研究了基于量子哈密顿模拟的条件数估计和基于量子线性回归的协整性检验算法，可以实现对量化高频交易中统计套利算法的指数级加速，这是量子计算首次用于量化和高频交易领域[87]；2022 年，Takayuki Sakuma 研究了量子深度神经网络在金融领域的应用[88]。

关于量子机器学习的基本原理及其金融应用可以参见本书第 5 章相关内容或者相关参考文献。

 本章参考文献

［1］ BLACK F, SCHOLES M. The Pricing of Options and Corporate Liabilities ［J］. The Journal of Political Economy, 1973, 81 (3): 637-654.

［2］ MERTON R C. On the pricing of corporate debt: The risk structure of interest rates ［J］. The Journal of finance, JSTOR, 1974, 29 (2): 449-470.

［3］ SMITH JR C W. Option pricing: A review ［J］. Journal of Financial Economics, Elsevier, 1976, 3 (1-2): 3-51.

［4］ COX J C, ROSS S A, RUBINSTEIN M. Option pricing: A simplified approach ［J］. Journal of Financial Economics, 1979, 7 (3): 229-263.

［5］ HULL J, WHITE A. Pricing interest-rate-derivative securities ［J］. The review of financial studies, Oxford University Press, 1990, 3 (4): 573-592.

［6］ ZHANG P G. Exotic options: a guide to second generation options ［M］. World scientific, 1997.

［7］ ACHDOU Y, PIRONNEAU O. Computational methods for option pricing ［M］. SIAM, 2005.

［8］ HARRISON J M, PLISKA S R. Martingales and stochastic integrals in the theory of continuous trading ［J］. Stochastic processes and their applications, Elsevier, 1981, 11 (3): 215-260.

［9］ FAMA E F, FRENCH K R. The cross-section of expected stock returns ［J］. the Journal of Finance, Wiley Online Library, 1992, 47 (2): 427-465.

［10］ MALZ A M. Financial Risk Management: Models, History, and Institutions ［M］. John Wiley & Sons, 2011.

［11］ DIXON M F, HALPERIN I, BILOKON P. Machine learning in Finance ［M］. Springer, 2020, 1170.

［12］ HEATON J B, POLSON N G, WITTE J H. Deep learning in finance ［J］. arXiv preprint arXiv: 1602.06561, 2016.

［13］ CULKIN R, DAS S R. Machine learning in finance: the case of deep learning for option pricing ［J］. Journal of Investment Management, 2017, 15 (4): 92-100.

［14］ HEATON J B, POLSON N G, WITTE J H. Deep learning for finance: deep portfolios ［J］. Applied Stochastic Models in Business and Industry, Wiley Online Library, 2017, 33 (1): 3-12.

［15］ SEZER O B, GUDELEK M U, OZBAYOGLU A M. Financial time series forecasting with deep learning: A systematic literature review: 2005 - 2019 ［J］. Applied soft computing, Elsevier, 2020, 90: 106181.

［16］ HULL J C. Options futures and other derivatives ［M］. Pearson Education India, 2003.

［17］ NARANG R K. Inside the black box: A simple guide to quantitative and high frequency trading

［M］. John Wiley & Sons, 2013, 846.

［18］ CHAN E P. Quantitative Trading：How to Build Your Own Algorithmic Trading Business ［M］. John Wiley & Sons, 2021.

［19］ KISSELL R L. Algorithmic trading methods：Applications using advanced statistics, optimization, and machine learning techniques ［M］. Academic Press, 2020.

［20］ LHABITANT F S. Hedge Funds：Quantitative Insights ［M］. John Wiley & Sons, 2009.

［21］ BROGAARD J, HENDERSHOTT T, RIORDAN R. High－frequency trading and price discovery ［J］. The Review of Financial Studies, Oxford University Press, 2014, 27 （8）：2267-2306.

［22］ ALDRIDGE I. High－frequency trading：a practical guide to algorithmic strategies and trading systems ［M］. John Wiley & Sons, 2013, 604.

［23］ JONES C M. What do we know about high－frequency trading ［J］. Columbia Business School Research Paper, 2013 （13-11）.

［24］ CARTEA Á, JAIMUNGAL S, PENALVA J. Algorithmic and high－frequency trading ［M］. Cambridge University Press, 2015.

［25］ LOCKWOOD J W, GUPTE A, MEHTA N, et al. A low－latency library in FPGA hardware for high － frequency trading （HFT） ［C］. 2012 IEEE 20th annual symposium on high － performance interconnects. IEEE, 2012：9-16.

［26］ TALEB N N. Black swans and the domains of statistics ［J］. The American Statistician, Taylor & Francis, 2007, 61 （3）：198-200.

［27］ ALEXANDER C. Market Risk Analysis, Practical Financial Econometrics ［M］. John Wiley & Sons, 2008.

［28］ GRANDELL J. Aspects of Risk Theory ［M］. New York, NY：Springer New York, 1991.

［29］ PROMISLOW S D. Fundamentals of actuarial mathematics ［M］. 2nd ed. Chichester, West Sussex, U. K：Wiley, 2011.

［30］ DICKSON D C M. Insurance risk and ruin ［M］. Cambridge, UK; New York：Cambridge University Press, 2005.

［31］ WUTHRICH M V. Non － Life Insurance：Mathematics & Statistics ［J］. SSRN Electronic Journal, 2013.

［32］ GRINOLD R C, KAHN R N. Active portfolio management ［J］. McGraw Hill New York, 2000.

［33］ FRINO A, GALLAGHER D R. Tracking S&P 500 Index Funds ［J］. The Journal of Portfolio Management, 2001, 28 （1）：44-55.

［34］ LI Q, WANG T, GONG Q, et al. Media－aware quantitative trading based on public Web information ［J］. Decision support systems, Elsevier, 2014, 61：93-105.

［35］ KHAN W, GHAZANFAR M A, AZAM M A, et al. Stock market prediction using machine learning classifiers and social media, news ［J］. Journal of Ambient Intelligence and Humanized Computing, Springer, 2020：1-24.

［36］ RENAULT T. Sentiment analysis and machine learning in finance: a comparison of methods and models on one million messages ［J］. Digital Finance, Springer, 2020, 2（1-2）: 1-13.

［37］ SOHANGIR S, WANG D, POMERANETS A, et al. Big Data: Deep Learning for financial sentiment analysis ［J］. Journal of Big Data, Springer, 2018, 5（1）: 1-25.

［38］ CHEN Z, VAN KHOA L D, TEOH E N, et al. Machine learning techniques for anti-money laundering（AML）solutions in suspicious transaction detection: a review ［J］. Knowledge and Information Systems, Springer, 2018, 57: 245-285.

［39］ JULLUM M, LLAND A, HUSEBY R B, et al. Detecting money laundering transactions with machine learning ［J］. Journal of Money Laundering Control, Emerald Publishing Limited, 2020, 23（1）: 173-186.

［40］ ALTMAN E I. An emerging market credit scoring system for corporate bonds ［J］. Emerging markets review, Elsevier, 2005, 6（4）: 311-323.

［41］ GRIER W A. Credit analysis of financial institutions ［M］. Euromoney Books, 2007.

［42］ LUCAS D J. Default correlation and credit analysis ［J］. The journal of fixed income, Institutional Investor Journals Umbrella, 1995, 4（4）: 76-87.

［43］ TSAI C F, CHEN M L. Credit rating by hybrid machine learning techniques ［J］. Applied soft computing, Elsevier, 2010, 10（2）: 374-380.

［44］ BHATORE S, MOHAN L, REDDY Y R. Machine learning techniques for credit risk evaluation: a systematic literature review ［J］. Journal of Banking and Financial Technology, Springer, 2020, 4: 111-138.

［45］ SCHWALBERT R A, AMADO T, CORASSA G, et al. Satellite-based soybean yield forecast: Integrating machine learning and weather data for improving crop yield prediction in southern Brazil ［J］. Agricultural and Forest Meteorology, Elsevier, 2020, 284: 107886.

［46］ GRIFFITHS D J, SCHROETER D F. Introduction to quantum mechanics ［M］. Cambridge university press, 2018.

［47］ SAKURAI J J, COMMINS E D. Modern quantum mechanics, revised edition ［J］. American Association of Physics Teachers, 1995.

［48］ 曾谨言. 量子力学 ［M］. 5 版. 北京: 科学出版社, 2000.

［49］ 张永德. 量子力学 ［M］. 北京: 科学出版社, 2002.

［50］ NIELSEN M A, CHUANG I L. Quantum computation and quantum information ［M］. 10th ed. Cambridge; New York: Cambridge University Press, 2010.

［51］ BENNETT C H, BRASSARD G. Quantum cryptography: Public key distribution and coin tossing ［J］. arXiv preprint arXiv: 2003.06557, 2020.

［52］ PERES A. Reversible logic and quantum computers ［J］. Physical review A, APS, 1985, 32（6）: 3266.

［53］ EKERT A K. Quantum cryptography based on Bell's theorem ［J］. Physical review letters,

APS，1991，67（6）：661.

[54] DEUTSCH D, JOZSA R. Rapid solution of problems by quantum computation [J]. Proceedings of the Royal Society of London. Series A：Mathematical and Physical Sciences, The Royal Society London, 1992, 439（1907）：553-558.

[55] SHOR P W. Polynomial-time algorithms for prime factorization and discrete logarithms on a quantum computer [J]. SIAM review, SIAM, 1999, 41（2）：303-332.

[56] GROVER L K. A fast quantum mechanical algorithm for database search [C]//Proceedings of the twenty-eighth annual ACM symposium on Theory of computing. 1996：212-219.

[57] CHUANG I L, GERSHENFELD N, KUBINEC M. Experimental implementation of fast quantum searching [J]. Physical review letters, APS, 1998, 80（15）：3408.

[58] BROOKE J, BITKO D, ROSENBAUM, et al. Quantum annealing of a disordered magnet [J]. Science, American Association for the Advancement of Science, 1999, 284（5415）：779-781.

[59] NAKAMURA Y, PASHKIN Y A, TSAI J S. Coherent control of macroscopic quantum states in a single-Cooper-pair box [J]. nature, Nature Publishing Group UK London, 1999, 398（6730）：786-788.

[60] HARROW A W, HASSIDIM A, LLOYD S. Quantum algorithm for linear systems of equations [J]. Physical review letters, APS, 2009, 103（15）：150502.

[61] WECKER D, HASTINGS M B, WIEBE N, et al. Solving strongly correlated electron models on a quantum computer [J]. Physical Review A, APS, 2015, 92（6）：062318.

[62] CHEN Z Y, XUE C, CHEN S M, et al. Quantum approach to accelerate finite volume method on steady computational fluid dynamics problems [J]. Quantum Information Processing, Springer, 2022, 21（4）：137.

[63] MCARDLE S, ENDO S, ASPURU-GUZIK A, et al. Quantum computational chemistry [J]. Reviews of Modern Physics, 2020, 92（1）：015003.

[64] CAO Y, ROMERO J, OLSON J P, et al. Quantum Chemistry in the Age of Quantum Computing [J]. Chemical Reviews, American Chemical Society, 2019, 119（19）：10856-10915.

[65] OUTEIRAL C, STRAHM M, SHI J, et al. The prospects of quantum computing in computational molecular biology [J]. WIREs Computational Molecular Science, 2021, 11（1）：e1481.

[66] BERNSTEIN D J, LANGE T. Post-quantum cryptography [J]. Nature, Nature Publishing Group UK London, 2017, 549（7671）：188-194.

[67] BIAMONTE J, WITTEK P, PANCOTTI N, et al. Quantum Machine Learning [J]. Nature, 2017, 549（7671）：195-202.

[68] SCHULD M, SINAYSKIY I, PETRUCCIONE F. An introduction to quantum machine learning [J]. Contemporary Physics, 2015, 56（2）：172-185.

[69] BRANDAO F G, SVORE K M. Quantum speed-ups for solving semidefinite programs [C]// 2017 IEEE 58th Annual Symposium on Foundations of Computer Science（FOCS）. IEEE, 2017：

415-426.

[70] CEREZO M, ARRASMITH A, BABBUSH R, et al. Variational Quantum Algorithms [J]. Nature Reviews Physics, 2021, 3 (9): 625-644.

[71] STAMATOPOULOS N, EGGER D J, SUN Y, et al. Option Pricing using Quantum Computers [J]. Quantum, 2020, 4: 291.

[72] YALOVETZKY R, MINSSEN P, HERMAN D, et al. NISQ-HHL: Portfolio Optimization for Near-Term Quantum Hardware [J]. arXiv, 2023.

[73] HERMAN D, GOOGIN C, LIU X, et al. A Survey of Quantum Computing for Finance [J]. arXiv, 2022.

[74] GIURGICA-TIRON T, JOHRI S, KERENIDIS I, et al. Low depth amplitude estimation on a trapped ion quantum computer [J]. arXiv, 2021.

[75] REBENTROST P, GUPT B, BROMLEY T R. Quantum computational finance: Monte Carlo pricing of financial derivatives [J]. Physical Review A, American Physical Society, 2018, 98 (2): 022321.

[76] MARTIN A, CANDELAS B, RODRÍGUEZ-ROZAS Á, et al. Towards Pricing Financial Derivatives with an IBM Quantum Computer [J]. Physical Review Research, 2021, 3 (1): 013167.

[77] BLANK C, PARK D K, PETRUCCIONE F. Quantum-enhanced analysis of discrete stochastic processes [J]. npj Quantum Information, Nature Publishing Group, 2021, 7 (1): 1-9.

[78] ZHUANG X N, CHEN Z Y, XUE C, et al. Quantum Encoding and Analysis on Continuous Time Stochastic Process with Financial Applications [J]. arXiv, 2023.

[79] Quantum risk analysis | npj Quantum Information [EB/OL]. (2019-02-08) [2023-05-17]. https://www. nature. com/articles/s41534-019-0130-6.

[80] STAMATOPOULOS N, MAZZOLA G, WOERNER S, et al. Towards Quantum Advantage in Financial Market Risk using Quantum Gradient Algorithms [J]. Quantum, Verein zur Förderung des Open Access Publizierens in den Quantenwissenschaften, 2022, 6: 770.

[81] ROSENBERG G, HAGHNEGAHDAR P, GODDARD P, et al. Solving the Optimal Trading Trajectory Problem Using a Quantum Annealer [J]. IEEE Journal of Selected Topics in Signal Processing, 2016, 10 (6): 1053-1060.

[82] ORUS R, MUGEL S, LIZASO E. Forecasting financial crashes with quantum computing [J]. Physical Review A, 2019, 99 (6): 060301.

[83] HODSON M, RUCK B, ONG H, et al. Portfolio rebalancing experiments using the Quantum Alternating Operator Ansatz [J]. arXiv, 2019.

[84] SLATE N, MATWIEJEW E, MARSH S, et al. Quantum walk-based portfolio optimisation [J]. Quantum, 2021, 5: 513.

[85] REBENTROST P, LLOYD S. Quantum computational finance: quantum algorithm for portfolio optimization [J]. arXiv, 2018.

［86］ COYLE B，HENDERSON M，LE J C J，et al. Quantum versus classical generative modelling in finance ［J］. Quantum Science and Technology，IOP Publishing，2021，6 （2）：024013.

［87］ ZHUANG X N，CHEN Z Y，WU Y C，et al. Quantum computational quantitative trading：high-frequency statistical arbitrage algorithm ［J］. New Journal of Physics，IOP Publishing，2022，24 （7）：073036.

［88］ SAKUMA T. Application of deep quantum neural networks to finance ［J］. arXiv，2022.

第 2 章

量子计算入门和基础算法

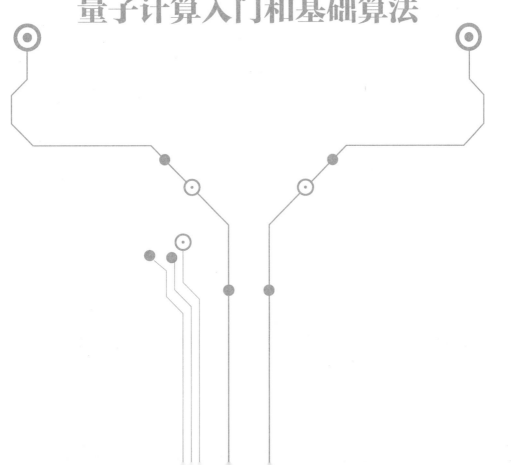

正如在第 1 章中所介绍的那样，量子力学和量子信息科学的理论深刻，内涵丰富，很多时候量子现象和人们的日常生活经验更是大相径庭。美国著名物理学家理查德·费曼（Richard P. Feynman）曾经说过，"我想我可以安全地说，没有任何人理解量子力学"[一]。费曼作为极擅长物理教育的现代量子力学泰斗尚且如此说，足见量子物理与量子信息科学的叙述和理解之困难。然而，理解量子信息科学又是阐述量子计算基本原理的必要基础，因此我们尽量使用数学工具对量子信息科学做一个最基本的描述，以期在不引入更多对于物理规律之理解困难的前提下明确本书讨论的数学基础，本章涉及的主要是线性代数。

量子计算的来源是量子物理学，通过使用数学模型来对量子世界进行描述，从而构建了基于量子力学的量子算法世界和量子计算体系。通过将量子线路和量子门具象化为酉矩阵，从而简洁地表示了量子计算的数学逻辑和公式表达。本章介绍的主要内容为一些著名且基础的量子算法，同时具有显著的量子加速效果，和经典的算法相比能够极大地减少求解问题的时间复杂度。

2.1 量子信息与线路模型

本节主要介绍如何用量子线路模型表示、处理和提取量子信息，以期读者能够对量子计算有最基本的直观理解，并快速掌握如何在经典编程框架中实现相应的量子线路。

▶▶ 2.1.1 量子比特与量子信息存储

量子计算的第一步，是将信息有效地编码和存储到量子物理系统中。在量子力学的 Dirac-von Neumann 公理化框架中，量子物理系统的可能状态可以用一个被称为态空间的希尔伯特空间中的单位向量描述，通常利用 Dirac 符号把这个量子态和它的对偶态分别标记为 $|\psi\rangle$ 和 $\langle\psi|$，两个态 $|\psi\rangle$ 和 $|\varphi\rangle$ 之间的内积可以表示为 $\langle\psi|\varphi\rangle$。

在量子信息科学中，量子比特（quantum bit，一般称为 qubit）是信息的基本单位：它可以描述最基本的量子物理体系，即一个具有两个量子态的量子系统。单比特量子物理系统有两个正交的基向量，我们可以把这两个量子态分别标记为 $|0\rangle$ 和 $|1\rangle$，根据不确定性原理这个量子系统的一般状态是这两个量子态的叠加态（quantum superposition），它可以被表示成

$$|\psi\rangle = c_1|0\rangle + c_2|1\rangle \tag{2.1}$$

其中，c_1 和 c_2 是两个复数[二]，被称为量子态 $|0\rangle$ 和 $|1\rangle$ 对应的概率幅（probability amplitude），表示量子态 $|0\rangle$ 和量子态 $|1\rangle$ 被测量到的概率分别是 $|c_1|^2$ 和 $|c_2|^2$，因而它们满足概率归一化条件

$$|c_1|^2 + |c_2|^2 = 1 \tag{2.2}$$

此处需要指出的是虽然 c_1 和 c_2 被称为概率幅，但是它和经典概率有着本质的区别，因而必须使用复数而非实数进行描述。由于概率幅满足条件 $|c_1|$，$|c_2| \leqslant 1$，不失一般性我们可以令

⊖ 原文为 "I think I can safely say that nobody understands quantum mechanics." 出自他的著作《物理定律的本性》（*The Character of Physical Law*）。

⊖ 考虑到书中涉及大量代码，为保持一致性，公式中、图中字母不区分正斜体和黑明体，均以正体、明体表示。

$$c_1 = e^{i\delta} \cos \frac{\theta}{2}, c_2 = e^{i(\delta+\varphi)} \sin \frac{\theta}{2} \qquad (2.3)$$

其中，$e^{i\delta}$ 是一个整体相位（global phase）并没有实际可观测的物理现象，亦即两个概率幅同时乘以一个相同的、模为 1 的复数表示的是同一个量子态；与之相反，$e^{i\varphi}$ 是两个概率幅的相对相位（relative phase），它是可以通过实验进行测量的物理量，在量子物理和量子信息领域有非常重要的含义。相位是量子比特区别于经典比特的性质之一，在量子计算的很多算法中也扮演着举足轻重的角色。数学形式上，这样的量子态可以用一维复射影空间 $CP^1 = C^2/\sim$ 描述，通常使用布洛赫球面（Bloch Sphere）这一几何工具描述量子态，以便得到更为直观的展现，如图 2.1 所示。由于相差一个整体相位的量子态本质上是相同的，一般约定采用 $c_1 = \cos \frac{\theta}{2}$，$c_2 = e^{i\varphi} \sin \frac{\theta}{2}$，单比特量子态可以表示为图中的布洛赫球面上的点。可以看到，不同于经典比特仅能表示两个离散的态 $|0\rangle$ 和 $|1\rangle$，量子比特可以表示一个连续的态——球面上的任何一个点都表示一个可能的量子态。

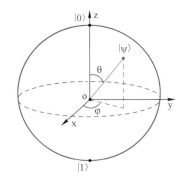

● 图 2.1　布洛赫（Bloch）球面示意图

当我们考虑具有多个比特的量子物理系统时，事情会变得更加有趣——多比特的量子物理系统的状态往往不能由组成它的各个子系统的状态直接决定，一个子系统的状态可能无法被独立描述，而是与系统的其他部分或者外部环境密切相关。以两比特量子物理体系为例，如果两个子系统 V_1、V_2 的一组正交基分别是 $|0\rangle_1$、$|1\rangle_1$ 和 $|0\rangle_2$、$|1\rangle_2$，我们可以考察如下四个被称为 "Bell 基" 的特殊量子态

$$|\psi^+\rangle = \frac{1}{\sqrt{2}}(|0\rangle_1 \otimes |0\rangle_2 + |1\rangle_1 \otimes |1\rangle_2)$$

$$|\psi^-\rangle = \frac{1}{\sqrt{2}}(|0\rangle_1 \otimes |0\rangle_2 - |1\rangle_1 \otimes |1\rangle_2)$$

$$|\varphi^+\rangle = \frac{1}{\sqrt{2}}(|0\rangle_1 \otimes |1\rangle_2 + |1\rangle_1 \otimes |0\rangle_2) \qquad (2.4)$$

$$|\varphi^-\rangle = \frac{1}{\sqrt{2}}(|0\rangle_1 \otimes |1\rangle_2 - |1\rangle_1 \otimes |0\rangle_2)$$

稍后我们即将看到为何使用张量积符号而非直和符号连接两个子系统中的态。此处读者可以姑

且将其当作态的一种链接符号，在不容易导致混淆的时候我们有时候也会把 $|0\rangle_1 \otimes |0\rangle_2$ 简记为 $|00\rangle$。注意到，尽管直接观测某个贝尔态例如 $|\psi^+\rangle$ 的第一个子空间无法得到确定的结果，但是如果对于第一个子空间的观测得到 $|0\rangle_1$ 态的结果，我们可以立刻知道第二个子空间的状态一定是 $|0\rangle_2$——即使物理体统的两个部分相去甚远，它们的状态仍然密切相关，许多物理实验已经证明了这种被称为量子纠缠（quantum entanglement）的现象的存在，例如图 2.2 所示的 Bell-CHSH 不等式实验即光子源产生一对方向相反的光子并分别通过两个指定角度的偏振器后，经探测器接收信号由监视器计数其一致性。改变偏振器角度并分别统计不同角度下 ++、+-、-+、-- 四类信号的数量，即可估计该角度下的量子相关性，并计算不同角度之间的差值。对于此差值，量子力学给出了与经典概率不同的预测，由此用于证明量子纠缠的存在。量子纠缠是量子通信中量子密钥分发（quantum key distribution）和量子隐形传态（quantum teleportation）的理论基础，如图 2.3 所示，Alice 随机生成两组不同基下的偏振态，并通过量子信道发送给 Bob。Bob 随机使用两组不同的基进行投影测量。重复若干次后，Bob 通过经典信道告诉 Alice 其使用的测量基，Alice 通过经典信道告诉 Bob 哪些基的选择是正确的。Alice 和 Bob 舍弃基选择错误的结果并将剩余序列作为密钥。如果窃听者 Eve 使用随机基测量后重新发送，会导致误码率的提高，从而有助于 Alice 和 Bob 发现窃听行为的存在。

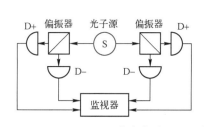

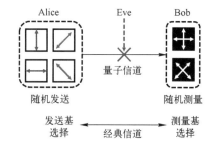

● 图 2.2　Bell-CHSH 不等式实验原理示意图　● 图 2.3　基于 BB84 协议的量子密钥分发原理示意图

许多量子态均与上述的贝尔态具有类似的性质，它们无法写成形如 $|\alpha\rangle_1 \otimes |\beta\rangle_2$ 的两个子空间中态的张量积形式，因而被称为纠缠态。需要指出的是，纠缠态与系统子空间的分解方式有关，而与子空间中基的选择无关。由于量子纠缠态的存在，一般而言这样一个两比特的量子物理系统需要四个基底才能完整描述

$$|\psi\rangle = c_{00}|0\rangle_1|0\rangle_2 + c_{01}|0\rangle_1|1\rangle_2 + c_{10}|1\rangle_1|0\rangle_2 + c_{11}|1\rangle_1|1\rangle_2 \qquad (2.5)$$

从量子信息表示的角度来看，对于多比特量子系统的态空间需要使用各个子系统态空间的张量积而非直和进行描述。更进一步，如果考虑由 n 个子系统 $V_1, V_2, \cdots, V_n$ 组成的整体，经典比特的状态空间 $V_{classical} = V_1 \otimes V_2 \otimes \cdots \otimes V_n$ 的维数是

$$d_{classical} = d_1 + d_2 + \cdots + d_n \qquad (2.6)$$

而量子比特的状态空间 $V_{quantum} = V_1 \otimes V_2 \otimes \cdots \otimes V_n$ 的维数是

$$d_{quantum} = d_1 \times d_2 \times \cdots \times d_n \qquad (2.7)$$

通过上述对比不难直观看出，经典物理系统和量子物理系统的可能状态空间数目有着巨大差

异，量子物理系统可以存储的信息量随着量子物理系统规模的增加指数级增长，这个快速增长的希尔伯特空间是量子信息处理特别是量子计算可能提供巨大计算潜力的关键之一，对量子纠缠的合理处理和应用也决定了量子算法能否实现加速效果。

在 pyqpanda 中，能够有效实现量子虚拟机的申请和量子比特以及经典比特的申请，在本源量子 pyqpanda 的应用框架中可以按照如下操作进行比特的申请：

```
1.    import pyqpanda as pq
2.
3.    machine = pq.CPUQVM()
4.    machine.initQVM()
5.    qv = machine.qAlloc_many(2)
6.    cv = machine.cAlloc_many(2)
```

其中 qv 表示用于在量子线路中计算的量子比特，也就是我们将在后续说明中所使用的主要虚拟资源，而 cv 表示储存量子测量信息的经典比特。

▶▶ 2.1.2 量子信息处理与量子并行

量子信息的处理过程是通过对量子物理系统的态变换实现的，这个过程可以用量子物理系统态空间上的算子 U 表示，它应该遵循量子力学的基本原理：首先，算子 U 是态空间上的一个线性算子，即当算子 U 作用在叠加态上时应满足

$$U(c_1|\psi_1\rangle + c_2|\psi_2\rangle + \cdots + c_n|\psi_n\rangle) = c_1 U|\psi_1\rangle + c_2 U|\psi_2\rangle + \cdots + c_n U|\psi_n\rangle \tag{2.8}$$

当选择一组确定的基底后，算子 U 可以用一个矩阵进行表示。注意到当 n 比特的量子物理系统处于 2^n 个量子态的叠加态时，如果我们可以将某个计算过程 f 用对应的算子 U_f 实现，那么算子 U_f 就可以同时作用在这 2^n 个量子态上。这种性质被称为量子并行性（quantum parallelism），是量子计算可以实现计算过程加速的又一关键原因。其次，算子 U 是态空间上的一个保内积算子，即当算子 U 分别作用在两个态 $|\psi\rangle$ 和 $|\varphi\rangle$ 后再计算内积，应该与作用前得到相同的结果：

$$\langle\psi|U^\dagger|U|\varphi\rangle = \langle\psi|\varphi\rangle \tag{2.9}$$

其中，算子 $U^\dagger$ 是算子 U 的对偶算子，当选择一组确定的基底后算子 $U^\dagger$ 的矩阵表示算子 U 矩阵的共轭转置。由态 $|\psi\rangle$ 和 $|\varphi\rangle$ 选取的任意性不难看出，算子 U 和 $U^\dagger$ 应该满足

$$U^\dagger U = I \tag{2.10}$$

从而量子力学原理允许的态演化过程可以用态空间上的酉算子（unitary operator）U 描述，作用在 n 比特量子物理系统上的酉算子又被称为 n-比特量子态变换，在确定一组基底后可以用 2^n-维的酉矩阵表示。值得注意的是，酉矩阵的维数是随着量子系统的规模指数增长的，因而不是所有酉矩阵都可以被经典计算机有效模拟，这也是费曼建议发展量子计算的一个主要出发点。最后，容易看出酉算子都是可逆的

$$U^\dagger = U^{-1} \tag{2.11}$$

因而量子计算对应的物理过程即量子态的变换也是可逆的。从能量损耗的角度而言，可逆计算

过程的能量损耗（例如维持低温环境等）可能更低，并且不会随着计算规模的增加显著增长，符合节能环保、双碳减排的时代风尚[1]。

量子态的变换在代数上是一个酉矩阵，在几何上则是量子态对应的希尔伯特空间中的一个旋转，由于量子态子空间旋转这个几何解释相当直观和简洁，所以利用这种思想甚至可以在一定程度上描述和解释大多数量子算法[2,3]。以常见的单比特量子态变换，比如 Pauli 变换为例：算子 $I = |0\rangle\langle 0| + |1\rangle\langle 1|$ 是恒等变换，将两个基底都映射到自己，其矩阵表示是

$$I = \begin{bmatrix} 1 & 0 \\ 0 & 1 \end{bmatrix} \tag{2.12}$$

类似地，算子 $X = |0\rangle\langle 1| + |1\rangle\langle 0|$ 将基底 $|0\rangle$ 和 $|1\rangle$ 互换，其几何含义是在 Bloch 球面中绕着 x 轴旋转 180°，相应的矩阵表示是

$$X = \begin{bmatrix} 0 & 1 \\ 1 & 0 \end{bmatrix} \tag{2.13}$$

一般约定算子 $Y = -i|0\rangle\langle 1| + i|1\rangle\langle 0|$，其几何含义是在 Bloch 球面中绕着 y 轴旋转 180°，矩阵表示是

$$Y = \begin{bmatrix} 0 & -i \\ i & 0 \end{bmatrix} \tag{2.14}$$

而算子 $Z = |0\rangle\langle 0| - |1\rangle\langle 1|$ 的几何含义是在 Bloch 球面中绕着 z 轴旋转 180°，相应的矩阵表示是

$$Z = \begin{bmatrix} 1 & 0 \\ 0 & -1 \end{bmatrix} \tag{2.15}$$

多比特量子态变换可以改变量子物理系统的纠缠这一非局域性质，进而呈现出与经典计算迥异的各种现象，例如著名的"不可克隆定理"（no-cloning principle）（见图 2.4），我们将在下一节更为详细地介绍它的其他丰富内涵。

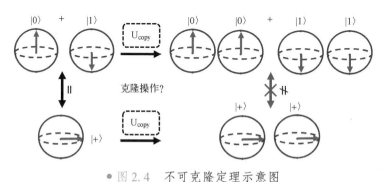

● 图 2.4 不可克隆定理示意图

将信息用量子物理系统进行高效的编码和计算处理后，仍需要将其提取为经典信息，才能满足社会生产和生活中的各类实际场景需求。最常见的量子信息提取方法是利用量子测量实现的。量子测量过程可以用投影算子 P 进行描述：考虑厄米算符 O 的特征子空间直和分解 $V = V_1 \oplus V_2 \oplus \cdots \oplus V_n$，其

在特征子空间 V_k 上的投影算子 $P_k : V \to V_k$ 定义为

$$V = V_1 + V_2 + \cdots + V_k \longmapsto V_k \qquad (2.16)$$

根据量子力学的测量公设，任意量子测量可以由一个被称为可观测量的厄米算符 O 决定，并且对量子态 $|\psi\rangle$ 的观测结果会以 $|P_k|\psi\rangle|^2$ 的概率坍缩到算符 O 的第 k 个特征子空间 V_k 中。测量对系统状态的影响是量子物理迥异于经典物理的重要特征，也是考虑量子随机过程中的马尔可夫性质定义时不得不面对的难点。此外，尽管量子物理在信息的编码和处理中展现出巨大的潜在空间优势，将量子信息提取为经典信息的过程却存在着重要的限制。Holevo 定理指出，从 n-量子比特中仅能提取出 n-比特的经典信息[4]。这一信息提取上限对于量子算法的设计和量子优势的实现均有重要的限制作用，需要量子金融从业者予以重视，在实际算法开发中精心设计如何提取量子态中蕴含的有效信息。

在 Pyqpanda 中，可以使用测量的接口来获取量子比特所携带的信息，可以使用的接口有 Measure 和 measure_all：

```
1.    from pyqpanda import *
2.
3.    if __name__ == "__main__":
4.        qvm = CPUQVM()
5.        qvm.init_qvm()
6.        qubits = qvm.qAlloc_many(4)
7.        cbits = qvm.cAlloc_many(4)
8.
9.        # 构建量子程序
10.       prog = QProg()
11.       prog << H(qubits[0])\
12.           << H(qubits[1])\
13.           << H(qubits[2])\
14.           << H(qubits[3])\
15.           << measure_all(qubits, cbits)
16.
17.    #量子程序运行 1000 次，并返回测量结果
18.    result = qvm.run_with_configuration(prog, cbits, 1000)
```

▶▶ 2.1.3 量子逻辑门与线路

n 个量子比特上的量子门的要求是 2^n 阶大小的酉矩阵，量子门的作用就是将该酉矩阵作用在量子比特上，从数学公式角度理解就是使用酉矩阵乘以该量子比特状态对应的振幅向量，而一些常见的单量子比特门如下所示：

$$I = \sigma_I = \begin{bmatrix} 1 & 0 \\ 0 & 1 \end{bmatrix}, \quad X = \sigma_x = \begin{bmatrix} 0 & 1 \\ 1 & 0 \end{bmatrix}, \quad Y = \sigma_y = \begin{bmatrix} 0 & -i \\ i & 0 \end{bmatrix}, \quad Z = \sigma_z = \begin{bmatrix} 1 & 0 \\ 0 & -1 \end{bmatrix} \tag{2.17}$$

上述分别为 Pauli_I、Pauli_X、Pauli_Y、Pauli_Z 门，单量子比特门还有一些如 Hadamard 门 H = $\frac{1}{\sqrt{2}}\begin{bmatrix} 1 & 1 \\ 1 & -1 \end{bmatrix}$，S 门 S = $\begin{bmatrix} 1 & 0 \\ 0 & i \end{bmatrix}$，以及 T 门 T = $\begin{bmatrix} 1 & 0 \\ 0 & e^{i\frac{\pi}{4}} \end{bmatrix}$。除此之外，还有 Pauli 角度旋转门，也就是由上述的 Pauli 矩阵生成的带可变角度的门 $e^{-\frac{i\theta}{2}}$，其对应的表达式分别使用 RX(θ)、RY(θ)、RZ(θ) 来进行表示。

$$RX(\theta) = \begin{bmatrix} \cos(\theta/2) & -i\sin(\theta/2) \\ -i\sin(\theta/2) & \cos(\theta/2) \end{bmatrix}$$

$$RY(\theta) = \begin{bmatrix} \cos(\theta/2) & -\sin(\theta/2) \\ \sin(\theta/2) & \cos(\theta/2) \end{bmatrix} \tag{2.18}$$

$$RZ(\theta) = \begin{bmatrix} e^{-i\theta/2} & 0 \\ 0 & e^{i\theta/2} \end{bmatrix}$$

单量子比特上的门可以通过受控或者控制的方式作用在其他量子比特上，从而构成双门或者多门，而相互独立的门分别作用在不同的量子比特上可以看成量子门对应矩阵张量的形式。

下面举例说明，例如 $|q_0\rangle$ 控制 $|q_1\rangle$ 作用 X 门，初始的比特为 $|00\rangle$、$|01\rangle$、$|10\rangle$、$|11\rangle$ 四种情况，当 $|q_0\rangle$ 为状态 $|1\rangle$ 的时候，对 $|q_1\rangle$ 作用 X 门，那么对应的状态变化就是 $|00\rangle$、$|01\rangle$、$|11\rangle$、$|10\rangle$，其对应的置换矩阵如下：

$$CX(q_0, q_1) = \begin{bmatrix} 1 & 0 & 0 & 0 \\ 0 & 1 & 0 & 0 \\ 0 & 0 & 0 & 1 \\ 0 & 0 & 1 & 0 \end{bmatrix} \tag{2.19}$$

当在第一个量子比特 $|q_0\rangle$ 和第二个量子比特 $|q_1\rangle$ 上分别作用 RX(θ) 和 RY(θ) 时，对应的作用矩阵就是 RX(θ)$\otimes$RY(θ) 这样的 4 阶大小的矩阵。由于量子计算机在绝对零度下运行，其线路对应的信息不会泄露，在该情况下，线路是完全可逆的。

在 Python 中可以便捷地插入线路和运行线路，支持求逆（共轭转置）线路，同时也可以打印出具体的线路。

```python
1.    import numpy as np
2.    import pyqpanda as pq
3.
4.    if __name__ == '__main__':
5.        qvm = pq.CPUQVM()
6.        qvm.init_qvm()
7.        qubits = qvm.qAlloc_many(3)
8.        prog = pq.QProg()
```

```
9.          prog << pq.RY(qubits[0], np.pi / 2)
10.         prog << pq.RX(qubits[1], np.pi / 3)
11.         prog << pq.RZ(qubits[2], np.pi / 4)
12.         prog << pq.X(qubits[0]).control(qubits[1])
13.         prog << pq.RY(qubits[0], np.pi / 2).dagger()
14.         prog << pq.RX(qubits[1], np.pi / 3).dagger()
15.         prog << pq.RZ(qubits[2], np.pi / 4).dagger()
16.
17.         # 获得线路对应的酉矩阵
18.         mat = pq.get_matrix(prog,True)
19.
20.         # 打印测量结果
21.         res = qvm.prob_run_dict(prog, qubits, -1)
22.         print(res)
23.
24.         # 打印线路
25.         pq.draw_qprog(prog, 'pic')
```

通过使用画图接口，可以得到如图 2.5 所示的线路图。

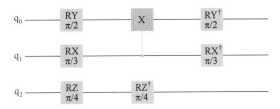

● 图 2.5 利用 Python 程序包 Pyqpanda 打印的量子线路

2.2 基本量子运算线路

本节主要介绍一些基本的量子运算线路，包括如何利用量子线路实现算术运算、比较器、向量内积运算，并在量子编程框架中方便地调用相关模块。熟练掌握这些模块将有助于提高量子算法开发的效率。

▶▶ 2.2.1 量子算术运算

在量子线路中，经常需要用到的操作是对量子态的基进行比较、加法、减法和测量等，这些操作是在开发量子程序时经常使用到的方法，统称为量子算术操作线路。在量子计算机中，四则运算同样也是并行的，所以在很多场景中可以起到加速的效果。在这里我们对其进行粗略介绍，并给出该量子算术线路的方案。

量子四则运算的实现方法有很多种，以量子加法器为例，一般都是使用相加的两个数作为二进制展开，然后使用进位的思想进行操纵，这里就涉及使用量子线路模块 MAJ 和 UMA 进行处理。关于算法原理可以参考本源量子 pyqpanda-algorithm 文档说明。

在这里我们介绍量子四则运算中的加法器、减法器以及后续常用的量子比较器，由于量子虚拟机的比特内存占用是指数级增长的，所以使用虚拟环境模拟则需要较大的内存占用，在学习完量子傅里叶变换（QFT）之后，可以自助学习基于 QFT 的算术运算线路，该算术线路能够尽可能少的使用量子比特，从而节约比特资源。

MAJ 的量子线路输入分别为前一位的进位 c_i，当前的待加比特值 a_i 和 b_i，输出为 a_i+c_i、a_i+b_i 的模二（mod 2）结果，以及当前的进位值 c_{i+1}。MAJ 的线路构造如图 2.6 所示。

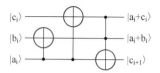

• 图 2.6 量子加法线路–MAJ 子模块

MAJ 的代码实现可以参考下方的代码：

```
1.    from pyqpanda import *
2.
3.    def MAJ(qa, qb, qc):
4.        circ = QCircuit()
5.        circ << CNOT(qa, qb) << CNOT(qa, qc) << Toffoli(qa, qb, qc)
6.        return circ
```

同样地，我们还需要 UMA 模块获得当前位的结果，UMA 的量子线路输入分别为 a_i+c_i、a_i+b_i 的模二结果，以及当前的进位值 c_{i+1}。输出为 c_i，$a_i+b_i+c_i$ 的模二结果 s_i，以及 a_i。其代码实现效果如下所示：

```
1.    from pyqpanda import *
2.
3.    def UMA(qa, qb, qc):
4.        circ = QCircuit()
5.        circ << Toffoli(qa, qb, qc) << CNOT(qc, qa) << CNOT(qb, qa)
6.        return circ
```

UMA 的线路图如图 2.7 所示。

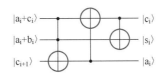

● 图 2.7　量子加法线路–UMA 子模块

通过结合上述的两个模块就可以直接实现基于 **MAJ** 和 **UMA** 模块的量子加法器：

代码如下所示：

```
1.    from pyqpanda import *
2.
3.    def QAdder(adder1, adder2, qvecc, is_carry):
4.        if len(adder1) == 0 and len(adder1) ! = len(adder2):
5.            raise ValueError('adder1 and adder2 must be equal , but not equal to 0 ! ')
6.        nn = len(adder1)
7.        circ = QCircuit()
8.        circ << MAJ(qvecc[0], adder1[0], adder2[0])
9.        for i in range(1, nn):
10.           circ << MAJ(adder2[i -1], adder1[i], adder2[i])
11.       circ << CNOT(adder2[nn -1], is_carry)
12.       for i in range(nn - 1, 0):
13.           circ << UMA(adder2[i -1], adder1[i], adder2[i])
14.       circ << UMA(qvecc[0], adder1[0], adder2[0])
15.       return circ
```

量子加法线路的线路图如图 2.8 所示。

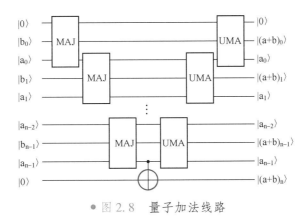

● 图 2.8　量子加法线路

同样地，可以使用基于 MAJ 和 UMA 的线路进行组合，实现基于进位的减法器，而减法器得到的负数则是使用补位补码为 1 进行操作。

具体的代码如下所示：

```
1.   from pyqpanda import *
2.
3.   def QComplement(qveca, qveck):
4.       if len(qveck) < len(qveca) + 2:
5.           raise ValueError('Auxiliary qubits is not big enough!')
6.       nn = len(qveca)
7.       t = qveck[-1]
8.       q1 = qveck[nn +1]
9.       circ = QCircuit()
10.      circ1 = QCircuit()
11.      for i in range(0, nn - 1):
12.          circ1 << X(qveca[i])
13.      qvecb = qveck[0:nn]
14.      circ1 << X(qvecb[0])
15.      circ1 << QAdderIgnoreCarry(qveca, qvecb, t)
16.      circ1 << X(qvecb[0])
17.      circ << CNOT(qveca[nn -1], q1)
18.      circ << circ1.control(q1)
19.      circ << CNOT(qveca[nn -1], q1)
20.      return circ
```

而量子比较器也是后续量子算法中的重要一环，量子整数比较器基于 X 门、CNOT 门和 Toffoli 门，是一种将量子态与给定经典整数进行比较的算法。该比较器线路可以并行地将叠加的量子态与指定整数进行比较，并将所有比较后的结果信息制备到一个量子比特上。量子整数比较器的线路如图 2.9 所示。

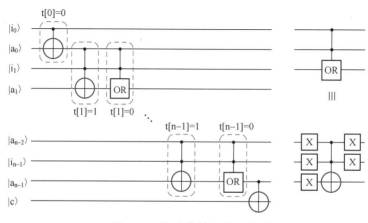

● 图 2.9　量子整数比较器线路

其中 OR 门是指只需要一个为 $|1\rangle$ 的量子态，就会使运算输出的量子态为 $|1\rangle$，图 2.9 中的 $|i_k\rangle$ 是量子比特，$|a_k\rangle$ 是辅助比特，$|c\rangle$ 是存储比较结果的比特。量子整数比较器算法主要分为以下三个步骤：

（1）将整数转换为二进制形式，然后将二进制数值 0 和 1 反序存放在数组 t 中，例如 10110 反序存放到 t=[0,1,1,0,1]。如果整数的二进制位数大于量子比特的二进制位数，直接输出空线路结果比特的结果。如果整数的二进制位数小于量子比特的二进制位数，则用 0 将整数二进制最高位补至与量子比特相同位数。

（2）量子态和整数从最低位量子比特开始比较，将进位信息（若量子态比特 $|i_k\rangle$ 大，则进位信息为 1；若整数比特 t[k] 大，则进位信息为 0）存储到辅助比特 $|a_k\rangle$ 上。如果 t[0]=0，构建 CNOT 门将进位信息存储到第 0 位辅助比特上，同时将进位信息 1（量子态比特 $|i_k\rangle$ 大）存储到第 0 位辅助比特上。如果 t[k-1]=0，构建 OR 门将进位信息 1 存储到第 k-1 位辅助比特上，在 $|i_0\rangle$ = 1 或第 k-1 位辅助比特存在时有进位信息 1（量子态比特 $|i_k\rangle$ 大）。如果 t[k-1]=1，构建 Toffoli 门将进位信息 1 存储到第 k-1 位辅助比特上，在 $|i_{k-1}\rangle$ = 1 且辅助比特 k-1 位有进位信息 1（量子态比特 $|i_k\rangle$ 大）。

（3）构建 CNOT 门，最后一位辅助比特 $|a_n\rangle$ 控制结果比特 $|c\rangle$。结果比特为 $|1\rangle$ 态时，量子态大于整数；结果比特为 $|0\rangle$ 态时，量子态小于或等于整数。

▶▶ 2.2.2 Swap-Test 算法

在量子线路中，求内积的算法是非常常用的算法组件，内积的结果可以用于衡量两个向量之间的相似度。而在计算损失函数的值时，只需要读取单个量子比特的概率值即可。本章后续会使用到内积的性质从而计算出量子虚时演化算法的梯度值。

Swap-Test 算法需要使用一个辅助比特和两个独立生成的量子态，假设对应的量子态为 $|a\rangle$ 和 $|b\rangle$，Swap-Test 算法能够通过读取一个量子比特的概率从而估算出 $\|\langle a|b\rangle\|^2$ 的值。Swap-Test 算法的线路如图 2.10 所示。

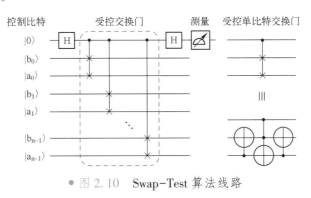

● 图 2.10　Swap-Test 算法线路

通过对量子线路对应过程的演算，可以得出其量子态对应的变化过程：

首先，经过第一道 H 门之后的量子态为

$$|\varphi_1\rangle = \frac{|0\rangle|a\rangle|b\rangle + |1\rangle|a\rangle|b\rangle}{\sqrt{2}} \tag{2.20}$$

然后，经过受控交换门（也称 SWAP 门）之后的状态为

$$|\varphi_2\rangle = \frac{|0\rangle|a\rangle|b\rangle + |1\rangle|b\rangle|a\rangle}{\sqrt{2}} \tag{2.21}$$

接着，在第一个量子比特上再作用 H 门，量子态为

$$|\varphi_3\rangle = \frac{(|0\rangle+|1\rangle)|a\rangle|b\rangle + (|0\rangle-|1\rangle)|b\rangle|a\rangle}{2} = \frac{|0\rangle(|a\rangle|b\rangle + |b\rangle|a\rangle) + |1\rangle(|a\rangle|b\rangle - |b\rangle|a\rangle)}{2}$$

$$\tag{2.22}$$

最后，对第一个比特测量 $|0\rangle$ 的概率，得到对应的概率就是计算量子态在 $|0\rangle$ 上投影得到的结果：

$$P(|0\rangle) = \frac{1}{4}\||a\rangle|b\rangle + |b\rangle|a\rangle\|^2 = \frac{1}{2} + \frac{1}{2}\|\langle a|b\rangle\|^2 \tag{2.23}$$

这个结果和我们所需要求得的内积只差一个固定的常数 1/2。这里只需要使用对数级的操作就能够实现大小为 2^n 的向量的内积，是一个指数级加速的过程。当然，该算法也存在一定的缺陷，例如所需要使用的量子比特较多，或者只能计算出模长的绝对值，而无法得出正负号。具体的代码如下所示：

```
1.  import numpy as np
2.  import pyqpanda as pq
3.
4.  if __name__ == "__main__":
5.      # 经典数据准备
6.      np. random. seed (1234)
7.      a = np. random. random (4)
8.      normal_a = np. linalg. norm (a)
9.      b = np. random. random (4)
10.     normal_b = np. linalg. norm (b)
11.     a = a / normal_a
12.     b = b / normal_b
13.
14.     # 量子程序
15.     machine = pq. CPUQVM ()
16.     machine. init_qvm ()
17.     q_res = machine. qAlloc_many (1)
18.     q_cir_a = machine. qAlloc_many (2)
19.     q_cir_b = machine. qAlloc_many (2)
```

```
20.        prog = pq.create_empty_qprog()
21.        prog << pq.H(q_res)
22.        prog << pq.amplitude_encode(q_cir_a, a)
23.        prog << pq.amplitude_encode(q_cir_b, b)
24.        prog << pq.SWAP(q_cir_a, q_cir_b).control(q_res)
25.        prog << pq.H(q_res)
26.        result = machine.prob_run_dict(prog, q_res, -1)
27.
28.        # 量子计算和直接读取结果对比
29.        print((2*result['0'] - 1)**0.5)
30.        print(a @ b)
```

基于这些问题诞生了一种新的计算内积的算法，Hadamard-Test 算法。

▶▶ 2.2.3 Hadamard-Test 算法

Hadamard-Test 算法可以求出对应线路的实部值和虚部值，从而能够获取更多的信息。该算法是很多重要算法的组件，例如在量子支持向量机、量子变分虚时演化等算法中，是关键的不可或缺的一环，该算法需要两个用于制备振幅的酉矩阵 U_1 和 U_2，且有 $U_1|0\rangle_n = |a\rangle$ 和 $U_2|0\rangle_n = |b\rangle$，Hadamard-Test 算法的线路如图 2.11 所示。

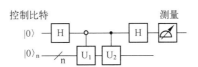

● 图 2.11 Hadamard-Test 算法线路

首先的量子输入态为：$|0\rangle|0\rangle_n$，然后通过第一个 H 门之后的量子态为：$\dfrac{|0\rangle+|1\rangle}{\sqrt{2}}|0\rangle_n$。第一个量子态分别虚控和使用第二寄存器作用 U_1 和 U_2 门之后的量子态为：$\dfrac{|0\rangle|a\rangle+|1\rangle|b\rangle}{\sqrt{2}}$，再作用 H 门得到最后的量子态为 $\dfrac{|0\rangle(|a\rangle+|b\rangle)+|1\rangle(|a\rangle-|b\rangle)}{2}$。通过测量第一个量子比特上的概率得到结果为

$$P(|0\rangle) = \frac{1}{4}\||a\rangle+|b\rangle\|^2 = \frac{1}{2}(1+\mathrm{Re}(\langle a|b\rangle)) \tag{2.24}$$

Hadamard-Test 算法求虚部的线路如图 2.12 所示。

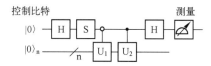

● 图 2.12　Hadamard-Test 算法计算虚部线路

首先的量子输入态为：$|0\rangle|0\rangle_n$，然后通过第一个 H 门和 S 门之后的量子态为：$\dfrac{|0\rangle+i|1\rangle}{\sqrt{2}}|0\rangle_n$。

第一个量子态分别虚控和使用第二寄存器作用 U_1 和 U_2 门之后的量子态为：$\dfrac{|0\rangle|a\rangle+i|1\rangle|b\rangle}{\sqrt{2}}$，再

作用 H 门得到最后的量子态为 $\dfrac{|0\rangle(|a\rangle+i|b\rangle)+|1\rangle(|a\rangle-i|b\rangle)}{2}$。通过测量第一个量子比特上的

概率得到结果为：$P(|0\rangle)=\dfrac{1}{4}\||a\rangle+i|b\rangle\|^2=\dfrac{1}{2}(1-\mathrm{Im}(\langle a|b\rangle))$，这样就可以得到内积的虚部值。

具体的代码如下所示：

```python
1.    import numpy as np
2.    import pyqpanda as pq
3.
4.    if __name__ == "__main__":
5.        # 经典数据准备
6.        np.random.seed(1234)
7.        a = np.random.random(4)
8.        normal_a = np.linalg.norm(a)
9.        b = np.random.random(4)
10.       normal_b = np.linalg.norm(b)
11.       a = a / normal_a
12.       b = b / normal_b
13.
14.       # 量子程序
15.       machine = pq.CPUQVM()
16.       machine.init_qvm()
17.       q_res = machine.qAlloc_many(1)
18.       q_cir = machine.qAlloc_many(2)
19.       prog = pq.create_empty_qprog()
20.       prog << pq.H(q_res) << pq.S(q_res)
21.       prog << pq.X(q_res)
22.       prog << pq.amplitude_encode(q_cir, a).control(q_res)
```

```
23.        prog << pq.X(q_res)
24.        prog << pq.amplitude_encode(q_cir, b).control(q_res)
25.        prog << pq.H(q_res)
26.        result = machine.prob_run_dict(prog, q_res, -1)
27.
28.        # 量子计算和直接读取结果对比
29.        print(2 * result['0'] - 1)
30.        print(a @ b)
```

2.3 量子傅里叶变换与应用

本节我们将介绍量子计算中非常重要的基础算法——量子傅里叶变换，它是许多实用量子算法的量子优势重要来源和基础组件，需要读者深入理解其算法原理，并能够在量子算法设计和量子编程框架开发的过程中熟练、灵活使用。

▶▶ 2.3.1 傅里叶变换：从经典到量子

离散傅里叶变换（Discrete Fourier Transform）是一种将离散序列转换为频率域表示的数学变换。它在数字信号处理、图像处理以及许多其他领域中具有重要作用。我们在这里简单介绍经典计算机上的离散傅里叶变换公式，首先对于一组长度为 N 的复向量 $x_0, \cdots, x_{N-1}$，其在经过离散逆傅里叶变换（Inverse Discrete Fourier Transform）之后为 $y_0, \cdots, y_{N-1}$，那么它们之间的对应关系表达式为

$$y_k \equiv \frac{1}{\sqrt{N}} \sum_{j=0}^{N-1} x_j e^{2\pi ijk/N} \tag{2.25}$$

将上述经典的离散逆傅里叶变换作用在量子计算的标准正交基上，这里将基写成 $|0\rangle, \cdots,$ $|N-1\rangle$，其中 $N=2^n$。于是就可以得到在 n 个量子比特上的标准正交基，其对应的量子傅里叶变换（Quantum Fourier Transform, QFT）为

$$|j\rangle \rightarrow \frac{1}{\sqrt{N}} \sum_{k=0}^{N-1} e^{2\pi ijk/N} |k\rangle \tag{2.26}$$

由于量子计算中的门和线路都是线性酉变换，故由上式能够确定对于任意量子态进行傅里叶变换后的状态，对于一个任意的量子态都能被写成标准正交基的唯一线性组合 $|\psi\rangle = \sum_{j=0}^{N-1} \alpha_j |j\rangle$，在通过量子傅里叶变换之后的状态可以写为

$$|\psi\rangle = \sum_{j=0}^{N-1} \alpha_j |j\rangle \xrightarrow{\text{量子傅里叶变换}} \frac{1}{\sqrt{N}} \sum_{j=0}^{N-1} \sum_{k=0}^{N-1} \alpha_j e^{2\pi ijk/N} |k\rangle \tag{2.27}$$

与经典的快速傅里叶变换类似，对于一个量子傅里叶变换也有相应的快速傅里叶变换表达式，

一般叫作量子傅里叶变换的积形式。具体而言，对于一个输入态 $|j\rangle$，通常将其以二进制编码的方式存储在量子比特中，写成

$$|j\rangle = |j_1 j_2 \cdots j_n\rangle, j = j_1 2^{n-1} + j_2 2^{n-2} + \cdots + j_n 2^0 \tag{2.28}$$

其对应的量子傅里叶变换过程如下所示：

$$|j_1 j_2 \cdots j_n\rangle \rightarrow \frac{1}{\sqrt{N}} \sum_{k=0}^{N-1} e^{2\pi i j k / N} |k\rangle = \frac{1}{\sqrt{2^n}} \sum_{k=0}^{2^n-1} e^{2\pi i j k / 2^n} |k\rangle$$

$$= \frac{1}{\sqrt{2^n}} \sum_{k_1=0}^{1} \cdots \sum_{k_n=0}^{1} \exp\left\{2\pi i j \left(\sum_{l=1}^{n} k_l 2^{-l}\right)\right\} |k_1 k_2 \cdots k_n\rangle$$

$$= \frac{1}{\sqrt{2^n}} \sum_{k_1=0}^{1} \cdots \sum_{k_n=0}^{1} \bigotimes_{l=1}^{n} e^{2\pi i j k_l 2^{-l}} |k_l\rangle$$

$$= \frac{1}{\sqrt{2^n}} \bigotimes_{l=1}^{n} \left[\sum_{k_l=0}^{1} e^{2\pi i j k_l 2^{-l}} |k_l\rangle\right]$$

$$= \frac{1}{\sqrt{2^n}} \bigotimes_{l=1}^{n} \left[|0\rangle + e^{2\pi i j k 2^{-l}} |1\rangle\right]$$

$$= \frac{1}{\sqrt{2^n}} \left[|0\rangle + e^{2\pi i * 0. j_n} |1\rangle\right] \otimes \left[|0\rangle + e^{2\pi i * 0. j_{n-1} j_n} |1\rangle\right] \otimes \cdots \otimes$$

$$\left[|0\rangle + e^{2\pi i * 0. j_1 \cdots j_n} |1\rangle\right] \tag{2.29}$$

▶▶ 2.3.2 量子傅里叶变换的线路构建

由上一节的计算结果可知，上文中需要制备的量子态为

$$|j_1 j_2 \ldots j_n\rangle \rightarrow \frac{\left[|0\rangle + e^{2\pi i * 0. j_n} |1\rangle\right]}{\sqrt{2}} \frac{\left[|0\rangle + e^{2\pi i * 0. j_{n-1} j_n} |1\rangle\right]}{\sqrt{2}} \cdots \frac{\left[|0\rangle + e^{2\pi i * 0. j_1 \ldots j_n} |1\rangle\right]}{\sqrt{2}} \tag{2.30}$$

首先，从最右边的量子态 $\dfrac{\left[|0\rangle + e^{2\pi i * 0. j_1 \ldots j_n} |1\rangle\right]}{\sqrt{2}}$ 开始制备，这是因为最右边的量子态最复杂，先在 $|j_1\rangle$ 对应的量子比特上进行该状态的制备，从而改变 $|j_1\rangle$ 的量子比特的状态，而剩下的态中不需要用到 $|j_1\rangle$ 的输入态。

延续该思路，第一步进行 $\dfrac{\left[|0\rangle + e^{2\pi i * 0. j_1} |1\rangle\right]}{\sqrt{2}}$ 对应状态的制备，该状态等价于当 $|j_1\rangle$ 为 $|0\rangle$ 态时，需要得到量子态 $\dfrac{|0\rangle + |1\rangle}{\sqrt{2}}$，而当 $|j_1\rangle$ 为 $|1\rangle$ 态时，需要得到另一个量子态 $\dfrac{|0\rangle - |1\rangle}{\sqrt{2}}$，不难发现这正好对应了 Hadamard 变换，只需要在 $|j_1\rangle$ 态上作用 H 门即可完成变换，得到了状态 $\dfrac{\left[|0\rangle + e^{2\pi i * 0. j_1} |1\rangle\right]}{\sqrt{2}}$。

在得到该状态之后，就可以使用第二个量子比特来控制第一个量子比特进行相位旋转操作，即 $R_k = \begin{bmatrix} 1 & 0 \\ 0 & e^{2\pi i / 2^k} \end{bmatrix}$。此时使用输入状态 $|j_2\rangle$ 控制第一个量子比特作用 R_2 门，使 $|j_1\rangle$ 变换成量子态

$\dfrac{[\,|0\rangle+e^{2\pi i*0.j_1 j_2}|1\rangle\,]}{\sqrt{2}}$。再以此类推，从第二个量子比特开始，$|j_k\rangle$ 控制第一个量子比特作用 R_k 门。

于是可以得到第一个量子比特上的最终状态为 $\dfrac{[\,|0\rangle+e^{2\pi i*0.j_1\cdots j_n}|1\rangle\,]}{\sqrt{2}}$，其对应的量子线路如图 2.13 所示。

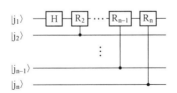

● 图 2.13　量子傅里叶变换子模块线路

通过上述的量子线路之后，此时仅仅 $|j_1\rangle$ 量子比特变换为目标态，而其他量子比特在上述操作中仍是控制比特，并没有改变自身输入状态。按照上述的做法，继续对 $|j_2\rangle$ 量子比特作用 H 门再进行后续受控旋转，就得到了 $|j_2\rangle$ 量子比特上的目标态。一直延续这种操作直到 $|j_n\rangle$，于是就得到了状态：

$$|j_1 j_2 \ldots j_n\rangle \rightarrow \dfrac{[\,|0\rangle+e^{2\pi i*0.j_1\cdots j_n}|1\rangle\,]}{\sqrt{2}}\dfrac{[\,|0\rangle+e^{2\pi i*0.j_2\cdots j_n}|1\rangle\,]}{\sqrt{2}}\cdots\dfrac{[\,|0\rangle+e^{2\pi i*0.j_n}|1\rangle\,]}{\sqrt{2}} \qquad (2.31)$$

上述表达式对应的量子线路如图 2.14 所示（右端未归一化）。

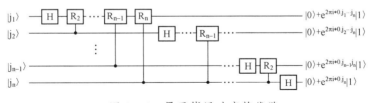

● 图 2.14　量子傅里叶变换线路

为了和最终状态一致，还需要进行量子比特状态交换，在上述线路的右端作用 SWAP 门，进行两两状态交换就得到了最终的目标状态。

在经典计算机上，完成大小为 N 的离散傅里叶变换，大约需要的时间复杂度为 $O(N^2)$，使用快速傅里叶变换也需要大约 $O(N\log N)$ 的时间复杂度消耗，而在量子计算机上，其时间复杂度仅仅为 $O(\log^2 N)$，这是一个显著的指数级加速的过程，除此之外还有大量的量子傅里叶变换的衍生版本及应用，有些能够达到更低的复杂度就能达到近似的傅里叶变换[2,3,4]。量子傅里叶变换一般不单独进行算法应用，而是作为后续其他量子算法的重要组件，且量子傅里叶变换是很多算法指数级加速的底层根源。

以下是在 pyqpanda 下实现的 QFT 的 Python 代码，可以使用自带的 QFT 接口，这里使用的是一个 3 比特的 QFT 接口。

```
1.    import pyqpanda as pq
2.
3.    if __name__ == '__main__':
4.        qvm = pq.CPUQVM()
5.        qvm.init_qvm()
6.        qubits = qvm.qAlloc_many(3)
7.        prog = pq.QProg()
8.        prog << pq.QFT(qubits)
9.
10.       #画线路图
11.       pq.draw_qprog(prog,'pic')
```

当然，也可以进行手动构建量子线路即可完成对应的 QFT 线路图的构建，应用示例如下所示：

```
1.    import numpy as np
2.    import pyqpanda as pq
3.
4.    if __name__ == '__main__':
5.        qvm = pq.CPUQVM()
6.        qvm.init_qvm()
7.        qubits = qvm.qAlloc_many(3)
8.        prog = pq.QProg()
9.
10.       prog << pq.H(qubits[2])
11.       prog << pq.RZ(qubits[2], np.pi / 2).control(qubits[1])
12.       prog << pq.RZ(qubits[2], np.pi / 4).control(qubits[0])
13.
14.       prog << pq.H(qubits[1])
15.       prog << pq.RZ(qubits[1], np.pi / 2).control(qubits[0])
16.
17.       prog << pq.H(qubits[0])
18.
19.       prog << pq.SWAP(qubits[0], qubits[2])
20.
21.       #画线路图
22.       pq.draw_qprog(prog,'pic')
```

其对应的线路图如图 2.15 所示。

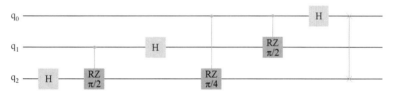

● 图 2.15　利用 pyqpanda 生成量子傅里叶变换线路

▶▶ 2.3.3　量子相位估计算法与示例线路

量子傅里叶变换是相位估计算法的重要组成部分，是用于对相位信息进行提取的过程，从而可以在读取过程中以高概率得到目标的相位信息。而量子相位估计则是很多算法的重要组成部分，例如著名的 Shor 算法[5]、量子主成分分析算法[6]和 HHL 算法[7]都是以相位估计算法为基础组件，且具有指数级加速的优势。

在量子傅里叶变换中，实际上是将量子比特所携带的离散信息转换为相位信息，而相位估计的思路则是首先将 $|0\rangle_t$ 转化到相位上，然后通过控制旋转转移相位，最后使用量子傅里叶逆变换得到目标的相位。为了简化讨论，我们首先假设有一个初态 $|u\rangle$ 和对应的酉矩阵 U。且初态 $|u\rangle$ 是 U 的本征态，即有表达式 $U|u\rangle = e^{2\pi i\phi}|u\rangle$，这是由于酉矩阵 U 的本征值模长为 1。

量子相位估计算法的原理如图 2.16 所示。

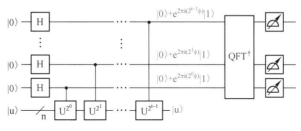

● 图 2.16　量子相位估计算法原理示意图

首先，系统处于均匀叠加态和 $|u\rangle$ 的直积，其对应的表达式为：$\left[\dfrac{|0\rangle+|1\rangle}{\sqrt{2}}\right]^{\otimes t}|u\rangle$，然后通过第一个单比特控制门，得到对应的状态为

$$\left[\frac{|0\rangle+|1\rangle}{\sqrt{2}}\right]^{\otimes t-1}\frac{|0\rangle|u\rangle+|1\rangle U|u\rangle}{\sqrt{2}}=\left[\frac{|0\rangle+|1\rangle}{\sqrt{2}}\right]^{\otimes t-1}\frac{|0\rangle+e^{2\pi i\phi}|1\rangle}{\sqrt{2}}|u\rangle \tag{2.32}$$

然后，依次通过受控的 2 的指数级 U 门，得到对应的量子态为

$$\frac{1}{2^{t/2}}\left[|0\rangle+e^{2\pi i2^{t-1}\phi}|1\rangle\right]\left[|0\rangle+e^{2\pi i\phi 2^{t-2}}|1\rangle\right]\cdots\left[|0\rangle+e^{2\pi i\phi 2^{0}}|1\rangle\right]|u\rangle \tag{2.33}$$

前 t 个量子比特对应的状态是 $|\phi\rangle$ 态进行量子傅里叶变换之后的态，在前 t 个量子比特上应用

量子傅里叶逆变换则能够通过量子态读取出对应的振幅信息 ϕ，此时上部分寄存器中的 t 个比特越多，则精度越大，当 ϕ 为二进制表示下的有理数时，只要 t 足够大，就一定能观测到 ϕ 的精确值，而当 ϕ 无法表示成二进制下的有理数时，本书直接给出的结论为：当需要以 2^{-n} 精度近似 ϕ 时，此时需要 $t = n + \lceil \log(2 + 1/(2\varepsilon)) \rceil$ 个量子比特作为第一寄存器，且至少有 $1 - \varepsilon$ 的概率读取到这个结果。

相位估计的 Python 示例如下所示，我们选取用于相位估计的矩阵 U 的形式为 $RY(\pi/4)$，选取的特征向量为 $|\psi\rangle = \dfrac{[|0\rangle + i|1\rangle]}{\sqrt{2}}$，其对应的特征值为 $e^{-i\frac{\pi}{8}}$，这个特征值等于 $e^{i\frac{15\pi}{8}}$，对应的二进制形式为 $|1111\rangle$。

```python
1.    import pyqpanda as pq
2.    from numpy import pi
3.
4.    if __name__ == "__main__":
5.        machine = pq.init_quantum_machine(pq.QMachineType.CPU)
6.        qvec = machine.qAlloc_many(1)
7.        cqv = machine.qAlloc_many(4)
8.        prog = pq.create_empty_qprog()
9.
10.       # 构建量子程序
11.       prog.insert(pq.H(cqv[0])) \
12.           .insert(pq.H(cqv[1])) \
13.           .insert(pq.H(cqv[2])) \
14.           .insert(pq.H(cqv[3])) \
15.           .insert(pq.H(qvec[0])) \
16.           .insert(pq.S(qvec[0])) \
17.           .insert(pq.RY(qvec[0], pi / 4).control(cqv[0])) \
18.           .insert(pq.RY(qvec[0], pi / 2).control(cqv[1])) \
19.           .insert(pq.RY(qvec[0], pi).control(cqv[2])) \
20.           .insert(pq.RY(qvec[0], pi * 2).control(cqv[3])) \
21.           .insert(pq.QFT(cqv).dagger())
22.
23.       # 对量子程序进行概率测量
24.       result = pq.prob_run_dict(prog, cqv, -1)
25.       pq.destroy_quantum_machine(machine)
26.
```

```
27.          # 打印测量结果
28.          for key in result:
29.              print (key + ":" + str(result[key]))
```

▶▶ 2.3.4 HHL 算法与原理

线性方程组的求解应用极其广泛，在经典计算机上需要大量的计算资源和存储空间，在对大规模的线性方程组求解的过程中，处理大规模的矩阵一般需要较高的复杂度，而量子比特的指数级存储空间能够有效地解决这一问题，于是利用量子计算进行线性方程组的求解是一类重要的研究方向。线性方程组的求解问题一般可以简化成矩阵求逆的问题，本章主要介绍早期具有明显优势的矩阵求逆量子算法——HHL 算法[7]。

HHL 算法一般用于求解线性方程组的解，线性方程组的问题可以写为 $Ax = b$，其中 A 为 n 阶复矩阵，b 为 n 维复向量，目的是求出 n 维复向量 x，使其满足 $x = A^{-1}b$。由于量子计算机的特殊性质，A 只能为自共轭矩阵，这样才能对其进行哈密顿量模拟，即 $A^{\dagger} = A$。否则，需要通过构造如下方程进行计算：

$$C_A = \begin{bmatrix} O & A \\ A^{\dagger} & O \end{bmatrix}, \quad C_b = \begin{bmatrix} b \\ 0 \end{bmatrix}, \quad C_x = \begin{bmatrix} 0 \\ x \end{bmatrix}$$

使得 $C_A C_x = C_b$，显然 C_A 自共轭。自共轭矩阵的特点是可以谱分解，且对角特征值都是实数（正规矩阵都可以谱分解，自共轭矩阵的谱分解特点是特征值都是实数）。将矩阵 A 写成谱分解的形式 $A = \sum\limits_{j=0}^{N-1} \lambda_j |u_j\rangle\langle u_j|$，其中 $\lambda_j \in \mathbb{R}$。由于 $|u_j\rangle$ 是一组正交基，故 b 向量也可以在这组正交基下分解为 $|b\rangle = \sum\limits_{j=0}^{N-1} b_j |u_j\rangle$，其中 $b_j \in \mathbb{C}$。那么解可以写成 $|x\rangle = A^{-1}b = \sum\limits_{j=0}^{N-1} \lambda_j^{-1} b_j |u_j\rangle$。HHL 算法的线路图如图 2.17 所示，这里给出了一个 4 比特上进行相位估计的 HHL 线路示例图。

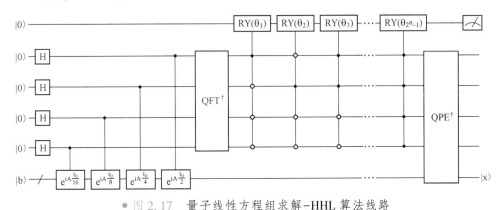

● 图 2.17　量子线性方程组求解-HHL 算法线路

HHL 算法共由三个模块实现，第一个模块为量子相位估计（QPE）模块，第二个模块为旋转模块，第三个模块为量子相位估计（QPE）逆模块。一共有三个寄存器，第一个为受控旋转寄存器

（以下简称第一寄存器），第二个为特征信息寄存器（以下简称第二寄存器），最后一个为结果寄存器。

第一个模块实现的操作为相位估计，使用第二寄存器控制结果寄存器 $QPE(|0\rangle^{\otimes n}|b\rangle) = \sum_{j=1}^{N-1} b_j|\widetilde{\lambda}_j\rangle|u_j\rangle$，其中 $|\widetilde{\lambda}_j\rangle$ 表示矩阵 A 特征值 λ_j 的近似整数（二进制表示）。该部分的作用是将矩阵 A 的特征信息储存到基向量 $|\widetilde{\lambda}_j\rangle$ 中。

第二个模块是由第二寄存器控制第一寄存器得出的结果，该部分的受控是由 RY 门完成的。由 RY 进行旋转，每个不同的特征值对应着不同程度的旋转。也就是将特征值的导数储存到第一寄存器，改变结果寄存器的相位，从而使结果寄存器中包含结果量子态。其公式如下所示：

$$CR(k)(|0\rangle|\widetilde{\lambda}_j\rangle) = \begin{cases} RY\left(2\arcsin\dfrac{C}{k}\right)|0\rangle|\widetilde{\lambda}_j\rangle, & \widetilde{\lambda}_j = k \\ |0\rangle|\widetilde{\lambda}_j\rangle, & \widetilde{\lambda}_j \neq k \end{cases} \tag{2.34}$$

其中，C 为归一化系数 $C \leq \widetilde{\lambda}_j$，故有 $\dfrac{C^2}{\widetilde{\lambda}_j^2} \leq 1$。所以，可以对 $\widetilde{\lambda}_j$ 所有可能的情况进行遍历，使得一旦 $\widetilde{\lambda}_j$ 出现就进行旋转，也就是将 k 的取值从 1 取到 2^n-1，其中 n 为第二寄存器量子比特的个数，进行多次作用。将 CR 函数应用在第一、第二寄存器上，同时考虑三个寄存器的输入输出，有下面公式：

$$\prod_{k=1}^{2^n-1}(CR(k)\otimes I)\sum_{j=0}^{N-1} b_j|0\rangle|\widetilde{\lambda}_j\rangle|u_j\rangle = \sum_{j=0}^{N-1}\left(\sqrt{1-\frac{C^2}{\widetilde{\lambda}_j^2}}|0\rangle + \frac{C}{\widetilde{\lambda}_j}|1\rangle\right) b_j|\widetilde{\lambda}_j\rangle|u_j\rangle \tag{2.35}$$

可以发现，当第一寄存器为 $|1\rangle$ 的时候，可以取 $C=1$。此时的结果寄存器就包含了量子态也就是方程的解 $|x\rangle$。但是考虑到第二寄存器中 $|\widetilde{\lambda}_j\rangle$ 不同而 $|u_j\rangle$ 相同的情况需要合并量子态。所以在第三个模块中继续使用逆相位估计把第二寄存器中的元素统一变成 $|0\rangle^{\otimes n}$ 状态，从而达到完成 HHL 算法的目的。

HHL 算法的复杂度为 $O(s^2\kappa^2\log(N)/\varepsilon)$，相对于经典计算机上的复杂度而言，对矩阵大小有了一个指数级加速的过程，当然这个过程依赖于对应矩阵的哈密顿量的有效模拟，同时该复杂度还取决于矩阵本身的条件数等限制，该算法是早期提出的一种用于矩阵求逆的算法，后期又有相关研究在 HHL 算法的基础上继续进行改进，从而对 HHL 算法中的误差项进行了指数级的改进。

▶▶ 2.3.5　HHL 示例与真实线路

下面的实际操作是基于一个简单的二阶特殊矩阵进行的，由于一般的哈密顿量模拟算法内容较多，且相关理论复杂，所以选择了一个简单但不平凡的例子来进行 HHL 算法的示例，这里选择矩阵 $A = \begin{bmatrix} 2 & 1 \\ 1 & 2 \end{bmatrix}$，$b = \begin{bmatrix} 1 \\ 0 \end{bmatrix} = |0\rangle$ 进行实际操作，其中矩阵 $A = |-\rangle\langle-| + 3|+\rangle\langle+|$，$b = \dfrac{1}{\sqrt{2}}|+\rangle + \dfrac{1}{\sqrt{2}}|-\rangle$。

通过简单计算可得 $Ax=b$ 的解为 $x = \dfrac{1}{\sqrt{2}}|-\rangle + \dfrac{1}{3\sqrt{2}}|+\rangle$。

下面通过量子计算来实现具体的求解过程，其中矩阵 A 的哈密顿量模拟直接给出表达式，$e^{2\pi iA/4} = RX(\pi)$，线路如图 2.18 所示。

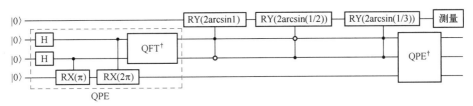

● 图 2.18　HHL 算法哈密顿量模拟线路示意图

首先，对于后三个量子比特 $QPE(|000\rangle) = \frac{1}{\sqrt{2}}|01-\rangle + \frac{1}{\sqrt{2}}|11+\rangle$，下一步的作用是受控旋转，k

的范围是 1~3，同时考虑四个量子比特就有：

$$CR(1)\left(\frac{1}{\sqrt{2}}|001-\rangle + \frac{1}{\sqrt{2}}|011+\rangle\right) = \frac{1}{\sqrt{2}}|101-\rangle + \frac{1}{\sqrt{2}}|011+\rangle \tag{2.36}$$

$$CR(2)\left(\frac{1}{\sqrt{2}}|101-\rangle + \frac{1}{\sqrt{2}}|011+\rangle\right) = \frac{1}{\sqrt{2}}|101-\rangle + \frac{1}{\sqrt{2}}|011+\rangle \tag{2.37}$$

$$CR(3)\left(\frac{1}{\sqrt{2}}|101-\rangle + \frac{1}{\sqrt{2}}|011+\rangle\right) = \frac{1}{\sqrt{2}}|101-\rangle + \frac{1}{\sqrt{2}}\left(\frac{2\sqrt{2}}{3}|0\rangle + \frac{1}{3}|1\rangle\right)|11+\rangle \tag{2.38}$$

最后一步是通过逆相位估计门，得出如下结果：

$$QPE^{\dagger}\left(\frac{1}{\sqrt{2}}|101-\rangle + \frac{1}{\sqrt{2}}\left(\frac{2\sqrt{2}}{3}|0\rangle + \frac{1}{3}|1\rangle\right)|11+\rangle\right) = \frac{1}{\sqrt{2}}|100-\rangle + \frac{1}{3\sqrt{2}}|100+\rangle + \frac{2}{3}|000+\rangle \tag{2.39}$$

当第一比特为测量结果为 1 时，结果比特中的向量与幅度即为最后的结果解（未归一化）：

$$x = \frac{1}{\sqrt{2}}|-\rangle + \frac{1}{3\sqrt{2}}|+\rangle \tag{2.40}$$

HHL 算法的加速优势来自矩阵的大小，依靠的是哈密顿量的有效模拟。在有效哈密顿量模拟的前提下已有相关研究提出了一种相对于 HHL 算法仍有指数级加速优势的量子算法，该算法相对于 HHL 算法在精度上有指数级优势[10]，算法使用量子行走进行矩阵求逆的计算，同时量子游走也具有广泛的应用前景和空间。以下是进行 HHL 算法的简单示例，同时也可以通过调用 API 接口来运行 HHL 算法。

```
1.    import numpy as np
2.    import pyqpanda as pq
3.    from numpy import pi
4.
5.    if __name__ == "__main__":
6.        machine = pq.CPUQVM()
7.        machine.init_qvm()
8.        prog = pq.create_empty_qprog()
```

```
9.      qb1 = machine.qAlloc_many(1)

10.     qb2 = machine.qAlloc_many(2)

11.     qb3 = machine.qAlloc_many(1)

12.

13.     # QPE

14.     prog << pq.H(qb2) << pq.RX(qb3, pi).control(qb2[0])

15.     prog << pq.RX(qb3, 2 * pi).control(qb2[1])

16.

17.     # inverse of QFT

18.     prog << pq.QFT(qb2).dagger()

19.

20.     # CR.control

21.     prog << pq.X(qb2[1]) << pq.RY(qb1, pi).control(qb2) << pq.X(qb2[1])

22.     prog << pq.X(qb2[0]) << pq.RY(qb1, pi / 3).control(qb2) << pq.X(qb2[0])

23.     prog << pq.RY(qb1, 0.6796738189).control(qb2)   # 2* arcsin(1/3) ~ 0.6796738189

24.

25.     # QPE.dagger

26.     prog << pq.QFT(qb2)

27.     prog << pq.RX(qb3, 2 * pi).control(qb2[1]) << pq.RX(qb3, pi).control(qb2[0])

28.     prog << pq.RZ(qb3, 2 * pi).control(qb2[0]) << pq.H(qb2)

29.

30.     # 改变q3的基，由+变成0，-变成1，便于统计+态和-态的概率

31.     prog << pq.H(qb3)

32.     result = machine.prob_run_dict(prog, qb1 + qb3, -1)

33.

34.     # 打印结果

35.     print(result)
```

API 接口使用的方法如下所示（API 接口应用则更加简单和方便）：

```
1.  import pyqpanda as pq

2.  from numpy import pi

3.

4.  if __name__ == "__main__":

5.      machine = pq.CPUQVM()

6.      machine.init_qvm()

7.      prog = pq.create_empty_qprog()
```

```
8.        A = [2, 1, 1, 2]

9.        b = [1, 0]

10.       c = machine.cAlloc_many(1)

11.       hhl_alg = pq.HHLAlg(machine)

12.       hhl_cir = hhl_alg.get_hhl_circuit(A, b,0)

13.       prog << hhl_cir

14.       qubit_for_b = hhl_alg.get_qubit_for_b()

15.       qubit_for_ancillary = hhl_alg.get_ancillary_qubit()

16.       prog << pq.H(qubit_for_b)

17.       result = machine.prob_run_dict(prog, [qubit_for_ancillary[0], qubit_for_b
[0]], -1)

18.       print((result['01']) ** 0.5)

19.       print((result['11']) ** 0.5)
```

实际上通过对比打印结果的比例，就可以确认答案的正确性。

2.4 量子振幅放大与振幅估计及其应用

▶▶ 2.4.1 量子振幅放大

量子振幅放大算法是量子计算的基础算法之一，也是其他很多量子算法的重要组成部分，例如著名的 Grover 量子搜索算法[8]、量子计数算法和振幅估计算法等[9]。

对于振幅放大算法，我们首先需要定义两个正交的量子态 $|\varphi_0\rangle$ 和量子态 $|\varphi_1\rangle$，即 $|\varphi_1\rangle = |\varphi_0^\perp\rangle$，且有一个可用来区分两个量子态的算符 $P_1 = 2|\varphi_0\rangle\langle\varphi_0| - I$，该算符作用在 $|\varphi_0\rangle$ 态上将不会改变 $|\varphi_0\rangle$ 的状态，而该算符作用在 $|\varphi_1\rangle$ 态上，则会将其变成状态 $-|\varphi_1\rangle$。对于一个生成初始态的算符 A，如果 $A|0\rangle_n = |\psi\rangle = \cos\theta|\varphi_0\rangle + \sin\theta|\varphi_1\rangle$，那么通过构造线路，重复使用算符 A 和算符 P_1 就可以将表达式中 $|\varphi_1\rangle$ 的振幅进行放大，得到如下形式的量子态：

$$|\psi_k\rangle = \cos[(2k+1)\theta]|\varphi_0\rangle + \sin[(2k+1)\theta]|\varphi_1\rangle \tag{2.41}$$

当 $(2k+1)\theta \approx \pi/2$ 时，该量子态近似变成了 $|\varphi_1\rangle$ 态，就能够以较大的概率观测到目标状态。假设初始量子态的制备算符 A 和标记算符 P_1 可以被实现，那么就可以通过算符 A 和算符 P_1 来构建相应的振幅放大算子（也称振幅放大算符）。振幅放大算符 $Q = PP_1$，其中 $P = 2|\psi\rangle\langle\psi| - I$。

如图 2.19 所示，使用图形化的表示方法，横轴和纵轴分别为量子态 $|bad\rangle$ 和 $|good\rangle$，而 P_1 算符在图上可以解释为关于横轴进行反射操作，其对应的量子态变换为 $P_1|\psi^{(0)}\rangle = \cos\theta|bad\rangle - \sin\theta|good\rangle$，而 P 算符则是将量子态沿着 $|\psi\rangle$ 态进行反射，同时将算符 $Q = PP_1$ 应用在初始态上，就将量子态由 $|\psi^{(0)}\rangle = \cos\theta|bad\rangle + \sin\theta|good\rangle$ 态变成 $|\psi^{(1)}\rangle = \cos3\theta|bad\rangle + \sin3\theta|good\rangle$。这一操作相当于在基 $|bad\rangle$ 和 $|good\rangle$ 上应用酉矩阵 $Q = \begin{bmatrix} \cos2\theta & -\sin2\theta \\ \sin2\theta & \cos2\theta \end{bmatrix}$，重复应用量子算符 $Q = PP_1$，就能够得到对

应的量子态 $|\psi^{(k)}\rangle$。

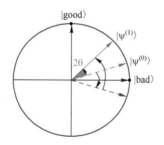

● 图 2.19　量子振幅放大算法原理示意图

　　量子振幅放大算法的一个重要应用就是量子搜索[8]，众所周知量子搜索算法在非结构化数据库搜索中的能力要强于经典计算机，相对于经典计算机能够达到平方级加速的效果，而这种加速的关键来源则是量子振幅放大技术的应用和潜在加速效果。

　　非结构化问题搜索是指在内部不存在结构的数据库中进行特定数据的搜索过程，假设我们有一个很大的有限待检索空间，需要在空间大小为 N 的集合 Ω 空间中找出特定子集 $\omega \subset \Omega$，ω 的元素个数为 M，且有对应的判别函数如下：

$$\begin{cases} f:\Omega \rightarrow \{-1,1\} \\ f(x) = \begin{cases} 1, x \in \omega \\ -1, x \notin \omega \end{cases} \end{cases} \quad (2.42)$$

　　如果需要使用经典计算机找到这些数据，在 $M \ll N$ 时，找到其中任意一个的搜索个数平均需要 $N/(2M)$ 次，通过振幅放大算法，Grover 算法进行目标振幅的放大，对应的振幅放大算子为 $G = AS_0A^{-1}S_f$。这里面本质上和振幅放大算子 Q 如出一辙。

　　对于无先验信息的数据库而言，一般的搜索算法都是使用均匀叠加态作为初始的搜索空间，即 $A = H^{\otimes n}$，$N = 2^n$。也就是初始的搜索空间为 $\frac{1}{\sqrt{N}} \sum_{i=0}^{N-1} |i\rangle$，Grover 算子可以具体写成 $G = AS_0A^{-1}S_f$ 的形式，和振幅放大算子不同的是，数据搜索需要构建相应的寻找目标的算子 S_f，而振幅放大是提前已经知道需要放大的目标了。

　　假设初始态空间为 $|\psi\rangle = \frac{1}{\sqrt{N}} \sum_{i=0}^{N-1} |i\rangle$，按照是否为目标态可以和振幅放大类似写成两部分的求和 $|\psi\rangle = \sqrt{\frac{N-M}{N}} |\varphi_0\rangle + \sqrt{\frac{M}{N}} |\varphi_1\rangle$，其中 $|\varphi_0\rangle = \frac{1}{\sqrt{N-M}} \sum |x\rangle_{f(x)=0}$，$|\varphi_1\rangle = \frac{1}{\sqrt{M}} \sum |x\rangle_{f(x)=1}$。同样按照振幅放大的过程，将其写成对应的三角函数的形式：

$$\cos\theta = \sqrt{\frac{N-M}{N}}, \quad \sin\theta = \sqrt{\frac{M}{N}} \quad (2.43)$$

　　根据振幅放大的结果，我们需要计算出合适的 k，使得 $(2k+1)\theta \approx \pi/2$，按照该式，可以求出 k 的近似取值为：$\frac{\pi}{4} / \arcsin \sqrt{M/N} - \frac{1}{2}$，只需要找到最接近这个值的 k 即可。当 $M \ll N$ 时，我们给出

如下迭代次数的上界为

$$k \approx \frac{\pi}{4} \Big/ \arcsin \sqrt{M/N} - \frac{1}{2} \leqslant \left\lceil \frac{\pi}{4} \sqrt{\frac{N}{M}} \right\rceil \tag{2.44}$$

从上述式子可以看出，经典计算机上进行搜索需要查询的次数的复杂度为 $O(N/M)$，而在量子计算中，需要调用查询的次数的复杂度为 $O(\sqrt{N/M})$。一般的 Grover 搜索算法线路图如图 2.20 所示。

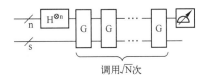

● 图 2.20　Grover 搜索算法线路图

▶▶ 2.4.2　振幅放大线路实现

在前一节中，给出了振幅放大的数学推导和量子搜索算法应用，本节将介绍如何具体地在量子线路中实现振幅放大，并举出简单的例子进行说明。

对于振幅放大算子 $Q = PP_1$，我们已经假设了 P_1 算符是可以被实现的，而 P 算符可以被写成 $P = 2|\psi\rangle\langle\psi| - I$，其中 $A|0\rangle = |\psi\rangle$。对应地，可以将 P 算符写成 $P = I - 2A|0\rangle_n\langle0|_n A^{-1} = A[I - 2|0\rangle_n\langle0|_n]A^{-1}$，而振幅制备算符 A 是可以被实现的，其中的 $S_0 = I - 2|0\rangle_n\langle0|_n$ 算符是对全 $|0\rangle$ 态进行翻转的算符，可以通过其他量子比特虚控第一个量子比特作用 $-Z$ 门来进行实现。

以下进行的示例是对初始状态 $A|0\rangle_2 = \frac{1}{2}[|00\rangle + |01\rangle + |10\rangle + |11\rangle]$ 中的状态 $|11\rangle$ 进行一次振幅放大操作。初始的状态可以写成 $\cos(\pi/6)|11^\perp\rangle + \sin(\pi/6)|11\rangle$。首先作用 $A = H^{\otimes2}$ 进行振幅制备，然后作用 P_1，将目标态 $|11\rangle$ 变成 $-|11\rangle$。再作用 $P = I - 2A|0\rangle_n\langle0|_n A^{-1} = A[I - 2|0\rangle_n\langle0|_n]A^{-1}$ 算符，该算符具体量子线路实现如图 2.21 所示。

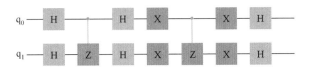

● 图 2.21　利用 pyqpanda 实现振幅放大线路图

在 pyqpanda 代码中可以按照如下方法进行搜索实现上述示例：

```
1.    import pyqpanda as pq
2.
3.    def A(qubits):
```

```
4.        cir = pq.QCircuit()
5.        cir << pq.H(qubits)
6.        return cir
7.
8.    def Sf(qubits):
9.        cir = pq.QCircuit()
10.       cir << pq.Z(qubits[1]).control(qubits[0])
11.       return cir
12.
13.   def S0(qubits):
14.       cir = pq.QCircuit()
15.       cir << pq.X(qubits)
16.       cir << pq.Z(qubits[1]).control(qubits[0])
17.       cir << pq.X(qubits)
18.       return cir
19.
20.   if __name__ == '__main__':
21.       qvm = pq.CPUQVM()
22.       qvm.init_qvm()
23.       qubits = qvm.qAlloc_many(2)
24.       prog = pq.QProg()
25.       prog << A(qubits)
26.       prog << Sf(qubits)
27.       prog << A(qubits).dagger()
28.       prog << S0(qubits)
29.       prog << A(qubits)
30.       # 打印结果
31.       pq.draw_qprog(prog,'pic')
32.       # 打印结果
33.       res = qvm.prob_run_dict(prog, qubits, -1)
34.       print(res)
```

▶▶ 2.4.3　量子计数算法

量子搜索算法的一个重要推广就是量子计数算法，量子计数算法结合了相位估计算法和量子振幅放大算法。这里延续上一节的符号，量子计数算法解决的问题是在事先未知解的个数 M 的情况下，如何更快地确定解的个数，对于经典的算法而言，完全确定解的个数大约需要查询所有的结果，也就是需要调用 $O(N)$ 次查询算子。而在量子计算机上，这一结果同样能得到显著的加速。

量子计数算法的思想和原理就是提取 Grover 算子 $G = AS_0A^{-1}S_f$ 中的信息，而量子计算中提取信息的重要手段则是使用相位估计算法来进行相位信息的提取，由于算子可以写成矩阵的形式 $Q = \begin{bmatrix} \cos2\theta & -\sin2\theta \\ \sin2\theta & \cos2\theta \end{bmatrix}$。通过计算可以知道该矩阵的特征值为 $e^{i2\theta}$，$e^{-i2\theta} = e^{(2\pi-2\theta)i}$，初始态 $|\psi\rangle = \frac{1}{\sqrt{N}}\sum_{i=0}^{N-1}|i\rangle$ 为对应的两个特征向量的叠加态，所以有很大概率得到观测的近似 θ/π 或者 $1-\theta/\pi$ 对应的量子比特对应的二进制小数，我们记为 y，实际上无论得到哪种的近似，通过计算 $a = \sin^2(y\pi/M)$ 的值，就能得到近似的 $\sin^2\theta$ 的值。量子计数算法相对于经典的算法也是存在根号级别的加速，其对应的量子线路如图 2.22 所示。

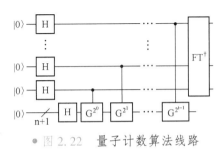

● 图 2.22　量子计数算法线路

2.5　量子变分虚时演化算法

▶▶ 2.5.1　虚时演化算法

量子虚时演化算法（Quantum Imaginary Time Evolution，QITE）是通过 Wick rotation 将虚时代替实时进行演化，从而得到哈密顿量 H 的基态，而本节介绍的是如何通过量子计算机和量子线路去模拟近似虚时演化算法。首先，需要准备的是使用含参数的量子线路去近似虚时演化，也就是有：

$$|\psi(\tau)\rangle \sim |\psi(\theta(\tau))\rangle = U_m(\theta_m)\cdots U_1(\theta_1)|0\rangle_n \qquad (2.45)$$

虚时演化是由给定的哈密顿量 H 和初始态 $|\psi(0)\rangle$ 以及对应的时间 t 开始，通过 Wick rotation $\tau\rightarrow it$，将量子态的实时演化 $|\psi(t)\rangle = e^{-iHt}|\psi(0)\rangle$ 转化成虚时演化 $|\psi(\tau)\rangle = e^{-\tau H}|\psi(0)\rangle$，就是将时间 t 从实数转换为纯虚数。而角度 $\{\theta_1, \theta_2, \cdots, \theta_m\}$ 的变换推导过程如下所示：

$$A_{ij} = \mathrm{Re}\left[\frac{\partial\langle\varphi(\theta)|}{\partial\theta_i}\frac{\partial|\varphi(\theta)\rangle}{\partial\theta_j}\right], \quad C_i = -\mathrm{Re}\frac{\partial\langle\varphi(\theta)|}{\partial\theta_i}H|\varphi(\theta)\rangle$$

$$\theta(\tau+\Delta\tau) = \theta(\tau) + \Delta\tau A(\tau)^{-1}C(\tau) \qquad (2.46)$$

于是就可以得到角度 θ 随着时间变化的更新方式，在上述的描述中并没有限制矩阵 H 的自共轭性质，这是为了更自由宽泛地去使用任意矩阵的虚时演化性质。

▶▶ 2.5.2　线路实现与求导

上述推导过程强调的是如何更新角度 θ 的值，而实际上仅仅根据上式的更新规则是无法在真机上实现的，因为上述参数更新的过程中需要使用到当前量子态末态的振幅而不是概率，为了能够使其变成真正的"量子"算法，还需要计算 A 和 C 的值。

A 的计算需要求得所有 $\dfrac{\partial \langle \varphi(\theta) \mid}{\partial \theta_i} \dfrac{\partial \mid \varphi(\theta) \rangle}{\partial \theta_j}$ 的值，在这一步中使用 Hadamard-Test 算法的框架。本书对具体的含参线路进行应用举例来得到目标结果。

假设含参线路如图 2.23 所示，我们需要做的就是使用如下的线路的初始角度进行近似 $\mid \varphi(\theta_0) \rangle$ 然后渐渐改变 θ 的值，进行近似 $\mid \varphi(\theta_\tau) \rangle$ 的值，假设初始的拟设线路（用于近似 $\mid \psi(\tau) \rangle$ 的线路）设计为图 2.23 的形式。

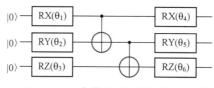

● 图 2.23　参数化量子线路示意图

在实际应用中，计算 $\dfrac{\partial \langle \varphi(\theta) \mid}{\partial \theta_i} \dfrac{\partial \mid \varphi(\theta) \rangle}{\partial \theta_j}$ 的值，还需要用到该线路的结构和参数，这一点和参数位移规则是类似的，在进行后续的操作之前首先介绍一个结论：图中每一个带角度的参数门的梯度正好等于角度加上 π 的一半，具体来说就是 $\dfrac{\mathrm{d}RX(\theta)}{\mathrm{d}\theta} = \dfrac{1}{2}RX(\theta+\pi)$，$\dfrac{\mathrm{d}RY(\theta)}{\mathrm{d}\theta} = \dfrac{1}{2}RY(\theta+\pi)$，$\dfrac{\mathrm{d}RZ(\theta)}{\mathrm{d}\theta} = \dfrac{1}{2}RZ(\theta+\pi)$，这样就可以通过构造 Hadamard-Test 线路来计算 A 中的元素值。线路如图 2.24 所示。

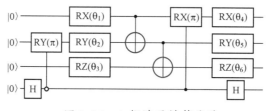

● 图 2.24　A 矩阵元计算线路

通过对最后一个量子比特上的状态进行测量，可以得到量子比特的变化状态。

初始状态为 $\mid 0 \rangle_{res} \mid 000 \rangle$，其中 res 表示最后一个结果比特。

通过 H 门之后进行实控和虚控之后的状态为 $\dfrac{\mid 0 \rangle_{res}}{\sqrt{2}} \dfrac{2 \partial \mid \varphi(\theta) \rangle}{\partial \theta_2} + \dfrac{\mid 1 \rangle_{res}}{\sqrt{2}} \dfrac{2 \partial \mid \varphi(\theta) \rangle}{\partial \theta_4}$，这是因为上

文提到的 $R(\theta+\pi)=\dfrac{2dR(\theta)}{d\theta}$。

通过最后的 H 门之后的状态为 $\dfrac{|0\rangle_{res}+|1\rangle_{res}}{2}\dfrac{2\partial|\varphi(\theta)\rangle}{\partial\theta_2}+\dfrac{|0\rangle_{res}-|1\rangle_{res}}{2}\dfrac{2\partial|\varphi(\theta)\rangle}{\partial\theta_4}$。

测量得到 $|0\rangle$ 态的概率为 $\dfrac{1}{2}+2\dfrac{\partial\langle\varphi(\theta)|}{\partial\theta_2}\dfrac{\partial|\varphi(\theta)\rangle}{\partial\theta_4}$，这样就可以从测量的概率中求解出 $A_{2,4}$ 元素的值。

同样地，对于求解 C 的元素值，和这里的方法类似，需要将哈密顿量分解成带权重的 Pauli 门，从而将其放入线路中再按照权重求和即可求得 C_i 的值。在 pyqpanda 中有对应的 QITE 接口提供使用：这里使用图问题作为示例。

```
1.   import pyqpanda as pq
2.   import numpy as np
3.
4.   if __name__ == "__main__":
5.       node7graph = [[0, 1, 0, 0, 0, 0, 0],
6.                     [1, 0, 1, 0, 0, 0, 0],
7.                     [0, 1, 0, 1, 1, 1, 0],
8.                     [0, 0, 1, 0, 1, 0, 1],
9.                     [0, 0, 1, 1, 0, 1, 1],
10.                    [0, 0, 1, 0, 1, 0, 1],
11.                    [0, 0, 0, 1, 1, 1, 0]]
12.
13.      problem = pq.NodeSortProblemGenerator()
14.      problem.set_problem_graph(node7graph)
15.      problem.exec()
16.      ansatz_vec = problem.get_ansatz()
17.
18.      cnt_num = 1
19.      iter_num = 100
20.      upthrow_num = 3
21.      delta_tau = 2.6
22.      update_mode = pq.UpdateMode.GD_DIRECTION
23.
24.      for cnt in range(cnt_num):
25.          qite = pq.QITE()
26.          qite.set_Hamiltonian(problem.get_Hamiltonian())
```

```
27.        qite.set_ansatz_gate(ansatz_vec)
28.        qite.set_iter_num(iter_num)
29.        qite.set_delta_tau(delta_tau)
30.        qite.set_upthrow_num(upthrow_num)
31.        qite.set_para_update_mode(update_mode)
32.        ret = qite.exec()
33.        if ret != 0:
34.            print(ret)
35.        qite.get_result()
```

2.6 基于量子振幅编码的数据加载

振幅制备算法是量子算法中的基础算法，许多量子算法都需要以振幅制备为前置条件，其中包括 QSVD 算法[12]、量子蒙特卡洛算法和量子求解偏微分方程在内的量子算法都需要以振幅制备为前提。另一方面，所有的量子算法都可以看成是对于目标量子态的制备。本节内容主要介绍的是对于已知的目标态，如何通过较低复杂度的线路进行振幅制备或者近似实现振幅制备。

▶▶ 2.6.1 一般量子态精确制备方法

给定一个长度为 n 的归一化向量 $[\alpha_0, \cdots, \alpha_{2^n-1}]^T$，我们的目标是制备量子态

$$|\psi\rangle = \sum_{i=0}^{2^n-1} \alpha_i |i\rangle \tag{2.47}$$

为了方便表述，我们不妨假设 $a_i \in \mathbb{R}_+$，$i = 0, \cdots, 2^n-1$。一个 3-比特量子态的振幅制备线路图如图 2.25 所示[13,14]。

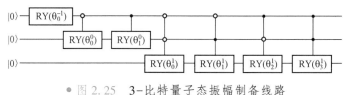

● 图 2.25　3-比特量子态振幅制备线路

该算法有 n 个一致受控旋转门 $F_k^{k-1}(y, \theta^{k-1})$，$k = 0, 1, \cdots, n-1$，其作用在前 k 个比特上，以前 k-1 个比特为控制位，第 k 个比特为目标位，每个一致受控旋转门具体为

$$F_k^{k-1}(y, \theta^{k-1}) = \sum_{l=0}^{2^{k-1}-1} |l\rangle\langle l| \otimes R_y(\theta_l^{k-1}) \tag{2.48}$$

其中

$$\theta_l^{k-1} = 2\arccos\left(\sqrt{\frac{\sum_{j=0}^{2^{k-1}-1}|\alpha_{(1-1)2^k+j}|^2}{\sum_{j=0}^{2^k-1}|\alpha_{(1-1)2^k+j}|^2}}\right) \quad\quad (2.49)$$

由此可见，每个一致受控旋转门 $F_k^{k-1}(y,\theta^{k-1})$ 可以分解为 2^{k-1} 个多控制旋转门。

在 pyqpanda 中，对应的函数为 amplitude_encode，一个实例如下，最后我们给出该算法的复杂度。每个一致受控旋转门 $F_k^{k-1}(y,\theta^{k-1})$ 需要 2^k 个 CNOT 门和 2^k 个单比特门[15]，深度为 2^k，因此该算法的门复杂度和深度均为 $O(2^n)$。

```
1.    import numpy as np
2.    import pyqpanda as pq
3.
4.    if __name__ == "__main__":
5.        machine = pq.CPUQVM()
6.        machine.init_qvm()
7.        data = np.array([0, 1 / np.sqrt(3), 0, 0, 0, 1 / np.sqrt(3), 1 / np.sqrt(3), 0])
8.        qubit = machine.qAlloc_many(3)
9.        cir_encode = pq.Encode()
10.       cir_encode.amplitude_encode(qubit, data)
11.       prog = pq.QProg()
12.       prog << cir_encode.get_circuit()
13.       encode_qubits = cir_encode.get_out_qubits()
14.
15.       #  获取线路
16.       print(prog)
17.       result = machine.prob_run_dict(prog, qubit, -1)
18.
19.       #  读取结果
20.       print(result)
21.       machine.finalize()
```

▶▶ 2.6.2 基于施密特分解的振幅制备方法

下面我们介绍另一种任意量子态制备算法[16]，该算法的门复杂度相比 Grover-Rudolph 算法有稍微的改进，相比 Grover-Rudolph 算法大约需要 2^n 个 CNOT 门，该算法只需要 $\frac{23}{24}2^n$ 个以下的 CNOT 门。

我们不妨假设量子比特的数量 n = 2k。将 n 个量子比特分为两部分，每个部分包含连续 k 个比

特。根据这种划分，我们对 n 量子比特量子态 $|\psi\rangle$ 进行施密特（Schmidt）分解：

$$|\psi\rangle = \sum_{i=0}^{2^k-1} \alpha_i |\varphi_i\rangle |\phi_i\rangle \tag{2.50}$$

其中，$|\phi_i\rangle$ 和 $|\varphi_i\rangle$ 都是归一化的 k 比特量子态，而 α_i 是复数系数，满足 $\|\alpha\|_2 = 1$，也就是维度为 2^k 的向量 α 可以看作是一个 k 比特量子态。

下面我们分步骤介绍该算法，一个 4 比特量子态制备示意图如图 2.26 所示。

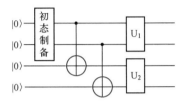

● 图 2.26　基于施密特分解的振幅制备线路

第一步，在前 k 个比特上执行一个量子态制备过程，因为该过程是一个规模更小的量子态制备过程，我们递归调用该算法或者使用其他任意算法。经过该步骤，我们得到

$$|\psi_1\rangle = \left(\sum_{i=0}^{2^k-1} \alpha_i |i\rangle \right) |0\rangle^{\otimes k} \tag{2.51}$$

第二步，在前 k 个比特和后 k 个比特之间建立纠缠，我们进行 k 个 CNOT 门操作，其中第 j 个 CNOT 门以量子比特 j 为目标位，以量子比特 j+k 为控制位，j 的取值范围从 1 到 k，得到以下量子态：

$$|\psi_2\rangle = \sum_{i=0}^{2^k-1} \alpha_i |i\rangle |i\rangle \tag{2.52}$$

第三步，我们在前 k 个比特上作用酉变换：

$$U_1 = \sum_{i=0}^{2^k-1} |\phi_i\rangle\langle i| \tag{2.53}$$

注意到 U_1 确实是一个酉变换，得到以下量子态：

$$|\psi_2\rangle = \sum_{i=0}^{2^k-1} \alpha_i |\phi_i\rangle |i\rangle \tag{2.54}$$

第四步，在后 k 个比特上作用酉变换：

$$U_2 = \sum_{i=0}^{2^k-1} |\varphi_i\rangle\langle i| \tag{2.55}$$

同样可以证明 U_2 是一个酉变换，最终我们得到量子态：

$$|\psi\rangle = \sum_{i=0}^{2^k-1} \alpha_i |\varphi_i\rangle |\phi_i\rangle \tag{2.56}$$

在 pyqpanda 中，对应的接口为 schmidt_ encode，具体运行实例如下。

```
1.    import numpy as np
2.    import pyqpanda as pq
```

```
3.
4.    if __name__ == "__main__":
5.        machine = pq.CPUQVM()
6.        machine.init_qvm()
7.        data = np.array([0, 1 / np.sqrt(3), 0, 0, 0, 1 / np.sqrt(3), 1 / np.sqrt(3), 0])
8.        qubit = machine.qAlloc_many(3)
9.        cir_encode = pq.Encode()
10.       cir_encode.schmidt_encode(qubit, data, cutoff=0.01)
11.       prog = pq.QProg()
12.       prog << cir_encode.get_circuit()
13.       encode_qubits = cir_encode.get_out_qubits()
14.
15.       # 获取线路
16.       print(prog)
17.       result = machine.prob_run_dict(prog, qubit, -1)
18.
19.       # 读取结果
20.       print(result)
21.       machine.finalize()
```

▶▶ 2.6.3 基于 Grover-Rudolph 算法的振幅制备方法*

已有文献证明[16]，对于一般 n 比特量子态的制备，至少需要 $\left\lceil\frac{1}{2}2^n\right\rceil$ 个 CNOT 门。因此，如果我们要考虑高效的量子态制备方法，必然要对量子态做某些假设，或者以牺牲精度为代价。下面我们介绍一种振幅编码量子态制备算法，其量子态的振幅由一个函数 f(x) 给出。

如前所述，Grover-Rudolph 算法可以用来制备任意振幅的 n 比特量子态，但需要的门的数量是 $O(2^n)$。对连续光滑的正值函数的量子态制备问题，文献 [17] 改进 Grover-Rudolph 算法，在满足一定的条件下，新算法制备一个保真度为 1-ε 的近似量子态的门复杂度渐近独立于 n。

我们先简要地描述问题，为了和文献 [17] 保持一致，给定一个函数 $f \in L^2([0,1]):[0,1] \to \mathbb{R}_+$，我们要制备的 n 比特量子态是

$$|\Psi_f\rangle = \sum_{i=0}^{2^n-1} \sqrt{f_i}\,|i\rangle \tag{2.57}$$

其中，$f_i = \int_{i\delta}^{(i+1)\delta_n} f(x)\,dx$，$\delta_n = \frac{1}{2^n}$，$\sum_{i=0}^{2^n-1} f_i = 1$。

如前所述，Grover-Rudolph 算法由 n 个一致受控旋转 Ry 门 $F_k^{k-1}(y,\theta^{k-1})$，$k = 0,1,\cdots,n-1$ 构成，其作用在前 k 个比特上，以前 k-1 个比特为控制位，第 k 个比特为目标位：

$$F_k^{k-1}(\theta^{k-1}) = \sum_{l=0}^{2^{k-1}-1} |1\rangle\langle 1| \otimes R_y(\theta_l^{k-1}) \qquad (2.58)$$

其中，$\theta_l^{k-1} = 2\arccos\left(\sqrt{\dfrac{\int_{l\delta_k}^{(l+1/2)\delta_k} f(x)\,dx}{\int_{l\delta_k}^{(l+1)\delta_k} f(x)\,dx}}\right)$。

文献［17］基于这样一个观察：当 $f(x)$ 是一个足够光滑的函数时，对于足够大的 k，θ_l^k（其中，$l=0,1,\cdots,2^k-1$）各个角度相差非常小，因此如果允许制备的量子态存在误差，那么可以将 2^k 个角度统一成一个角度 $\tilde\theta^k$，从而把一个 k 比特的一致受控旋转门变成一个单比特门。

但我们显然不能将所有的一致受控旋转门变成单比特旋转门，也只有对比较大的 k，θ_l^k（其中，$l=0$，1，$\cdots$，2^k-1）各个角度之间的差距才会比较小，对于 $k \geqslant k_0+1 \geqslant 2$ 的 $F_k^{k-1}(\theta^{k-1})$ 转换，最终的线路如图 2.27 所示。

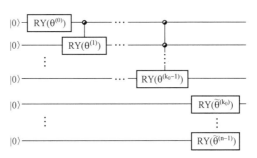

• 图 2.27　基于 Grover-Rudolph 算法的近似振幅制备线路

通过误差分析，为了达到保真度 $1-\varepsilon$，文献［17］给出了最小的 k_0 的取值。假设函数 $f \in L^2([0,1]):[0,1]\to\mathbb{R}_+$ 满足 $0 \leqslant \eta = \sup_{x \in [0,1]} |\partial_x^2 \log f^2(x)| \leqslant 8\pi$，$k_0$ 满足：

$$k_0(\varepsilon) = \max\left\{\left\lceil -\frac{1}{2}\log_2\left(4^{-n} - \frac{96}{\eta^2}\log_2(1-\varepsilon)\right)\right\rceil, 2\right\} \qquad (2.59)$$

由此可见，当比特数量 n 增加的时候，k_0 与 n 渐进无关。

上述方法存在的问题是：当目标函数 $f(x)$ 存在奇异点和零点的时候表现较差，因此最后文献［17］还基于 Grover-Rudolph 算法提出一种变分线路来近似编码量子态，主要的想法是将一个一致控制旋转门 $F_k^{k-1}(\theta^{k-1})$ 变成一个单比特旋转门外加若干个多控制旋转门，多控制旋转门的数量由奇异点和零点的数量决定，当某个基态对应的变量附近存在奇异点或者零点时，引入 1~2 个多控制旋转门，令其控制位为该基态。具体细节可参考文献［17］。

▶▶ 2.6.4　基于 QSVT 算法的振幅制备方法*

在本节中，我们介绍一个基于 QSVT 的量子态近似制备算法[18,19]。我们先给出相关的定义，再介绍术语 block-encoding，以及一个在许多领域都有着应用的算法 QSVT，最后我们给出该算法。

给定一个函数 $f:[0,1]\to[0,1]$，我们的目标是制备 n 比特量子态

$$|\Psi_f\rangle = \frac{1}{N}\sum_{i=0}^{2^n-1} f(i/2^n)\,|i\rangle \tag{2.60}$$

其中，$N = \sqrt{\sum_{i=0}^{2^n-1}\left[f(i/2^n)\right]^2}$。

block-encoding[7]是指在一个酉矩阵的左上角嵌入一个子矩阵：

$$U = \begin{bmatrix} A/\alpha & \cdot \\ \cdot & \cdot \end{bmatrix} \Rightarrow A = \alpha(\langle 0|\otimes I)U(|0\rangle\otimes I) \tag{2.61}$$

假设 A 是一个 s 比特的算子，α、ε 是正实数，m 是正整数，我们将一个作用在(s+m)比特上的算子 U 称为 A 的一个(α,m,ε)-block-encoding，如果有下面的不等式成立：

$$\|A-\alpha(\langle 0|^{\otimes m}\otimes I)U(|0\rangle^{\otimes m}\otimes I)\|\leq\varepsilon \tag{2.62}$$

下面我们介绍 QSVT 算法[19]，该算法能够将一个多项式函数作用在一个 block-encoded 的矩阵的奇异值上。换句话说，给定一个度数为 d 的多项式函数 $f:[-1,1]\to[-1,1]$ 以及矩阵 A 的 block-encoding 矩阵 U 对应的线路，QSVT 算法能够通过调用酉矩阵 U 给出 block-encoding 矩阵 f(A) 的酉算子 U_f对应的线路。具体来说，给定一个矩阵 A 的 block-encoding 矩阵 U，对于一个度数为 d 的奇/偶多项式函数 $f:[-1,1]\to[-1,1]$，存在 $\Phi=[\varphi_0,\cdots,\varphi_{d-1}]^T\in\mathbb{R}^d$，使得如图 2.28 所示的线路表示的酉矩阵 U_f满足：

$$(\langle 0|^{\otimes m}\otimes I)U_f(|0\rangle^{\otimes m}\otimes I) = f(A) \tag{2.63}$$

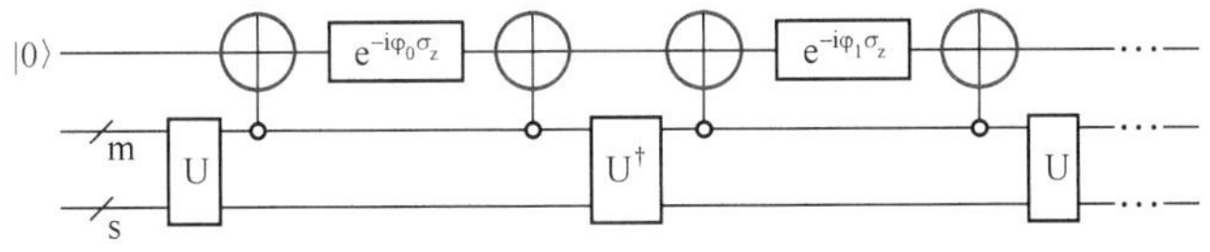

● 图 2.28　QSVT 算法线路原理示意图

下面介绍基于 QSVT 的量子态近似制备算法。首先，我们定义对角矩阵 D：

$$D = \begin{bmatrix} \sin(0/2^n) & 0 & \cdots & 0 \\ 0 & \sin(1/2^n) & \cdots & 0 \\ \vdots & \vdots & & \vdots \\ 0 & 0 & \cdots & \sin((2^n-1)/2^n) \end{bmatrix} \tag{2.64}$$

我们可以利用一个辅助比特来制备对角矩阵 D 的 block-encoding 矩阵 U_{sin}：

$$U_{sin}|i\rangle|0\rangle \to |i\rangle[\sin(i/2^n)|0\rangle+\cos(i/2^n)|1\rangle] \tag{2.65}$$

制备酉算子 U_{sin}只需要 n 个单比特受控旋转 RY 门和一个 Pauli-X 门，线路图如图 2.29 所示。

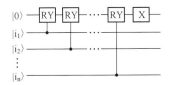

● 图 2.29　利用受控旋转门实现酉算子 U_{sin}线路

注意我们要制备的量子态对应的函数 f 不一定是一个多项式函数，所以需要先找到 f 的一个度数尽可能低的多项式逼近。但是，酉算子 U_{sin} 的 block-encoding 实际是对角矩阵 $Diag(sin(0/2^n), \cdots, sin(i/2^n), \cdots, sin((2^n-1)/2^n))$，所以实际上应该找函数 $f(arcsin(x))$ 的多项式逼近。我们将 $f(arcsin(x))$ 的某个度数为 d 的近似多项式函数记为 $h(x)$，为了表述方便，不是一般性，假设 $h(x)$ 具有确定的奇偶性，即么是一个奇函数，要么是一个偶函数。最后，我们记 $\tilde{f}(x) = h(sin(x))$，显然，$\tilde{f}(x)$ 是 $f(x)$ 的一个近似。如果 $\tilde{f}(x)$ 能以高精度近似 $f(x)$，那么 $|\Psi_{\tilde{f}}\rangle$ 也会以高精度近似 $|\Psi_f\rangle$。

应用 QSVT 算法，将 $h(x)$ 作用在对角矩阵 D 上，得到以下矩阵的一个 block-encoding 酉矩阵 $U_{\tilde{f}}$：

$$\sum_{i=0}^{2^n-1} \tilde{f}\left(\frac{i}{2^n}\right) |i\rangle\langle i| \tag{2.66}$$

将该酉矩阵作用在初态 $|+\rangle^{\otimes n}|00\rangle$，得到状态 $\frac{1}{\sqrt{2^n}} \sum_{i=0}^{2^n-1} \tilde{f}\left(\frac{i}{2^n}\right) |i\rangle|00\rangle + |\varphi\rangle|\perp\rangle$，其中 $\langle 00|\perp\rangle = 0$。记 $F_{\tilde{f}}^n = \||\Psi_{\tilde{f}}\rangle\|$，则测量辅助比特，得到状态 $|\Psi_{\tilde{f}}\rangle|00\rangle$ 的概率是 $(F_{\tilde{f}}^n)^2 = \dfrac{\sum_{i=0}^{2^n} |\tilde{f}(i/2^n)|^2}{2^n}$。

我们可以使用 $O\left(\dfrac{1}{F_{\tilde{f}}^n}\right)$ 次振幅放大来提高获得目标态的概率。

最后，我们分析该算法的复杂度。构造对角矩阵的 block-encoding 矩阵需要用到 n 个受控 RY 门；应用 QSVT 算法构造 $U_{\tilde{f}}$，需要分别调用 U_{sin} 和 U_{sin}^{-1} 各 $\dfrac{d}{2}$ 次，d 个 Toffoli 门，d 个 Rz 门；每一次振幅放大迭代关于目标态做翻转需要一个多控制 Z 门，关于初态翻转需要调用 $U_{\tilde{f}}$ 和 $U_{\tilde{f}}^{-1}$ 各一次，以及 n 个 Hadamard 门，一个多控制 Z 门。综上，该算法的门复杂度是 $O\left(\dfrac{nd}{F_{\tilde{f}}^n}\right)$。

由此可见，基于 QSVT 的量子态近似制备算法的门的复杂度与比特数量 n 成正比，如果能找到函数 $f(arcsin(x))$ 的一个低阶近似，那么该算法能够有效近似制备目标量子态。

▶▶ 2.6.5 基于 QFT 算法的近似振幅制备方法

在本节中，我们介绍一种基于傅里叶变换的量子态近似制备算法，该算法的问题模型不再赘述。下面我们先介绍该算法的思想。我们能够将任意函数进行傅里叶级数展开，而一大类光滑的函数能够通过少量的傅里叶级数项来近似，该算法利用这一点对一个函数的傅里叶级数进行截断，再制备截断后函数对应的量子态[20]。

我们不妨假设 $|\Psi_f\rangle = \sum_{i=0}^{2^n-1} f(i/2^n) |i\rangle$ 已经满足归一化条件，并且 $f(x)$ 的周期为 1。如果 $f(x)$ 不是一个周期函数，我们可以对其进行适当的延拓使其满足周期性。我们首先对 $f(x)$ 进行傅里叶展开：

$$f(x) = \sum_{k=-\infty}^{+\infty} c_k e^{-i2\pi kx} \tag{2.67}$$

再进行截断

$$f_m(x) = \sum_{k=-2^n+1}^{2^n-1} c_k e^{-i2\pi kx} \tag{2.68}$$

我们对函数 $f_m(x)$ 做分析，推导制备函数 $f_m(x)$ 对应的量子态 $|\Psi_{f_m}\rangle$ 的线路图：

$$|\Psi_{f_m}\rangle = \sum_{j=0}^{2^n-1} \sum_{k=-2^n+1}^{2^n-1} c_k e^{\frac{-i2\pi kj}{2^n}} |j\rangle \tag{2.69}$$

这里我们实际需要对傅里叶系数 c_k 重新做归一化，使得 $|\Psi_{f_m}\rangle$ 满足归一化条件。对 $|\Psi_{f_m}\rangle$ 做离散傅里叶变换，有

$$|c\rangle = \text{QFT}|\Psi_{f_m}\rangle = 2^{n/2} \sum_{k=0}^{2^n-1} c_k |k\rangle + 2^{n/2} \sum_{k=-1}^{-2^n+1} c_k |2^n+k\rangle \tag{2.70}$$

该状态是一个只有 $2^{m+1}-1$ 个基态的稀疏量子态，该状态可以通过一个作用在 $m+1$ 个比特上的酉矩阵和 $(n-m-1)$ 个 CNOT 门来制备，对应图 2.30 线路中除了 QFT 的部分。

函数 $f_m(x)$ 对应的量子态能够用图 2.30 中的线路图制备，我们下面一步步解释量子态的演化过程。

在图 2.30 中，酉矩阵 U_c 代表实现如下变换的任意酉矩阵：

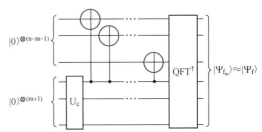

● 图 2.30　基于傅里叶变换的振幅制备线路

$$|0\rangle^{\otimes(m+1)} \xrightarrow{U_c} |\tilde{c}\rangle = 2^{n/2} \sum_{k=0}^{2^n-1} c_k |k\rangle + 2^{n/2} \sum_{k=-1}^{-2^n+1} c_k |2^{(m+1)}+k\rangle \tag{2.71}$$

该变换可以通过任意量子态制备方法实现，所需的门复杂度是 $O(2^{m+1})$。

接下来执行 $(n-m-1)$ 个 CNOT 门，实现如下变换：

$$|0\rangle^{\otimes(n-m-1)}|\tilde{c}\rangle \rightarrow 2^{n/2} \sum_{k=0}^{2^n-1} c_k |k\rangle + 2^{n/2} \sum_{k=-1}^{-2^n+1} c_k |2^n+k\rangle \tag{2.72}$$

最后，作用逆量子傅里叶变换得到目标量子态 $|\Psi_{f_m}\rangle$。

再来分析该算法的复杂度。在最坏情况下，第一步 $m+1$ 比特的状态制备门复杂度是 $O(2^{m+1})$、线路深度是 $O(2^{m+1})$；量子傅里叶变换的门复杂度和线路深度分别是 $O(n^2)$ 和 $O(n)$，因此该算法的门复杂度和线路深度分别是 $\max(O(2^{m+1}), O(n^2))$ 和 $\max(O(2^{m+1}), O(n))$。如果我们能够用极少量的傅里叶级数项来逼近函数，则该算法的复杂度是 $\text{Poly}(n)$。该算法的缺点同样在于此，在傅里叶级数截断的过程中，实际上舍弃了高频信息，这就要求我们要制备的目标函数含有的高频信息尽可能少，在图形上表现为要足够光滑。

▶▶2.6.6　基于量子线路玻恩机的概率编码量子态近似制备[*]

在某些场景下，我们要制备的量子态并不是直接以向量的形式给出，或者通过一个显式的函数

刻画，而是对应一个未知的概率分布，该分布通过一个满足样本独立同分布的样本集合给出。在这种情况下，我们可以通过学习一个含参量子线路来制备对应的量子态。该方法的门复杂度和线路深度与量子态所包含的比特数量没有直接关系，还可以根据硬件特点设计量子线路，适用于 NISQ 时代的含噪量子计算机。下面我们介绍量子线路玻恩机[21]。

量子线路玻恩机首先在文献［21］中提出，又称为数据驱动的量子线路学习框架，其目的是从样本数据集中学习一个未知的概率分布。

给定服从某个未知概率分布 p_{real} 的 D 个独立同分布的样本集 $D=\{x^1,\cdots,x^D\}$，我们的目标是学习一个变分线路来逼近该分布。我们不妨假设每个样本都是 n 维二进制向量 $x^d \in \{0,1\}^n$，这样就可以建立样本空间和 n 量子比特系统的计算基之间的一一映射关系。

量子线路玻恩机算法由三部分构成，分别是一个含参量子线路、损失函数和一个经典优化器。

首先，我们设计一个含参的量子线路 $U(\theta)$，其中 θ 为待优化的参数，如图 2.31 所示。

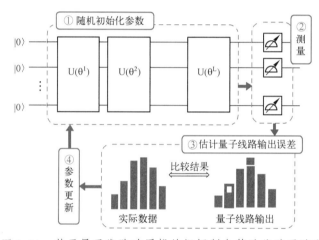

• 图 2.31　基于量子线路玻恩机的振幅制备算法线路及流程图

在文献［21］中，该量子线路由 L 个模块 $U(\theta^l)$（其中 $l=1,\cdots,L$）构成，每个模块包含多个单比特旋转门和两比特纠缠旋转门。量子线路 $U(\theta)$ 的输入初始态为 $|0\rangle^{\otimes n}$，则最终制备的量子态为

$$|\psi(\theta)\rangle=U(\theta)|0\rangle^{\otimes n} \tag{2.73}$$

根据玻恩定则，我们测量得到 $x \in \{0,1\}^n$ 的概率是

$$P_\theta(x)=|\langle x|\psi(\theta)\rangle|^2 \tag{2.74}$$

我们无法直接得到概率分布 P_θ，实际上需要重复执行量子线路测量最终量子态并用频率来代替概率。

和许多经典生成模型一样，文献［10］将损失函数设置为量子线路建立的概率分布 P_θ 和真实分布 P_{real} 之间的 Kullback-Leibler（KL）散度：$KL(P_D|P_\theta)$，最小化 KL 散度等价于最小化负对数似然损失函数

$$C(\theta)=-\frac{1}{D}\sum_{d=1}^{D}\ln(P_\theta(x^d)) \tag{2.75}$$

得到了损失函数 $C(\theta)$ 之后，我们可以用各种优化方法来更新参数 θ 以降低损失。文献 [21] 采用了无梯度的粒子群优化算法，该优化过程不断迭代，直到达到局部最小值或者损失函数不再下降。

▶▶ 2.6.7　基于量子生成对抗网络的量子态近似制备*

下面我们介绍一个基于对抗生成网络的量子态近似制备算法。文献 [4] 借鉴经典对抗生成网络的思想，设计了量子生成对抗网络。

我们先简要描述经典对抗生成模型，该模型包含两个神经网络，分别是生成器和判别器。假设我们有从一个未知的概率分布 P_{real} 采样得到的经典数据集 $X = \{x^0, \cdots, x^{s-1}\} \subset R^{k_{out}}$。令 $G_\theta : R^{k_{in}} \to R^{k_{out}}$ 和 $D_\varphi : R^{k_{out}} \to \{0, 1\}$ 分别表示生成器和判别器，相应的参数分别是 $\theta \in R^{k_s}$ 和 $\varphi \in R^{k_d}$。生成器的作用是将一个从固定分布 P_{prior} 中采样的数据 $z \in R^{k_{in}}$ 转换成和真实分布 P_{real} 的数据尽量不可区分的样本。而判别器的作用是区别生成器生成的数据和来自真实分布 P_{real} 的数据 X。生成器的损失函数是

$$L_G(\theta, \varphi) = -E_{z \sim P_{prior}} \left[\log(D_\varphi(G_\theta(z))) \right] \tag{2.76}$$

而判别器的损失函数是

$$L_D(\theta, \varphi) = E_{x \sim P_{real}} \left[\log(D_\varphi(x)) \right] + E_{z \sim P_{prior}} \left[\log(1 - D_\varphi(G_\theta(z))) \right] \tag{2.77}$$

训练生成对抗网络的过程是寻找以下两个优化过程的纳什均衡：

$$\max_\theta L_G(\theta, \varphi), \quad \max_\varphi L_D(\theta, \varphi) \tag{2.78}$$

通常上述优化过程需要使用梯度下降优化器交替更新生成器和判别器的参数。

文献 [22] 提出量子生成对抗网络，其包含一个量子生成器和一个经典判别器。量子生成器 G_θ，其作用是将一个 n 比特的输入量子态 $|\psi_{in}\rangle$ 转变成输出量子态

$$G_\theta |\psi_{in}\rangle = |g_\theta\rangle = \sum_{j=0}^{2^n - 1} \sqrt{p_\theta^j} |j\rangle \tag{2.79}$$

其中，p_θ^j 是测量 $|g_\theta\rangle$ 得到基态 $|j\rangle$ 的概率。

和量子线路玻恩机一样，我们假设样本空间是 $\{0, \cdots, 2^n - 1\}$，因此存在一个样本空间和计算基之间的一一映射。在文献 [22] 中，量子生成器 G_θ 由多层参数化单比特 Ry 门和控制 Z 门构成，如图 2.32 所示。

如图 2.32 所示，量子生成器 G_θ 首先包含一层参数化单比特 Ry 门，之后是 k 层交替出现的纠缠块 U_{ent} 和 Ry 层，每个纠缠块 U_{ent} 由 n 个作用在相邻比特上的 CZ 门构成。该变分电路的深度记为 k，如果该线路作用在 n 个比特上，那么其一共包含 $(k+1)n$ 个参数化单比特门和 kn 个两比特门。

和经典生成器不同的是，量子生成器不需要随机的输入，其输入可以是某个容易制备的量子态 $|\psi_{in}\rangle$，也可以简单设置为 $|0\rangle^{\otimes n}$；量子生成器生成的样本通过对输入量子态 $|g_\theta\rangle$ 的测量得到。

在量子对抗生成网络中，经典判别器由一个标准的神经网络构成，其作用是处理输入的样本并判断其是生成数据还是真实数据。

给定 m 个从量子生成器采样的数据 g^l 和 m 个随机采样得到的真实分布样本 x^l，量子对抗生成网络中生成器的损失函数是

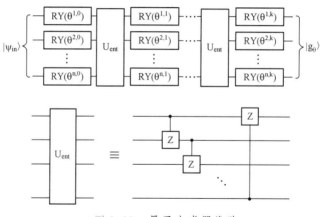

● 图 2.32　量子生成器线路

$$L_G(\theta,\varphi) = -\frac{1}{m}\sum_{l=1}^{m}\left[\log(D_\varphi(g^l))\right] \tag{2.80}$$

判别器的损失函数是

$$L_D(\theta,\varphi) = \frac{1}{m}\sum_{l=1}^{m}\left[\log(D_\varphi(x^l)) + \log(1 - D_\varphi(g^l))\right] \tag{2.81}$$

最后需要指出的是，该算法属于概率编码量子态制备，在目标量子态 $|g_\theta\rangle = \sum_{j=0}^{2^n-1}\sqrt{p_\theta^j}\,|j\rangle$ 中，我们实际只关注每个基态 $|j\rangle$ 的概率，使得 $|j\rangle$ 的振幅实际相位非零，即实际生成的量子态是

$$|\widetilde{g_\theta}\rangle = \sum_{j=0}^{2^n-1}e^{i\phi_j}\sqrt{p_\theta^j}\,|j\rangle \tag{2.82}$$

其中，$\phi_j \neq 0, j=1,\cdots,n$，也不会影响测量得到 $|j\rangle$ 的概率。

 本章参考文献

[1] NIELSEN M A, CHUANG I L. Quantum computation and quantum information [M]. Cambridge：Cambridge university press, 2010.

[2] PAVLIDIS A, FLORATOS E. Quantum – Fourier – transform – based quantum arithmetic with qudits [J]. Physical Review A, 2021, 103 (3)：032417.

[3] COPPERSMITH D. An approximate Fourier transform useful in quantum factoring [J]. arXiv preprint quant–ph/0201067, 2002.

[4] NAM Y, SU Y, MASLOV D. Approximate quantum Fourier transform with O (n log (n)) T gates [J]. NPJ Quantum Information, 2020, 6 (1)：26.

[5] SHOR P W. Algorithms for quantum computation：discrete logarithms and factoring [C]//Proceedings 35th annual symposium on foundations of computer science. IEEE, 1994：124-134.

[6] LLOYD S, MOHSENI M, REBENTROST P. Quantum principal component analysis [J].

Nature Physics, 2014, 10 (9): 631-633.

［7］HARROW A W, HASSIDIM A, LLOYD S. Quantum algorithm for linear systems of equations ［J］. Physical review letters, 2009, 103 (15): 150502.

［8］GROVER L K. Quantum mechanics helps in searching for a needle in a haystack ［J］. Physical review letters, 1997, 79 (2): 325.

［9］BRASSARD G, et al. Quantum amplitude amplification and estimation ［J］. Contemporary Mathematics, 2002, 305: 53-74.

［10］CHILDS A M, KOTHARI R, SOMMA R D. Quantum algorithm for systems of linear equations with exponentially improved dependence on precision ［J］. SIAM Journal on Computing, 2017, 46 (6): 1920-1950.

［11］MOTTA M, et al. Determining eigenstates and thermal states on a quantum computer using quantum imaginary time evolution ［J］. Nature Physics, 2020, 16 (2): 205-210.

［12］BRAVO-PRIETO, CARLOS, DIEGO GARCÍA-MARTÍN, et al. Quantum singular value decomposer. Physical Review A 101. 6 (2020): 062310.

［13］MOTTONEN M, VARTIAINEN J J, BERGHOLM V, et al. Transformation of quantum states using uniformly controlled rotations ［J］. arXiv preprint quant-ph/0407010, 2004.

［14］GROVER L, RUDOLPH T. Creating superpositions that correspond to efficiently integrable probability distributions ［J］. arXiv preprint quant-ph/0208112, 2002.

［15］SHENDE V V, BULLOCK S S, MARKOV I L. Synthesis of quantum logic circuits ［C］// Proceedings of the 2005 Asia and South Pacific Design Automation Conference. 2005: 272-275.

［16］PLESCH M, BRUKNER Č. Quantum-state preparation with universal gate decompositions ［J］. Physical Review A, 2011, 83 (3): 032302.

［17］MARIN-SANCHEZ G, GONZALEZ-CONDE J, SANZ M. Quantum algorithms for approximate function loading ［J］. Physical Review Research, 2023, 5 (3): 033114.

［18］MCARDLE S, GILYÉN A, BERTA M. Quantum state preparation without coherent arithmetic ［J］. arXiv preprint arXiv: 2210. 14892, 2022.

［19］GILYÉN A, SU Y, LOW G H, et al. Quantum singular value transformation and beyond: exponential improvements for quantum matrix arithmetics ［C］//Proceedings of the 51st Annual ACM SIGACT Symposium on Theory of Computing. 2019: 193-204.

［20］MOOSA M, WATTS T, CHEN Y, et al. Linear-depth quantum circuits for loading Fourier approximations of arbitrary functions ［J］. Quantum Science and Technology, 2023.

［21］BENEDETTI M, GARCIA-PINTOS D, PERDOMO O, et al. A generative modeling approach for benchmarking and training shallow quantum circuits ［J］. npj Quantum Information, 2019, 5 (1): 45.

［22］ZOUFAL C, LUCCHI A, WOERNER S. Quantum generative adversarial networks for learning and loading random distributions ［J］. npj Quantum Information, 2019, 5 (1): 103.

第 3 章

基于量子随机模拟的金融应用

随机模拟是金融中常用的一类算法，可以用于求解各类复杂的金融数学方程，模拟各类复杂的市场环境并对其进行统计分析，具有求解方法简单、适用范围广、灵活度高等优点[1]。但是随机模拟中随机路径的生成和计算需要消耗大量的计算资源，而金融问题数值敏感、时效性强，对于求解精度和计算速度的要求很高。利用量子计算技术增强的量子随机模拟可以有效解决这一矛盾[2]。常用的量子模拟算法包括量子加速蒙特卡洛模拟以及哈密顿模拟。量子加速蒙特卡洛模拟利用量子计算的并行性使得量子比特处于叠加态，并利用量子振幅估计（Quantum Amplitude Estimation，QAE）来实现平方级加速，能够大幅降低时间复杂度；哈密顿模拟通过将金融问题映射为相应的薛定谔方程或者哈密顿量，并设计特定的量子线路进行模拟，从而求解期权定价等实际问题。在金融衍生品定价和风险分析类问题中，模拟算法具有十分广泛的应用。而对于较为复杂的模拟算法，较之计算量巨大的经典蒙特卡洛方法，需要更少的计算与存储资源的量子振幅估计算法能够加速采样和模拟过程，因而在复杂的定价和风控问题中具备较大的优势和应用潜力[3-9]。

3.1 量子模拟算法

▶▶ 3.1.1 蒙特卡洛模拟算法

蒙特卡洛方法（Monte Carlo Method），也称统计模拟方法，是一种常见的数值计算方法[10,11]。它通过使用随机数（或更常见的伪随机数）生成多个采样样本对真实值进行逼近得到近似的结果来解决很多计算问题。一般所求解的问题可以转化为某种随机分布的统计量，比如随机事件出现的概率，或者随机变量的期望值。通过随机抽样的方法，以目标随机事件出现的频率估计其概率，或者以抽样的数字特征估算随机变量的数字特征，并将其作为问题的解。这种方法多用于求解复杂的多维积分等由于计算过于复杂而难以得到解析解或者根本没有解析解的问题。经典蒙特卡洛法在金融领域中有着广泛的应用，其中包括后面将要介绍的金融衍生品定价、风险分析和投资组合优化等常见场景，但它在实际应用中往往要消耗大量的计算资源。

在应用蒙特卡洛模拟法解决实际问题时首先要构造或描述随机过程：对于本身就具有随机性质的问题，如粒子运动问题，可以直接描述和模拟这个概率过程。而对于本来不是随机性质的确定性问题，比如计算数值积分，就可以先构造一个概率过程，将不具有随机性质的问题转化为随机性质的问题。以求圆周率为例，可以通过构造一个正方形内服从均匀分布的取点过程，将原问题转化为求扇形内部生成点的数量所占的比例（见图 3.1）。蒙特卡洛模拟算法常用的随机数包括：服从特定概率统计分布的随机数生成器、各种统计分布的变换和混合、服从特定演化规律的离散随机过程或者连续时间随机过程所对应的随机数序列等。此外，对于分布未知的特定历史数据样本，还可以通过 Bootstrap 等方法进行重采样。

在通过随机数生成、重采样等手段进行数据采样后，还需要进行目标估计量的计算和结果的统计。常见的目标估计量包括对随机数的各阶矩（如常见的平均数、方差、偏度和峰度等）、对于概率密度函数的频率数和累积密度函数的分位数的估计、问题相关的各类函数值、泛函值的计算等。其中，当目标估计量是关于随机过程的路径依赖泛函时，会极大地增加计算和存储资源的消耗。

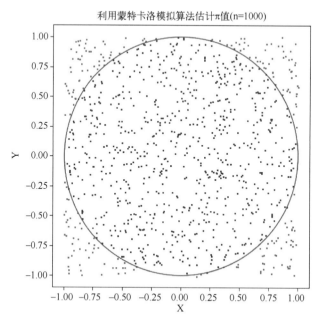

● 图 3.1　利用蒙特卡洛模拟算法估计 π 值原理示意图

由于金融中大量复杂的金融数学方程解析解不存在，同时金融数据易受到很多客观因素影响，从而产生信噪比低、极端小概率事件频频发生等现象，使得数值方法特别是模拟类方法显得格外重要，应用非常广泛。在公司金融、工程金融和实值期权分析中，可以引入蒙特卡洛模拟构造动态模型，更好地估计和描述各类不确定性，从而提高模型的解释能力和鲁棒性；在股票期权定价中，利用蒙特卡洛模拟数千条可能的价格路径并计算相应的风险和时间折价，给与资产更准确的风险溢价；在债券等固定收益工具和利率衍生品的定价中，蒙特卡洛方法可以有效模拟短期利率的波动并计算路径依赖的抵押担保债券等；在金融风险估计中，蒙特卡洛模拟可以有效模拟各类风险事件的发生，特别是利用重要性采样更准确地对黑天鹅事件等小概率但是影响重大的事件进行模拟。

而当蒙特卡洛方法应用在具体的金融场景中时，需要使用已有的概率分布来生成路径。以股票为例，可以对每个交易日的股票数据进行模拟，我们假设标的股票价格服从对数正态分布，如图 3.2 所示为不同均值、方差下的对数正态分布。

使用上述分布可以生成路径用于模拟真实的股票价格每日变动的情况，即每日股价的概率分布服从和上一交易日股价相关的对数正态分布。在模拟大量样本产生的路径后，即可通过模拟结果进行期权等问题的求解。如图 3.3 所示的模拟图为使用 Python 生成的 10 个时间节点上的 1000 个标的资产价格路径。

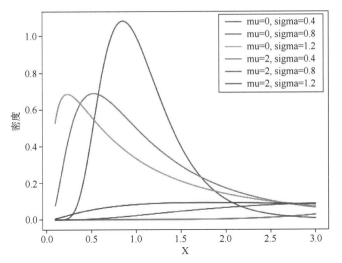

● 图 3.2　不同均值（mu）、方差（sigma）下的对数正态分布

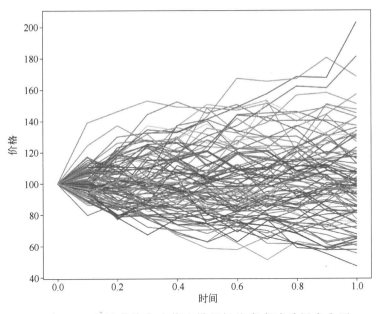

● 图 3.3　利用蒙特卡洛算法模拟标的资产随时间变化图

▶▶ 3.1.2　量子加速蒙特卡洛算法的整体流程

前文介绍了经典计算机上实现蒙特卡洛模拟的过程以及思路，蒙特卡洛法在金融领域中有着广泛的应用，其中包括后面我们将要介绍的金融衍生品定价、风险分析和投资组合优化等常见场景，但它在实际应用中往往要消耗大量的计算资源。于是我们可以使用量子算法进行加速，下面总体概览如何在量子计算机上实现蒙特卡洛方法进行数值计算，一些文献中将这种方法命名为量子增强蒙

特卡洛模拟（Quantum-enhanced Monte-Carlo Simulation）或者量子蒙特卡洛积分（Quantum Monte-Carlo Integration，QMCI）[13,14]。

类比于上小节介绍的经典蒙特卡洛积分的三个步骤（制备随机分布生成器采样→利用函数、泛函等进行相应的演化→计算观测量并统计其均值、方差），量子蒙特卡洛算法也可以整体抽象为如下三个步骤：

（1）制备随机分布对应的量子叠加态；

（2）使用构造相应的 Oracle 或将函数编码为量子线路以对量子随机数样本并行计算；

（3）通过量子振幅估计得到统计量。

其中，步骤（1）为特定统计分布或者随机过程的振幅编码量子叠加态制备技术，解决了如何将经典的概率分布和随机过程信息制备到量子线路中的问题：

$$R\,|0^n\rangle = |\psi\rangle_n = \sum \sqrt{p_i}\,|i\rangle_n \tag{3.1}$$

高效的量子态制备可以有效缓解量子计算的数据输入瓶颈，也是量子增强蒙特卡洛模拟类算法重要的研究课题，这一部分的总体流程将在下一小节进行具体讨论。步骤（2）是将数值结果映射到量子比特的振幅上，即通过量子线路实现计算：

$$\sum \sqrt{p_i}\,|i\rangle_n|0\rangle \rightarrow \sum \sqrt{p_i}\,|i\rangle_n(\sqrt{1-f(i)}\,|0\rangle + \sqrt{f(i)}\,|1\rangle) \tag{3.2}$$

该部分有多种技术路线，需要根据不同情景使用不同的量子线路且细节较多，因此将其放在后续章节中围绕具体应用进行展开阐述。步骤（3）为了能够将量子态转换为经典信息并有效读取，需要调用量子振幅估计，本书在 3.1.4 小节介绍了量子振幅估计算法，它是量子增强蒙特卡洛算法实现平方加速的核心。

▶▶ 3.1.3 经典和量子采样方法

蒙特卡洛方法的第一步就是进行对应的采样，相比于经典计算机的伪随机数算法，我们可以认为量子计算机产生的概率分布是真随机的。对于均匀分布的采样，经典计算机会生成最简单的 0~1 上的随机数并线性映射到相应区间，而对于量子计算机而言，使用多个量子比特进行 Hadamard 门操作即完成了概率的直接采样，其中量子比特的个数决定了采样的精度，这个精度会随着量子比特数的增加而指数提高，并很快超越经典计算机一般的浮点精度。

例如，对 4 个比特组成的量子系统中的全部量子比特进行 Hadamard 门操作可以得到对应的量子态为 $|\varphi\rangle = \frac{1}{4}\sum_{x=0}^{15}|x\rangle$，对应的各个量子态的概率为 1/16，而映射到 0 到 1 区间上的采样精度也为 1/16。如果想要对应其他区间上的均匀分布同样可以使用线性变换，通过简单验证可知，量子层面有指数级的存储能力，只使用了 4 个量子比特就得到了 16 个离散采样点下的均匀分布，这一步体现出了良好的量子优势。均匀采样是一种比较简单的采样方法，而对于一些较为复杂的例如正态采样分布，也可以使用一些特定的方法进行采样。均匀采样既可以当成采样点，也可以当成概率来进行采样。

对于一般分布下的采样，则需要区分概率密度采样和采样点采样。以正态分布为例，如果按照采样点进行采样，那么使用左分位点进行采样即可，如图 3.4 所示。也就是说，按照点逐个进行采样，在标准正态分布上采样 16 个点，那么采样点的大致分布密度如图 3.4 左图所示。如果按照概率密度采样，那么采用的就是图 3.4 右图的形式，其意义是在固定区间里面取到的样本的概率为多少，这个图形是通过概率密度函数的值进行归一化得到的。

两种方法各有优劣，图 3.4 左图的分位点采样方法在经典计算机中使用较多，其优点是可以考虑整体空间 $\mathbb{R}$ 上的分布情况，并且模拟的是真实采样的情况，缺点是需要计算分位点，这一步在经典部分需要处理的代价很高。

而图 3.4 右图的概率密度采样的方法优点是计算简单，区间分割均匀，不需要额外的计算代价，缺点则是需要规定区间长度，无法考虑到整体的区间。但是该方法较为方便，并且天然契合量子算法的振幅连续信息存储。

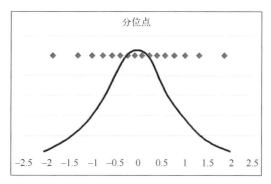 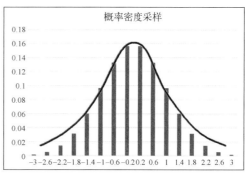

• 图 3.4　分位点采样（左图）和概率密度采样（右图）原理对比示意图

以上均为对已知确定或求得的概率分布进行采样，在得到各个量子态对应的概率值后我们需要用到第 2 章中介绍的振幅制备算法通过量子线路对量子态进行概率信息载入。除对已知确定的概率分布采样外，量子线路还可以完成一些针对数据样本的学习采样，类似于经典算法中的生成模型。这种生成样本的方法可以更贴近于现实中的历史金融数据，进而可以在金融衍生品定价、多因子风险分析等领域发挥巨大作用。

▶▶ 3.1.4　量子振幅估计算法

对于分布制备及算术运算量子线路的构造均取决于需要解决问题，通过量子线路可以把我们需要获取的特定信息运行到某一特定量子比特的振幅上。量子振幅估计的目的是估计经过上述量子程序运行后结果比特的振幅，例如，在通过某量子线路之后得到了如下所示的量子比特状态：

$$U\,|0\rangle_n\,|0\rangle = \sqrt{1-a}\,|\varphi_0\rangle_n\,|0\rangle + \sqrt{a}\,|\varphi_0\rangle_n\,|1\rangle \tag{3.3}$$

其中，U 表示作用的整体量子线路，获得该线路的结果需要估计对应的 a 的值。此时如果我们直接通过概率测量的方法进行蒙特卡洛观测也可以提取其中的概率信息，且误差收敛速度对应经典蒙特卡洛法的 $O\left(\dfrac{1}{\sqrt{M}}\right)$，其中 M 为观测次数。每次进行观测时都对量子线路进行了一次运行，并使量子比特坍缩到一个固定态上，这个过程可以理解为使用量子线路对某一特定样本的初态进行一次运算。这种方法显然丧失了利用初始量子态叠加进行运算的优势。因此，利用振幅放大算法可以加速对振幅进行估计，即量子振幅估计算法。这种获得振幅信息的量子算法在复杂度上远优于传统的蒙特卡洛法，下面是量子振幅估计流程的简单介绍。

> 经典的量子振幅估计（QAE）流程
>
> 使用 Hadamard 门和被振幅估计的振幅制备线路 A 初始化两个大小分别为 m 和 n 的寄存器到状态 $\left(\dfrac{|0\rangle+|1\rangle}{2}\right)^{\otimes m} A |0\rangle^{\otimes(n+1)}$。
>
> 应用 $\Lambda_m(Q)$，即使用第一个寄存器的第 j 位量子比特控制对第二个寄存器的 n 个量子比特进行 2^j 次算子 Q 操作，其中 $Q=A(I-2|0\rangle_{n+1}\langle 0|_{n+1})A^{\dagger}(I-2|\varphi_0\rangle_n|0\rangle\langle\varphi_0|_n\langle 0|)$，即为第 2 章中介绍过的振幅放大算子。
>
> 在第一个寄存器上应用逆量子傅里叶变换 $QFT_m^{\dagger}$。
>
> 测量第一个寄存器并记录结果为 $|y\rangle$，$y\in\{0,1,2,\cdots,M-1\}$（需要二进制转为数值），此时能够以最大的概率得到 y。
>
> 计算 $\widetilde{a}=\sin^2\left(\pi\dfrac{y}{M}\right)$，其中 $M=2^m$。

对于使用经典蒙特卡洛模拟求解的许多应用，量子振幅估计（QAE）算法通过根号级别的查询 Oracle 调用，使其具有实现平方级加速的潜力。我们可以在金融领域应用量子振幅估计来替代一些原有使用经典蒙特卡洛方法完成的任务，也可以将其用于其他更加通用的场景，例如求解数值积分。经典蒙特卡洛法的估计收敛速度为 $O(1/\sqrt{M})$，其中 M 表示（经典）上的样本数量，QAE 对 M 大小的量子样本数量实现了 $O(1/M)$ 的估计误差，这意味着从采样效率上来看进行了平方级加速。

针对量子振幅估计还有很多不同种类的算法改进，图 3.5 中是目前各种 QAE 改进算法中估计误差和样本数量的关系图，由于纵轴是对数级别的坐标，所以当算法的斜率为蒙特卡洛（简记为 MC）方法斜率的两倍的时候，说明计算的效率是蒙特卡洛方法的平方级别[15-17]。

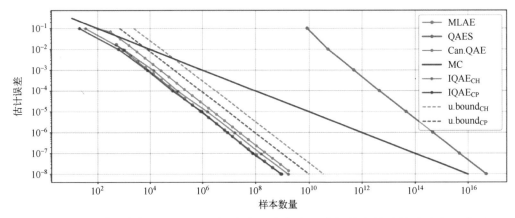

● 图 3.5 （对数坐标下）不同振幅估计方法估计误差与样本数量关系对比示意图

图 3.5 中给出了在各种不同的采样点下的误差收敛速度，其中包括经典的蒙特卡洛收敛速度（MC），基于 Grover 振幅放大和最大似然估计算法的一种理论上的振幅估计算法（MLAE）、基础的 QAE 算法（QAE 等），以及一种较优的迭代量子振幅估计（IQAE）算法。在采样点数较少的时候，经典的蒙特卡洛算法的收敛速度仍然可以占据一定优势，但在采样点的数量大幅增加的时候，量子振幅估计算法在相同样本数下得到的误差就会更快地降低，这也是量子算法的加速优势所在。

目前，代码框架提供使用的量子振幅估计算法接口有常见的 QAE 算法以及基于振幅放大观测的迭代量子振幅估计（IQAE）算法（见代码块一）。

```python
1.   import pyqpanda as pq
2.   from quantum_model.stochastic_simulation_model import qae_model
3.
4.
5.   if __name__ == '__main__':
6.       m = pq.CPUQVM()
7.       m.initQVM()
8.       q_state = m.qAlloc_many(3)
9.
10.
11.      def demo(qubits):
12.          cir = pq.QCircuit()
13.          cir << pq.H(qubits[0])
14.          cir << pq.X(qubits[1])
15.          cir << pq.Toffoli(qubits[0], qubits[1], qubits[2])
16.          return cir
17.      res_1 = qae_model.QAE(demo, qnumber=3, res_index=-1, epsilon=2** (-5)).run()
18.      res_2 = qae_model.IQAE(demo, qnumber=3, res_index=-1, epsilon=0.01).run()
19.      print (res_1, res_2)
```

3.2 衍生品定价

3.2.1 金融衍生品

金融衍生品是一类与基础资产或指标相关的金融合同，其价值来源于基础资产或指标的变动。这些衍生品的价值是从基础资产的变动中派生出来的，因此它们被称为"衍生品"。这些合同允许投资者进行风险管理、投机和套期保值等操作。金融衍生品的主要目的之一是帮助市场参与者管理风险。投资者可以使用这些工具来对冲（套期保值）他们面临的风险，也可以通过投机从市场波动中获利。然而，由于金融衍生品的复杂性和杠杆效应，它们也可能涉及较高的风险水平，因此其合理的定价对市场参与者至关重要。

期权（Option）是一种典型的用于对冲金融风险的金融衍生品。投资者通过支付一定费用（期权权利金），获得在特定时间（到期日）、以特定价格（执行价格）购买或者卖出相应金融标的物的合约。期权产品可以分为看涨期权和看跌期权两种基本类型。对于交易所市场内的标准期权产品，也叫作香草期权，其行权规则较为简单，包括最普通的欧式期权及美式期权。还有很多在场外市场进行交易的非标准期权产品，在行权时会参考标的物在合约期间的价格变化等要素，这些产品往往能够满足投资者的个性化需求，也叫作奇异期权。奇异期权根据交易规则一般可以粗略分成四类，分别是路径依赖型期权、时间依赖型期权、多因子期权以及其他混合的期权类别。常见的奇异期权中，亚式期权、障碍期权就属于路径依赖型期权，而篮子期权是常见的多因子期权，这些期权由于行权规则多种多样，相比于标准的欧式期权也会更难定价。本书将对一些常见的期权产品（见图3.6）进行简单介绍。

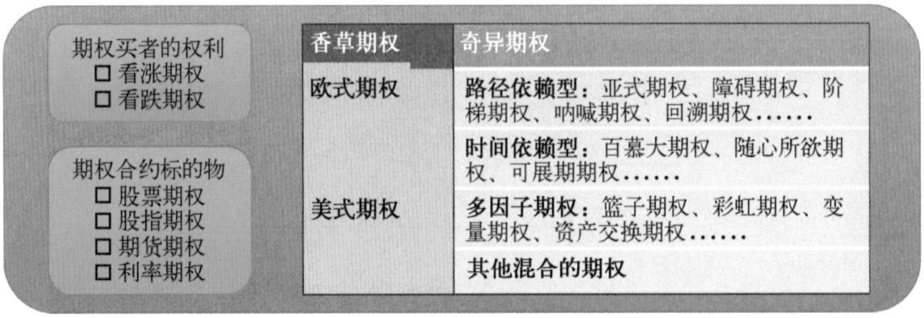

● 图 3.6 常见期权及其分类

❶ 欧式期权

欧式期权（European Option）是一种行权方式最为简单的期权，持有欧式期权的投资者在达到了期权约定到期日的当天才可以确定是否行使期权。当购买的是看涨期权时，可以选择是否以合同价格买入当前的期权标的物。当标的物本身的价格并未超过合同价格时就会选择放弃权利；而当标的物的价格超过合同上的价格时，就可以使用合同上规定的价格来买入一定数量的标的物，此时的差价就是对应的盈利。同样，看跌期权就是卖出期权，收益的计算和买入类似，区别在于其权利是投资者可以选择是否卖出。

❷ 亚式期权

亚式期权（Asian Option）是一种和欧式期权收益方式不同的期权，又叫作平均价格期权。不同于直接使用期权到期日的标的资产价格作为收益参考的欧式期权，亚式期权使用某一段时间内一系列交易日的标的资产价格的平均值进行收益计算。而按照不同的平均方法还可以分为算术平均和几何平均等。亚式期权在当今的金融衍生品市场上交易极为活跃。

亚式期权的提出是为了弥补欧式期权存在的一些缺陷：由于欧式期权的行权价仅由合约内最后一个交易日的标的资产价格决定，这使得欧式期权的收益结果波动较大，并且存在较大可能的人为

操作。亚式期权利用一系列交易日的平均价格作为行权参考，可以有效减少波动，并降低被人为操纵的可能。

❸ 篮子期权

篮子期权（Basket Option）也是奇异期权的一种，是指在多资产的情况下，同时考虑多个标的物的期权价格，能够十分有效地对冲多资产的风险并且能够同时考虑到各个标的物之间的相关性质。篮子期权的收益情况和权利金与篮子期权中包含的各类不同资产以及其相应权重等相关。常见的篮子期权包括"一篮子最好看涨期权"和"一篮子最坏看跌期权"两种。其中最好看涨意味着在期权到期日，按照收益最大的标的资产认购并进行结算；而最坏看跌则是在期权到期日，按照跌幅最大的标的资产认沽并进行结算。最好看涨和最坏看跌均对应该方向期权的最大收益情形。

❹ 障碍期权

障碍期权（Barrier Option）是一种附加条件的期权，此类期权是否有效取决于标的资产的市价是否触及确定的界限。障碍期权一般可以归为两大类型，即敲出期权和敲入期权。敲出期权是当标的资产价格达到特定障碍水平时，该期权会自动作废；敲入期权只有当标的资产价格达到特定障碍水平时，该期权会自动生效。障碍期权的收入不仅取决于资产在到期日的价格，而且取决于标的资产的价格是否超过了某个界限。

❺ 其他期权

除上面的几种期权外，还存在很多市场上交易活跃的期权种类，例如标准产品中在合约有效期内的任何交易日都可以选择是否执行的美式期权，以及非标准产品中类似美式期权的可以在特定交易日自主选择是否行权的百慕大期权，近期较为活跃的路径依赖类型的雪球期权等期权。这些期权合约行使方式更为复杂，其出现主要目的是满足金融机构以及市场的需求，而期权本身也可以用于衍生出期权的期权。对于期权定价来说，行权方式复杂程度会直接影响到定价的速度和计算精度。

▶▶ 3.2.2 期权定价理论

由于标的物资产与权利金之间的关系比较复杂，同时时间也会对其产生影响，所以对应权利的期权价格如何确定是十分困难的。关于衍生品权利金（期权价格）的计算始于 19 世纪，从随机的思想出发，Bachelier 从数学的角度假设了标的物的价格服从布朗（Brown）随机过程。自此之后，Samuelson 对该模型进行了相应的改进，将标的物的价格改成标的物的变化率从而规避了标的物可能会出现负值的情况。在此基础上，Samuelson 和数学家 McKean 合作，给出欧式看涨期权的偏微分方程的具体公式解。此后的 1973 年，Black 和 Scholes 用无风险利率代替个人风险偏好，使用数学中的随机微分方程建立了对应的期权定价的模型，并且推导出现代常用的 Black-Scholes-Merton 定价公式（BSM 公式），该公式可以直接用于期权定价，是期权定价方向的具有里程碑意义的公式[18]。出于数学上的考虑，需要对该模型做出以下前提假设：（1）标的资产的价格变化率 S_t 遵循几何布朗运动：

$$\frac{dS_t}{S_t} = \mu dt + \sigma dW_t \tag{3.4}$$

其中，μ 是无风险利率，σ 是标的物的市场波动率，W_t 是标准布朗运动；（2）无风险利率是不随着时间变化的固定常数；（3）标的资产不支付股息；（4）不支付交易费和税收；（5）市场是完全的，无套利的。

本书的附录 B 对 BSM 期权定价公式及其推导进行了更加详细的阐述，该推导过程中的结论可以作为一些数值方法的基础，如可以通过得到的 BS 微分方程进一步利用有限差分法进行求解。这种方法虽然可以快速用公式得到期权的合理价格，但是其适用场景仅限于标准的欧式期权。

此外，BSM 模型还可以用于反向推算出市场的隐含波动率。隐含波动率（IVF）模型是由 Dumas 等于 1998 年提出。该模型利用 BS 模型反向推算出历史市场的隐含波动率，然后将估计出的波动率代入 BS 模型，用于求解期权价格。而在后续不断的实践发展过程中，一些基于 BS 模型的改进，如常方差弹性（CEV）模型、莫顿跳跃−扩散混合模型以及方差−gamma 模型等表达能力更强的模型也在不断出现和发展并应用于金融实践中。

Black−Scholes−Merton（BSM）模型做的假设

（1）假设金融资产是：

- 无风险资产的投资回报是不变的，此回报率称作无风险利率
- 股票价格遵从几何布朗运动（随机游走）
- 股票在选择权有效期内不分派红利
- 股票价格服从对数正态分布，即金融资产的对数收益率服从正态分布

（2）假设金融市场是：

- 不存在套利机会
- 能以无风险利率借出或借入任意数量的金钱
- 能买入及卖出（沽空）任意数量的股票
- 市场无摩擦，即不存在交易税收和交易成本

（3）假设期权是欧式期权，即只可在特定日期行权

BSM 公式给出的期权定价模型虽然应用方便且十分广泛，但是其本质上是源自于数学上的严谨推导，所以 BSM 公式不可避免地需要一些较为严格的前提假设，这使得其在实际应用中也容易出现一些问题。其中的看涨看跌公式都是针对标准欧式期权的定价公式，而对于更加复杂一些的非标准期权，一般是没有直接用于求解的公式的。例如，雪球期权、百慕大期权等路径依赖型或时间依赖型的期权。1979 年，Cox、Ross 和 Rubinstein 提出了一种基于离散时间的期权定价的模型，该模型叫作二叉树模型，基于无套利原理和假设股票价格变化的上涨和下跌两种结果，然后不断细分即可得到对应的最后的结果。这种模型相比于 BSM 公式可以进行美式期权的定价，但对于路径依赖期权和具有多标的资产的期权，该方法有一定局限性。

此外，常见的期权定价数值方法还有有限差分法和蒙特卡洛法。有限差分法是指将 BSM 方程中的偏微分方程改成有限差分的形式，对应的为一阶差分或者二阶差分，然后使用数值方法得到对

应的近似解。也就是将股票的价格分为最高、最低，之后进行等分，这样就得到了对应的离散的格点，再使用离散方法就可以求得对应的结果。同样地，这种模型相比于 BSM 公式可以进行美式期权的定价，但对于路径依赖期权和具有多标的资产的期权，该方法有一定局限性。

　　蒙特卡洛方法是实际操作中最常见的期权定价算法之一，我们在前面已经介绍过该算法的基本流程。这里需要重点阐述利用蒙特卡洛模拟法进行期权定价的一般过程，有助于理解蒙特卡洛模拟法的基本思路，比较经典方法与量子方法的区别，也是衡量量子模拟相对于经典方法加速效果的重要基准。尽管期权的行使结算方式各不相同，但是对于其标的物来说，各个不同时间点的分布假设是相同的。因此，还是可以通过模拟标的物随时间变化的价格分布来间接计算期权收益的期望值，从而得到期权的价格。在使用蒙特卡洛法进行期权定价时，首先要对标的物价格进行大量模拟，我们继续遵从对标的物价格的几何布朗运动假设：

$$\frac{dS_t}{S_t} = \mu dt + \sigma dW_t$$

　　此时可将 $\ln(S_t)$ 看成是 S_t 和 t 的复合函数，于是由伊藤公式有[19]

$$d\ln(S_t) = \left(0 + \mu S_t \frac{1}{S_t} + \frac{1}{2}\sigma^2 S_t^2 \left(-\frac{1}{S_t^2}\right)\right)dt + S_t\sigma\frac{1}{S_t}dW_t \qquad (3.5)$$

化简后，得：

$$d\ln(S_t) = \left(\mu - \frac{1}{2}\sigma^2\right)dt + \sigma dW_t \qquad (3.6)$$

两边积分可得

$$\ln\left(\frac{S_t}{S_0}\right) = \int_0^t \left(\mu - \frac{1}{2}\sigma^2\right)dx + \sigma W_t$$

即

$$S_t = S_0 e^{\mu t - \frac{\sigma^2}{2}t + \sigma W_t} \qquad (3.7)$$

　　通过上式模拟标的物的变化路径可以得到每个样本中标的物在某时刻的价格，从而得到如图 3.3 所示的模拟过程，进而推导出指定期权模式下的该样本的期权最终收益。在大量样本模拟后进行收益期望计算即可得到一个合理的期权权利金。以看涨期权为例，最终要计算的目标是 $V = e^{-rT}(S_T-K)^+$ 的期望值。从等式的直观意义上来理解就是，以 0 时刻为开始，当到达行权日 T 时间后标的物的价格为 S_T，如果此时标的物的价格超过行权价 K，那么收益就为 S_T-K。而如果标的物价格未超过 K，此时放弃期权，收益为 0。总体的收益的期望就是 $E(S_T-K)^+$。考虑到折现需要除去无风险利率带来的收益，最终得到的目标函数即为 $V = e^{-rT}E(S_T-K)^+$。例如，当 K = 100 时，对应只计算最后时间点上超过 100 的标的物和 100 进行作差的和，然后除以总的标的物路径个数，就是一种使用蒙特卡洛法进行欧式期权定价的方法。而对于其他的一些时间及路径依赖的期权，不仅仅需要最后时间节点，还需要综合中间路径上的部分或全部的价格变换情况来进行定价，如美式期权、亚式期权等。

　　使用蒙特卡洛法可以很好地解决奇异期权中的时间及路径依赖问题。例如，对于亚式期权定价，需要对对应的时间切片和各个路径点上的所有的值进行平均然后计算期权的预期收益。一般而言，亚式期权的定价结果会低于欧式期权，这一点可以从模拟路径的总体上升趋势上看出，而从BS 公式中也可以得到随着时间的增加，期权的价值也会相应变高。在存在障碍值的场景中，则需要整合上述所有的路径点，然后查看价格是否超过了所谓的障碍值，进而继续有条件地进行最后的期权定价。蒙特卡洛方法在经典期权定价中的结果可以作为量子方法计算出的期权定价结果的对比，这样一来就能够在一定程度上衡量使用量子方法来进行期权定价是否合理。

对于蒙特卡洛方法而言，在假设标的物的价格遵循几何布朗运动的情况下，蒙特卡洛方法就可以从可能的路径空间中进行抽样，然后用得到的样本的期望来估计总体样本。值得注意的是，在高维情况下，路径空间趋于无穷大。但是，采用蒙特卡洛法采样的收敛速度与维数无关，只和采样的步数有关。而且，采样的次数越多，收敛的速度越快，且收敛的方向始终朝向最终结果。由于蒙特卡洛方法对时间节点及标的物价格路径处理的灵活性，相比于上面提到的方法，使用蒙特卡洛模拟可以解决大量行权方式各异的期权定价问题。因此，研究量子计算对蒙特卡洛算法的加速方法在期权定价领域有很高的实用价值，而蒙特卡洛法中各个路径模拟的独立性正切合了量子计算天然的并行优势。

代码框架中提供了几种基本经典方法求解期权价格的接口，可以进行调用参考。

本节介绍了利用量子计算机进行期权定价的整体过程，整体流程遵循本章第一节介绍的量子加速蒙特卡洛方法。量子期权定价整体流程如图 3.7 所示。

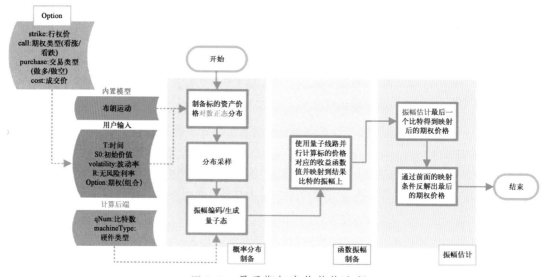

● 图 3.7　量子期权定价整体流程

对于经典概率分布的量子态制备，在实际的金融场景中，我们需要使用真实的金融数据来先对波动率等参数进行求解，得到概率分布公式后可以利用量子采样方法对对数正态分布进行离散量子态制备。量子振幅制备技术为提高后续量子加速效果的上限提供了较大的空间，此外也可以直接使用变分量子线路等方法直接用量子线路来刻画标的物的历史分布，而非通过求解关键参数得到概率表达式。在完成概率分布的制备后即可得到带有概率分布的量子态 $\sum_{i=0}^{2^n-1} \sqrt{p_i}\,|i\rangle$，

这里我们将原标的物价格的区间 $[S_{min}, S_{max}]$ 线性放缩到量子态所表示的离散点区间 $[0, 2^n-1]$，由于期权价格计算期望的过程是线性的，所以这个变换不会对计算产生影响，只需要在最后进行相应的逆变换。

接下来需要对量子态进行计算得到期权定价所需的信息。首先根据上文，对于每一个标的物价格，我们需要计算折现后该只期权的到期收益 $(S_T-K)^+$，这里可以将其看作在行权价 K 处存在分段点的线性分段函数，也就是当 S_T 大于行权价 K 的时候，结果等于 S_T-K；而当 S_T 小于或等于 K 的时候，结果为 0。因此我们需要通过量子线路实现用一个量子比特来标记 S_T 是否超过 K，从而进行对应的运算。这里用到量子比较器，也就是量子态与整数之间的比较器。比较器的实现方法和一般的量子算术运算一样，可以通过辅助比特进位或使用傅里叶变换两种方法来实现。这里给出一种通过辅助比特进位实现量子态与整数之间比较的量子线路。

通过前文量子算术线路中量子整数比较线路可完成采样后的标的价格 $\sum_{i=0}^{2^n-1} \sqrt{p_i} |i\rangle$ 与映射到区间 $[0, 2^n-1]$ 上的行权价 i_k 的并行比较。通过被标记的比较结果比特，当该量子比特处于 $|1\rangle$ 态的时候说明对应的收益为 $|i\rangle$；而当量子比特处于 $|0\rangle$ 态的时候，说明对应的量子比特处的收益为 0。此时得到的量子态为

$$\sum_{i<K} \sqrt{p_i} |i\rangle_n |0\rangle + \sum_{i \geq K} \sqrt{p_i} |i\rangle_n |1\rangle \tag{3.8}$$

接下来需要使用储存比较结果的量子比特的状态来控制后续的量子线路操作，只对在比较结果为 $|1\rangle$ 态下的样本价格进行线性函数收益计算。最终的结果需要表现在量子比特的振幅上，因此还需要一个结果比特。较为直接的做法是通过受控旋转门将量子态所对应的值通过 RY 门旋转到对应的振幅，从而将结果映射到结果比特 $|1\rangle$ 态的概率值上，如图 3.8 所示。

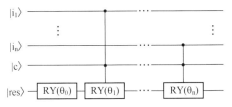

● 图 3.8　利用受控旋转进行映射，将 $\sin^2((i-i_k)^+)$ 制备成结果比特 $|1\rangle$ 态的概率

通过比较器量子比特及采样比特进行控制旋转，将不同标的价格下的期权价格通过量子线路线性累加到结果比特的振幅旋转角度 $\theta = \sum_{i \geq K} p_i * i * \Delta\theta$ 上，通过测量最后的量子比特就可以获得对应的概率信息。这里讨论的技术路线中，获得各个路径对应期权价格的期望值需要读取量子态的概率信息，这一求解期望值的过程需要保证整个计算过程中的线性关系，而实际上通过测量获得的 $|1\rangle$ 态概率与旋转角度之间为三角函数关系：$P(|1\rangle) = \sin^2(\theta)$，所以在这一步可以选择使用一些近似的手段。例如，将线性函数近似为三角函数，于是有一阶泰勒展开：$\sin^2\left(x + \frac{\pi}{4}\right) \approx \frac{1}{2} + x$，从而能够通过最终结果比特 $|1\rangle$ 态的概率值直接线性映射到样本中期权价格的期望[20]。可以看出，当 x 取值较小时泰勒近似带来的误差也会较小，但由于 x 越小，对应旋转的角度也就越小，就越意味着在实

际测量的时候需要更大的代价来得到同样准确的结果。针对这一问题，也有一些基于其他数值方法的技术路线可供选择，如通过傅里叶展开进行求解函数变换，这种方法可以天然契合上面提到的三角函数关系，但同时也意味着需要更多经典计算资源。

综上所述的线路和过程就完成了最为简单的标准欧式期权的定价以及一些其他的定价方法。可以看到，对于期权定价来说，以上的线路基本就能完成计算。而对于亚式期权、篮子期权以及障碍期权的工作还需要增加一些其他的线路。例如，在亚式期权中需要用到时间切片路径进行期权定价，需要处理和计算时间切片间分布的相关系数矩阵；例如，障碍期权也需要进行时间切片处理，同时还需要对障碍值进行比较并进一步添加控制。当涉及多个期权组合或者多个时间切片的时候需要用到多维分布制备，该方法是指在多维的情况下需要使用量子比特来拟合现有的多维分布函数，这种方法主要应用在已有的多维情况下的分布制备，如亚式期权的计算、篮子期权的计算等。该方法能够以离散的角度拟合现有的多维正态分布情况，如果使用学习参数的量子线路，甚至可以很好地用量子线路生成各个维度间的相关性。在添加权重求和的量子算术线路后即可继续通过上文所述的方法对求和后的量子寄存器进行多标的物的期权定价计算。不论是时间切片，还是多维分布的制备，目前都需要使用较多的量子比特，对于采样而言量子比特的数量还需要乘以相应的维数，在量子比特受限制的情况下采样精度会变低，在模拟的过程中这也是一个较大部分的误差来源。

根据前面对量子加速蒙特卡洛法的描述，完成期权价格计算的量子线路后，量子算法加速期权定价的最后一步即是进行振幅估计。通过将上述求解线路载入量子振幅估计算法，对振幅信息进行加速提取，即实现了量子期权定价的优越性。以下是欧式看涨期权代码示例（代码块二）。

```
1.   from application.option_applications.option_pricing import Option
2.   from quantum_tool.benchmark_tools import classical_option_pricing
3.
4.
5.   if __name__ == '__main__':
6.       t = 180
7.       ini = 100.
8.       strike = 100.
9.       rate = 0.04
10.      vol = 0.7
11.
12.      call = True
13.      steps = 1
14.      qc_eg = Option(n_sample=4, time=t, initial_price=ini, strike_price=strike, rate=rate,
15.              volatility=vol, call=call)
```

```
16.        mc_eg = classical_option_pricing.MonteCarloSimulation(time=t, initial_price=
ini, rate=rate, volatility=vol)
17.        mc_eg.generate(paths=10000, steps=steps)
18.        bs_value = classical_option_pricing.BSFormula(time=t, initial_price=ini,
strike_price=strike, rate=rate, volatility=vol, call=call)
19.        print('Prob_Talor:  ', qc_eg.qmci_pricing(calmode='Taylor', mcmode='Prob'))
20.        print('Prob_Fourier:', qc_eg.qmci_pricing(calmode='Fourier'))
21.        print('Prob_Fourier:', qc_eg.qmci_pricing(calmode='Fourier', mcmode='IQAE'))
22.        print('Prob_NFourier:', qc_eg.qmci_pricing(calmode='NormalFourier'))
23.        print('Expectation:  ', qc_eg.qmci_pricing(calmode='Expectation'))
24.        print('NormalExpectation: ', qc_eg.qmci_pricing(calmode='NormalExpectation'))
25.        print(' classical:      ', mc_eg.pricing(strike_price=strike, call=call,
discounting=True))
26.        print('bsvalue:   ', bs_value.option_price)
```

量子期权定价结果与进一步讨论*

以下是使用量子蒙特卡洛方法（简记为量子蒙特卡洛）进行的期权定价与经典的蒙特卡洛方法（简记为经典蒙特卡洛）进行的对比。量子蒙特卡洛方法由于量子比特指数级的存储空间和平方级加速的振幅估计算法，在使用量子期权定价时能在相同样本条件下达到更快的收敛速度。如下对比图所给出的格式都是一样的，分别为进行量子模拟实验下的欧式期权、篮子期权、亚式期权的定价方法。图形中的横坐标表示的是在各种不同方法和条件下的某一期权，纵坐标表示的是最终得到的期权定价的结果。本次实验结果统一展示用的标的物初始总价格或者价格设定为 100，期权的执行价格都为 100，无风险利率及标的年化波动率都保持一致的看涨/看跌期权定价情况。

图 3.9 是标准欧式期权在量子线路模拟上得到的结果对比。由于欧式期权存在模型的理论公式结果，实验不仅对比了相应的经典蒙特卡洛法，还和最终的理论结果也就是 BSM 期权定价的公式解进行对比，分别使用了 90 天和 180 天的看涨看跌以及在执行价和初始价格都是 100 的情况下对应的结果。可以看出，量子蒙特卡洛、经典蒙特卡洛与理论的结果相差无几。这也反映了量子期权定价结果的高精度，在进行欧式期权定价的时候，只使用了 6 个量子比特就可以达到较好的结果。

图 3.10 是篮子期权的定价方法，使用了两个标的物以 1:2 的权重关系且相关系数是 0.6 的情况下进行了对比。在 90 天和 180 天的情况下进行了最终期权价格的对比，可以看出对比的结果十分接近，这说明量子期权定价算法在多维目标上模拟得到的结果是没有问题的。在进行该篮子期权定价的时候，线路的模拟中使用了 27 个量子比特数来实现相应的期权定价，并且得到了相当好的结果。此外，对亚式期权、障碍期权等进行量子模拟方法和经典的蒙特卡洛方法进行的对比也可以得到较为一致的结果。其中障碍期权的误差来源还包括线路中对障碍值比较时进行的取整映射。

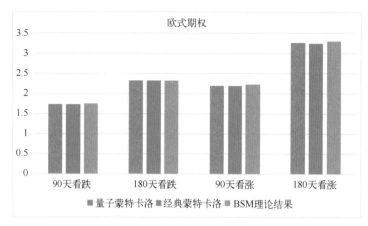

● 图 3.9　利用量子期权定价算法计算标准欧式期权价格对比（纵轴表示百分比）

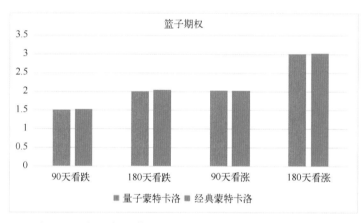

● 图 3.10　利用量子期权定价算法计算篮子期权价格对比（纵轴表示百分比）

　　仅仅是就计算结果而言，上述算法能够给出相对于经典算法十分接近的结果，但是由于量子算法本身的存在限制以及市场的波动限制都会给最后的期权定价的结果带来影响，为了探究在不同情况，尤其是极端情况下的量子算法的稳定性，我们选取了金融市场的波动率作为变量，进行不同情况下的对比，对比的结果如图 3.11 所示。

　　图 3.11 是在不同的波动率下的、期权到期时长为 100 天的情况，无风险利率在一般的市场中变化较小，所以我们使用固定的 2% 的无风险利率进行计算，最后得到了在各种不同的波动率下的期权定价的价格对比，可以看出量子期权定价的结果和 BSM 期权定价的结果相差无几，特别是在看跌期权的情况下，基本上能够达到吻合理论的情况，在较大的市场波动率的情况下也不会给期权定价的结果带来较大的差别。

　　图 3.12 是不同的市场波动率下的亚式期权的结果对比，亚式期权的量子线路较为复杂，且需要额外的量子比特来存储时间切片上的信息，所以在很多的情况下，难以做到和欧式期权一样的表现，其中我们选择的参数和欧式期权是一样的，只不过亚式期权的特性使得最后的收益期望有所降低，也就是单纯的和欧式期权对比，无论是量子期权定价还是经典期权定价，在对应波动率下都有

所减少。对于篮子期权及障碍期权等同样需要更多量子比特的场景，在高波动率下也存在相似的情况。在进行实验时可以模拟的量子比特数有限，这是无法达到理想精度的主要原因，这种情况会随着可用量子比特数的增加有所改善。

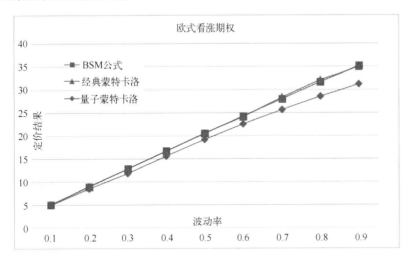

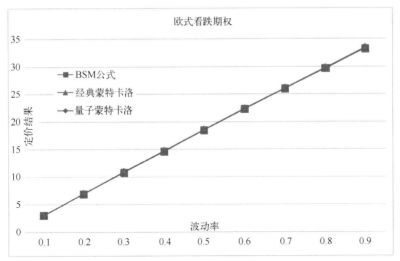

● 图 3.11　欧式看涨/看跌期权计算结果对比

总体来说，在不同的市场波动率下进行了看涨看跌的结果对比下，量子期权定价都能表现出较优的状态，这说明了量子线路结构的稳定性能较好。同时，部分缺陷可以从其他的定价方法上进行对应的改进。

量子振幅估计算法能够以相对于经典算法较低的代价来读取量子比特上的信息。由于这只是在加速级别上进行的平方级加速，所以实践中要体现出这一优势还需要一个大的样本空间，这意味着衍生品是足够复杂的。文献［21］给出了这些衍生品定价（自动赎回期权和目标可赎回远期合约（TARF））的两个例子在真实量子计算机上的量子计算资源估计。这两个例子都是现实中计算复杂、路径依赖的金融衍生品，在海外金融机构之间交易较为常见。除了估计已知方法（黎曼和方法）进行路径模拟所需的资源外，该工作还引入了一些其他的优化方法并进行资源估计。例如，价格空间与回报空间的转化计算方法以及新的参数相关方法。这些方法都能够大幅减少所需的量子资源。

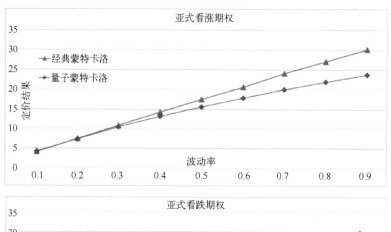

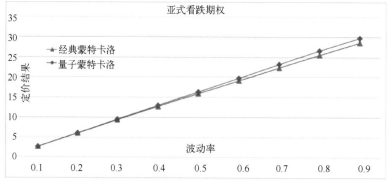

● 图 3.12　亚式看涨/看跌期权计算结果对比

除了上述使用振幅制备然后控制旋转的方法之外，期权定价也还可以通过其他的方法实现。例如，前面提到的将期权定价的收益函数通过傅里叶变换到三角函数上，然后对傅里叶展开的各个级数分别进行计算，就可以完成对应的线路。这个方法的优点是理论精度较高，但是在实际过程中的误差不仅仅来自采样的离散概率分布拟合，还来自振幅估计的误差、傅里叶变换的有限拟合误差，所以该方法在实际应用中仍存在一些误差，但是该方法能够实现平方级的速度收敛。

从理论上来说，还可以使用一些其他的可变线路的方法进行计算期权定价。例如，使用微分的方法然后构建并使用哈密顿量，通过使用模拟哈密顿量演化的方法来得到对应的期权定价的结果。当然还可以使用（量子）机器学习的方法，通过对已知数据的训练得到相应的期权定价的结果，但是该方法的缺陷是将机器学习用于期权定价，这是一种无法解释的方法，其次没有办法在后续的波动率和无风险利率随时间变化的情况下进行相应的更新和改进。或者使用一些优化方法的思路，构建哈密顿量，使得期权定价的结果能够对应哈密顿量的基态，然后通过哈密顿模拟等方案实现对应的期权定价。

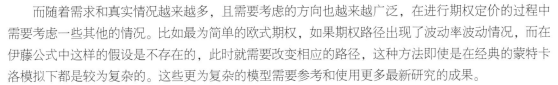

而随着需求和真实情况越来越多，且需要考虑的方向也越来越广泛，在进行期权定价的过程中需要考虑一些其他的情况。比如最为简单的欧式期权，如果期权路径出现了波动率波动情况，而在伊藤公式中这样的假设是不存在的，此时就需要改变相应的路径，这种方法即使是在经典的蒙特卡洛模拟下都是较为复杂的。这些更为复杂的模型需要参考和使用更多最新研究的成果。

综上所述，期权定价的思路和方法多种多样，可以同时从量子蒙特卡洛、量子优化算法、量子机器学习汲取相关的思想，从而在一定程度上为后续的量子计算在期权定价的应用上开拓新的思路。目前，上述方法实现的加速效果大多是平方级加速，在量子计算应用中仍有算法优化空间，所以研究实现更高级别甚至是指数级的加速是远期目标。

3.3 风险分析

▶▶ 3.3.1 金融风险基础

金融风险分析是评估和管理金融市场与投资组合中涉及的各种风险的过程。这种分析有助于识别潜在的不利影响，制定相应的风险管理策略，以确保金融机构和投资者能够更好地应对市场波动和不确定性。对风险的定量分析和控制一直是金融领域活跃的话题和研究方向。其中市场风险及信用风险属于量化风险分析中主要关注的两个目标，在国际金融监管框架巴塞尔Ⅲ（Basel Ⅲ）中进行了很多相关量化风险指标的指导。

市场风险是指由于基础资产市场价格的不利变动或者急剧波动而导致衍生工具价格或者价值变动的风险，市场风险的控制和分析能够有效地为企业和个人计算出预期的最大损失，从而能够有效应对最坏的情况。信用风险是指因债务人无法按时履行其负债而导致的潜在损失。信用风险分析包括评估债券、贷款、衍生品合同等的信用质量。信用风险分析可以有效减轻与信用违约相关的风险。

常见的量化风险指标有资本充足率（Capital Adequacy Ratio，CAR）、杠杆比率（Leverage Ratio）等容易进行统计计算的指标，也有风险价值（Value at Risk，VaR）、条件风险价值（Conditional Value at Risk，CVaR，又称期望损失，Expected Shortfall，ES）、信用敞口等需要进行模型计算的风险指标。

VaR 值是一种常见的计算市场风险及信用风险的方法。以市场风险为例，VaR 值的计算结果体现了企业或者个人所进行的投资组合能够以多低的概率造成的最大损失是多少。该信息是投资人或者企业在进行投资的时候所需要的必不可少的信息。对于一些分析结果能够以较高概率出现较大风险的标的物，投资人或者企业可以预先进行规避，从而能够有效降低损失。

而风险的变化是时时刻刻发生的，所以风险控制的时效性是至关重要的。量子计算和量子信息科技的发展给传统的经典计算机带来了机遇。本源量子团队基于计算速度和空间存储开发了市场风险分析库，不仅仅在内存空间上进行了对数级的压缩，也在计算速度上提供了平方级别的加速。

从真实情况上进行考虑，个人和企业在购买资产的时候往往会购买多个标的物的资产，而各个资产之间的变化率还可能具有较强的相关性。所以实际情况中的 VaR 值计算，需要考虑到多个维度以及相关性的复杂情况。对于实际的风险计算，通常对 K 个相关风险因素（如收益率曲线上的股价和价格）的联合分布进行建模，并对所有工具进行重新定价，以确定损益分布。在"历史风险值"模型中，风险因素波动是通过直接将历史观察到的回报应用于当前的市场价值而获得的。

一个常见的简化假设是，风险因素返回遵循一个多元正态分布。然而，在许多情况下，危险因素的边际概率密度函数（PDF）是非正态的和细峰度的。因此，简单的模型经常被改进，以纳入这些经验特性。非正态边际分布的建模是选择蒙特卡洛方法而不是参数方法的主要原因之一。为了将边际风险因子分布从其依赖结构中分离出来，该模型借助于 Copula 连接函数进行了表达，根据行业实践，选择高斯连接函数作为简化假设。

VaR 值是指给定置信水平 $1-\alpha$ 下持有金融资产或证券组合的预期最大损失。

$$VaR_\alpha(X) = -\inf\{t \mid F_X(t) \geq \alpha\} \tag{3.9}$$

$$VaR_\alpha(X) = -\inf\{t \mid Pr(x \leq t) \geq \alpha\} \tag{3.10}$$

例如，某人手中持有的股票未来一日内在市场正常波动的情况下置信水平为 95% 的 VaR 值为 1（千元），即指他手中这只股票在一日内最大损失超过 1（千元）的概率为 5%。而通过多个资产分布就能够使用求和得到风险的整体分布以及多个权重的资产整体风险，所以使用权重求和量子线路就可以得到最终的结果。

CVaR 表示金融产品在既定置信水平 $1-\alpha$ 下，损失超过 VaR 值的期望损失

$$CVaR_\alpha = -\frac{\int_0^\alpha VaR_r(X)\,dr}{\alpha} \tag{3.11}$$

假定投资组合的随机损失为 $-X(-X < 0)$，VaR_α 是置信水平为 $1-\alpha$ 的 VaR 值，则 $CVaR_\alpha = E(-X \mid -X \geq VaR_\alpha)$，在给定 VaR 值的情况下其实就是对数值积分的求解，我们也可以使用蒙特卡洛量子算法。

在实际的金融问题中，我们一般会假设标的物的演化过程服从某一公式，这样就能够通过理论或者数值的方法来计算任意时刻的分布情况，从而给出具体的分布公式或者数值结果。例如，使用 BSM 公式可以计算出欧式期权在行权日的价格分布情况，在波动率和利率为常值的情况下可以得到的结论为：资产的价格服从对数正态分布，公式为：$S_t = S_0 e^{\sigma W_t + (\mu - \sigma^2/2)t}$。

上式的由来是由于在进行假设的时候，BSM 公式假设价格的收益率服从正态分布，而在真实的股票市场中，股票价格的收益率也近似服从正态分布，故而引出自然的想法是进行正态分布拟合，然后进行拟合修正，从而实现对真实分布的更精确描述，以真实数据为例，将真实的归一化点集分布和标准正态分布进行对比。

图 3.13a 中的横轴是正态分布的分位点，而纵轴使用的是真实股票分布的价格的排序。如果股票的波动率服从正态分布，那么实际上对应的分布点图就是近似 y=x 这样一条直线，而在真实场景中大部分股票相对于正态分布的分布点图都呈现尾段高斜率，而中段低斜率。这可以解释为真实市场和正态分布相比较更容易出现涨跌幅度超过正态分布的预期，也就是真实市场更容易出现大涨大跌的波动情况。而图 3.14 中的曲线是使用三次函数拟合真实值和正态分位点，拟合效果相对于直线 y=x 有显著的提高。通过使用三次函数进行拟合修正之后的分布如图 3.15 所示。

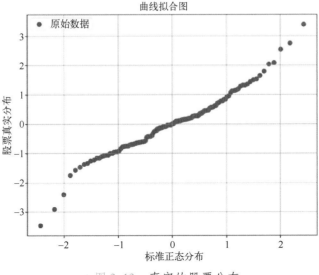

● 图 3.13 真实的股票分布

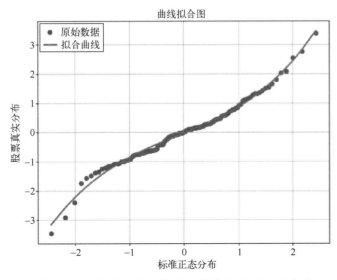

● 图 3.14 使用三次函数拟合真实值和正态分位点

可以看出图 3.15 中利用三次函数拟合修正后的分布的量变尾段相对于正态分布更厚,也验证了我们关于市场波动率的一些猜想。对应的变化公式为 $V_i = f_i(U_i)$,其中 f 表示用于拟合的曲线,而 U_i 表示直接使用正态分布拟合的服从某一正态分布的随机变量。

在针对单个标的物时,直接使用曲线拟合是可行的方法,而由于各类标的物之间存在内部的相关性,所以这里介绍一种可行的保留原数据之间内部关系的算法——Copula 函数。

主要的流程为:使用多维正态分布拟合原始分布,然后使用 Copula 函数进行连接,最后在 Copula 连接的基础上使用三次函数对边缘分布进行修正即可得到对应的带有原本连接的函数表达式,这样做是由于正态分布直接进行高维拟合较为简单。

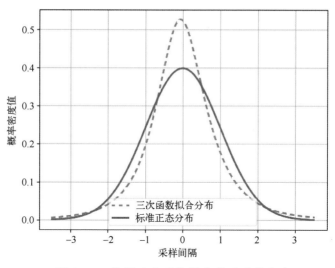

● 图 3.15　使用三次函数拟合修正后的分布

　　如图 **3.16** 左图所示是具有正相关关系的二维正态分布，而图 **3.16** 右图则是将边缘分布修正为均匀分布之后对应的图，可以看出对应的相关关系信息得到了保存。

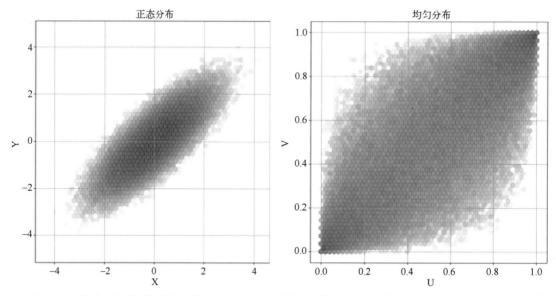

● 图 3.16　具有正相关关系的二维正态分布（左图）及其边缘分布修正为均匀分布（右图）结果

　　Copula 函数是一种抽象的定义多个分布之间相关关系的表达式，合理的定义方式就是将各个边缘分布当成 Copula 函数的输入，并且输出的结果就是原本的联合分布。假设整体的联合分布为 $H(x_1, x_2, \cdots, x_N)$，每个边缘分布为

$$F_1(x_1), F_2(x_2), \cdots, F_N(x_N) \tag{3.12}$$

按照前面的想法定义连接函数（Copula 函数）：

$$C(F_1(x_1), F_2(x_2), \cdots, F_N(x_N)) = H(x_1, x_2, \cdots, x_N) \tag{3.13}$$

这样就可以反解出 Copula 函数

$$C(u_1, u_2, \cdots, u_N) = H(F_1^{-1}(u_1), F_2^{-1}(u_2), \cdots, F_N^{-1}(u_N)) \tag{3.14}$$

这样即使在边缘分布改变的情况下，$C(u_1, u_2, \cdots, u_N)$ 的表达式也是不变的。

我们以二维 Copula 函数为例，就能够写出在二维高斯拟合下的 Copula 连接函数的表达式为

$$C(u_1, u_2) = \int_{-\infty}^{\Phi^{-1}(u_1)} \int_{-\infty}^{\Phi^{-1}(u_2)} \frac{1}{2\pi(1-\rho^2)^{1/2}} \exp\left\{-\frac{s^2 - 2\rho st + t^2}{2(1-\rho^2)}\right\} ds dt,$$ 为了简化，考虑被积函数记为

$q(s, t, \rho)$，此时求概率密度函数为

$$F(v) = p\{V \leqslant v\} = p\{U \leqslant f^{-1}(v)\} = \Phi(f^{-1}(v)) \tag{3.15}$$

得到最终的概率密度表达式为

$$p(v_1, v_2) = \frac{\partial^2 C(F_1(v_1), F_2(v_2))}{\partial v_1 \partial v_2} = \frac{\partial^2 \int_{-\infty}^{f_1^{-1}(v_1)} \int_{-\infty}^{f_2^{-1}(v_2)} q(s,t,\rho) ds dt}{\partial v_1 \partial v_2} = \frac{q(f_1^{-1}(v_1), f_2^{-1}(v_2), \rho)}{f_1'(f_1^{-1}(v_1)) f_2'(f_2^{-1}(v_2))}$$

$$\tag{3.16}$$

如图 3.17 所示，在二维分布上画出初始点点集图，由正态分布直接拟合和 Copula 修正之后的图可以明显对比出 Copula 拟合修正之后的效果更接近真实值。

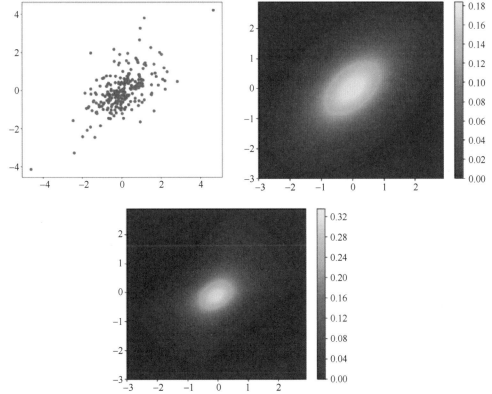

● 图 3.17　Copula 修正结果对比图（左图：原始点集；中图：
正态分布拟合结果；右图：经过 Copula 修正之后结果）

▶ 3.3.2 风险价值计算量子算法

对于市场风险来说，第一步仍然是进行分布制备，而分布制备方法可以参考第 2 章 2.6 节的示例，2.6 节中介绍了一般的分布制备方法，在进行第一步的过程中可以直接假设市场的回报率服从正态分布，然后使用正态分布的振幅制备技术来进行初始状态的振幅制备，这样就得到了第一步。而在实际情况中，我们可能考虑的是多个资产的投资组合对应的风险价值，而在该情况下，还需要考虑资产内部的关联性，所以使用 Copula 函数进行边缘拟合修正是一个相当有效的手段，再从这个拟合修正的参数上进行对应的概率采样即可。

当对应使用多个资产组合进行估计风险价值的时候，还需要使用对应的各个维度进行权重求和，然后得到对应的结果。所以在期权定价中需要使用的权重求和量子态方法将继续在这里进行使用。

最后使用量子比较器，来计算出给定的值不超过 α 损失下的概率，而概率的读取方法则是使用量子振幅估计算法，该算法提供了在 N 个采样点下的平方级读取精度。由于读取到的概率不一定是理想置信度值，所以我们还需要对被比较的数值 α 进行调整，在这里还需要找到合适的 α 值，一般来说，二分法可以做到指数级近似，这样就达到了计算风险的目的，复杂度大约为 $O(N\log N)$。

其对应的量子线路如图 3.18 所示。

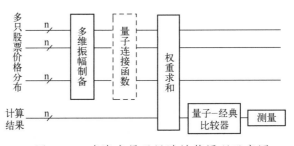

● 图 3.18　多资产量子风险计算原理示意图

首先，进行 k 个资产分布的振幅制备，得到各个资产的离散概率分布 $\sum_{i=0}^{2^{nk}-1}\sqrt{p_i}|i\rangle$；然后，考虑是使用量子连接函数（Copula）方法进行拟合修正，还是直接进行后续计算，此时对量子态分布的各个维度进行权重求和，可以参考篮子期权定价方法中的权重求和；最后，使用量子与经典数值的比较器来得到用于估计的结果，通过测量得到目标值，再使用二分法不断逼近即可。下面给出计算示例（见代码块三）。

```
1.      from application.risk_management.VaR import VaR
2.
3.      if __name__ == '__main__':
```

```
4.          file_path = 'dataset/astock_data/'
5.          file = ['000001.csv', '000002.csv']
6.          delta = [1, 1]
7.          confidence = 0.8
8.          test = VaR(file_path=file_path, file_name=file)
9.          print('Bisearch-F:', test.stadard_var(weight=delta, calmode='Bisearch', copula=
False))
10.         print('Expectation-F:', test.stadard_var(weight=delta, calmode='Expectation',
copula=False))
11.         print('Bisearch:', test.stadard_var(weight=delta, calmode='Bisearch', copula=
True))
12.         print('Expectation:', test.stadard_var(weight=delta, calmode='Expectation',
copula=True))
13.         print('his:', test.his_c_var(weight=delta))
14.         print('cop:', test.cop_c_var(weight=delta, numb=30))
15.         print('gmm:', test.gmm_c_var(weight=delta, numb=30))
16.         print('cstan:', test.c_standard_var(weight=delta, numb=30))
```

量子信用估值调整算法

信用估值调整（Credit Valuation Adjustment，CVA）是指期权合同可以在特定日期之前或之后（根据期权合同的类型）以特定价格购买或出售一组基础资产的保证。但是，当行使期权合同时，即当其中一方决定进行交易（买卖）时，交易对手方就有可能无法履行该合同，负责购买该资产的一方没有足够的资金来进行购买，这是一个会导致卖方遭受损失的默认事件。由于期权合同为基础资产的价格波动投保，因此它具有内在价值，必须支付溢价才能行使它。在违约的情况下，签订期权合同的一方支付的保险费基本上会损失。因此，如果存在可能发生这种违约的风险，则为期权合同支付的溢价应计入期权合同的价格中，应该进行贴现的公平金额是 CVA 的价值。

总体来说，CVA 考虑了期权结算时会带来的损失，我们的目的是计算该损失的期望从而加在期权价格上。这里介绍如何使用量子线路来计算 CVA 的值，具体的算法和过程如下所示。

本书示例只关注欧式看涨期权的情况，文中和后续并未提到看跌甚至是奇异期权的情况。一般情况下 CVA 由如下的几个部分构成：

- t 时刻的资产价格概率分布为 $P(s|t)$，经典上使用路径生成来得到。
- 期权的收益 $v(s,t)$，也就是当 t 时刻资产价格为 s 时，需要兑现合同所需的价格。
- 违约概率（p.o.d），记为 $q(t)$，看成泊松参数随时间变化的泊松过程。
- 利率折现（d.f.），记为 $p(t)=e^{-rt}$。真实市场的 r 是随着时间变化的。

CVA 计算的就是概率 $q(t)$ 下的资本风险，也就是对手不履行部分合同的损失期望值，下式中的 R 定义为违约后保留资产价值的比例。于是有

$$\begin{aligned} \mathrm{CVA} &= (1-R)\,\mathrm{E}_{q(t)}\big[\,p(t)\,E(t)\,\big] \\ &= (1-R)\,\mathrm{E}_{q(t)}\big\{\,p(t)\,\mathrm{E}_{P(s\,|\,t)}\big[\,v(s,t)\,\big]\big\} \\ &= (1-R)\int_0^T q(t)\,p(t)\int_0^{+\infty} P(s\,|\,t)\,v(s,t)\,ds\,dt \end{aligned} \tag{3.17}$$

CVA 是时间和价格空间上的积分，于是使用离散时间步长 $\{t_i\}_{i=0}^M$ 上的和进行近似即可

$$(1-R)\sum_{i=1}^M E(t_i)\,p(t_i)\,q(t_i) \tag{3.18}$$

离散情况下的符号定义如下。

- 无风险折现：$p(t_i)=\exp(-r_t t_i)$
- 在 t_{i-1} 和 t_i 之间的违约概率：$q(t_i)$

$$v(s,t)=\max\{s(t)-K\exp(-r_t(T-t)),0\}$$

$$E(t_i)=E_{P(s\,|\,t_i)}\big[\,v(s,t_i)\,\big] \tag{3.19}$$

$$s(t)=s(0)\exp\left(\sigma W_t+\left(\mu-\frac{\sigma^2}{2}\right)t\right)$$

为了能够在量子计算机上进行操作，将资产价格的值离散化为 $N+1$ 个值 $\{s_j\}_{j=0}^N$，可以通过联合分布来近似资产价格的分布，即 $P(s,t)=P(s\,|\,t)P(t)$，其中 $P(t)$ 为 0 到 T 时间上的均匀分布。从而改成如下的离散分布用于近似真实情况下的分布：

$$\widetilde{P}(s_j,t_i)=\frac{1}{M\widetilde{N}}\int_{s_{j-1}}^{s_j} P(s\,|\,t_i)\,ds \tag{3.20}$$

其中，$\widetilde{N}=\int_{s_0}^{s_N} P(s,t_i)\,ds$。

上述归一化之后，我们有 $\widetilde{P}(t_i)=\dfrac{1}{M}$，边缘也是离散的均匀分布。从而：

$$\widetilde{E}(t_i)=\sum_{j=1}^N \frac{\widetilde{P}(s_j,t_i)}{\widetilde{P}(t_i)}v(s_j,t_i)=M\sum_{j=1}^N \widetilde{P}(s_j,t_i)\,v(s_j,t_i) \tag{3.21}$$

结合已有的式子，得到离散情况下的 CVA 的公式为

$$\mathrm{CVA}=M(1-R)\sum_{i=1}^M\sum_{j=1}^N \widetilde{P}(s_j,t_i)\,v(s_j,t_i)\,p(t_i)\,q(t_i) \tag{3.22}$$

该式子还需要进行下一步的处理，可以看出上式中的 $\widetilde{P}$、p、q 都是在 0 和 1 之间的，而 v 不一定是这样的，所以我们需要一个比例因子 C_v，通过 $v=C_v\tilde{v}$，使得 $\tilde{v}$ 在 0 到 1 的范围内，同时还可以引入 C_p 和 C_q，分别使得 $p=C_p\widetilde{p}$，$q=C_q\tilde{q}$。于是最后所需要求得的结果为

$$\mathrm{CVA}\approx M(1-R)C_v C_p C_q\times\sum_{i=1}^M\sum_{j=1}^N \widetilde{P}(s_j,t_i)\,\tilde{v}(s_j,t_i)\,\widetilde{p}(t_i)\,\tilde{q}(t_i) \tag{3.23}$$

量子部分需要求得的是乘号右边的部分，于是转换为一个振幅估计的问题，该部分称为量子结果项。

对于量子计算算法来说，首先需要准备状态：$G_{\widetilde{P}}\,|0\rangle^{n+m}=\sum_{i,j}\sqrt{\widetilde{P}(s_j,t_i)}\,|i,j\rangle$，其中 $n=[\log_2 N]$，$m=[\log_2 M]$，然后进行以下 Oracle 的受控旋转。

期权合约收益定义在 m+n+1 个量子比特上：

$$R_v |i\rangle |j\rangle |0\rangle = |i\rangle |j\rangle \left(\sqrt{1-\tilde{v}(s_j,t_i)} |0\rangle + \sqrt{\tilde{v}(s_j,t_i)} |1\rangle \right) \qquad (3.24)$$

为了表示违约概率作用在 n+1 个量子比特上：

$$R_q |i\rangle |0\rangle = |i\rangle \left(\sqrt{1-\tilde{q}(t_i)} |0\rangle + \sqrt{\tilde{q}(t_i)} |1\rangle \right) \qquad (3.25)$$

为了表示折现，作用在 n+1 个量子比特上：

$$R_p |i\rangle |0\rangle = |i\rangle \left(\sqrt{1-\tilde{p}(t_i)} |0\rangle + \sqrt{\tilde{p}(t_i)} |1\rangle \right) \qquad (3.26)$$

总体来说，程序如下所示：

（1）使用 $G_{\tilde{P}}$ 得到量子态 $\sum\limits_{i=1}^{M} \sum\limits_{j=1}^{N} \sqrt{\tilde{P}(s_j,t_i)} |i\rangle |j\rangle$；

（2）添加一个量子 $|0\rangle_{\text{p.f.}}$，用于存储支付（payoff function）函数，使用 R_v 得到：

$$\sum\limits_{i=1}^{M} \sum\limits_{j=1}^{N} \sqrt{\tilde{P}(s_j,t_i)} |i\rangle |j\rangle \otimes \left(\sqrt{1-\tilde{v}(s_j,t_i)} |0\rangle_{\text{p.f.}} + \sqrt{\tilde{v}(s_j,t_i)} |1\rangle_{\text{p.f.}} \right) \qquad (3.27)$$

（3）添加一个量子 $|0\rangle_{\text{p.o.d}}$，用于存储违约概率（probability of default）函数，使用 R_q 得到：

$$\sum\limits_{i=1}^{M} \sum\limits_{j=1}^{N} \sqrt{\tilde{P}(s_j,t_i)} |i\rangle |j\rangle \otimes \left(\sqrt{1-\tilde{v}(s_j,t_i)} |0\rangle_{\text{p.f.}} + \sqrt{\tilde{v}(s_j,t_i)} |1\rangle_{\text{p.f.}} \right) \otimes$$

$$\left(\sqrt{1-\tilde{q}(t_i)} |0\rangle_{\text{p.o.d}} + \sqrt{\tilde{q}(t_i)} |1\rangle_{\text{p.o.d}} \right) \qquad (3.28)$$

（4）添加一个量子 $|0\rangle_{\text{d.f.}}$，用于存储利率折现（discount factor）函数，使用 R_p 得到最终状态：

$$|\xi\rangle = \sum\limits_{i=1}^{M} \sum\limits_{j=1}^{N} \sqrt{\tilde{P}(s_j,t_i)} |i\rangle |j\rangle \otimes \left(\sqrt{1-\tilde{v}(s_j,t_i)} |0\rangle_{\text{p.f.}} + \sqrt{\tilde{v}(s_j,t_i)} |1\rangle_{\text{p.f.}} \right) \otimes$$

$$\left(\sqrt{1-\tilde{q}(t_i)} |0\rangle_{\text{p.o.d}} + \sqrt{\tilde{q}(t_i)} |1\rangle_{\text{p.o.d}} \right) \otimes \left(\sqrt{1-\tilde{p}(t_i)} |0\rangle_{\text{d.f.}} + \sqrt{\tilde{p}(t_i)} |1\rangle_{\text{d.f.}} \right) \qquad (3.29)$$

（5）最后一步是进行测量，直接测量最后 3 个量子态即可，当然也可以使用哈密顿量投影进行测量，即：

$$\Pi = |1\rangle\langle 1|_{\text{d.f.}} \otimes |1\rangle\langle 1|_{\text{p.f.}} \otimes |1\rangle\langle 1|_{\text{p.o.d.}}$$

$$= \frac{1}{8} \left(I - Z_{\text{d.f.}} - Z_{\text{p.f.}} - Z_{\text{p.o.d.}} + Z_{\text{d.f.}} Z_{\text{p.f.}} + Z_{\text{d.f.}} Z_{\text{p.o.d.}} + Z_{\text{p.f.}} Z_{\text{p.o.d.}} - Z_{\text{d.f.}} Z_{\text{p.f.}} Z_{\text{p.o.d.}} \right) \qquad (3.30)$$

而我们所需要的量子态部分的结果就是：$\langle \xi | H | \xi \rangle$。

▶▶ 3.3.3 CVA 的量子线路部分

量子线路主要分为两个部分，第一部分是振幅制备的过程，振幅制备过程可以参考前面提到的使用波恩机来进行振幅制备，也可以使用 MPS 方法来进行振幅制备，这里不再继续进行相关的描述和撰写。

量子线路的第二部分是一种叫作控制旋转的部分，也就是量子计算的后三个部分都能够使用的一种对任意函数受控旋转的部分，该部分使用的都是一种叫作受控旋转的操作，为的都是实现如下的转换。

$$R_f: |i\rangle|0\rangle \longmapsto |i\rangle(\sqrt{1-f(x_i)}|0\rangle + \sqrt{f(x_i)}|1\rangle) \tag{3.31}$$

目前，尚未对该方法的性能和复杂度进行评估，这里使用了一种训练的方法来近似如图 3.19 所示的酉矩阵，以下是该方法使用的训练的 ansatz 结构图，目的是为了近似一个大矩阵 R_f。

$$R_f = \begin{bmatrix} U^{(1)} & & & \\ & U^{(2)} & & \\ & & \ddots & \\ & & & U^{(2^{nn})} \end{bmatrix} \tag{3.32}$$

其中

$$U^{(i)} = \begin{bmatrix} \sqrt{1-f(x_i)} & -\sqrt{f(x_i)} \\ \sqrt{f(x_i)} & \sqrt{1-f(x_i)} \end{bmatrix}$$

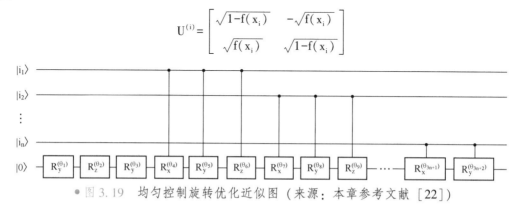

• 图 3.19 均匀控制旋转优化近似图（来源：本章参考文献［22］）

所使用的损失函数为 $\varepsilon = \|R_f - \widetilde{R}'_f\|_2 = \max\limits_{i}\|U^{(i)} - V^{(i)}\|_2$，需要在经典计算机上进行迭代得到角度的最优值，从而实现量子计算机上的运行。综上 CVA 量子线路的整体构造如图 3.20 所示。

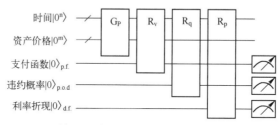

• 图 3.20 CVA 量子线路示意图（来源：本章参考文献［22］）

本章参考文献

［1］EZRATTY O. Understanding quantum technologies［M］. le lab quantique，2021.

［2］DOWLING J P，MILBURN G J. Quantum technology：the second quantum revolution［J］. Philosophical Transactions of the Royal Society of London. Series A：Mathematical，Physical and Engineering Sciences，2003，361（1809）：1655-1674.

［3］LIU Y，LIU X，LI F，et al. Closing the " quantum supremacy " gap：achieving real-time

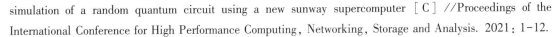
simulation of a random quantum circuit using a new sunway supercomputer［C］//Proceedings of the International Conference for High Performance Computing，Networking，Storage and Analysis. 2021：1-12.

［4］ARUTE F，ARYA K，BABBUSH R，et al. Quantum supremacy using a programmable superconducting processor［J］. Nature，2019，574（7779）：505-510.

［5］EZRATTY O. Mitigating the quantum hype［J］. arxiv preprint arxiv：2202.01925，2022.

［6］FEDOROV A K，GISIN N，BELOUSSOV S M，et al. Quantum computing at the quantum advantage threshold：a down-to-business review［J］. arxiv preprint arxiv：2203.17181，2022.

［7］THEIS T N，WONG H S P. The end of moore's law：A new beginning for information technology［J］. Computing in science & engineering，2017，19（2）：41-50.

［8］GAMBETTA J. Expanding the IBM Quantum roadmap to anticipate the future of quantum-centric supercomputing［J］. IBM Research Blog，2022.

［9］GARCÍA DE ARQUER F P，TALAPIN D V，KLIMOV V I，et al. Semiconductor quantum dots：Technological progress and future challenges［J］. Science，2021，373（6555）：eaaz8541.

［10］KROESE D P，BRERETON T，TAIMRE T，et al. Why the Monte Carlo method is so important today［J］. Wiley Interdisciplinary Reviews：Computational Statistics，2014，6（6）：386-392.

［11］HAMMERSLEY J. Monte carlo methods［M］. Springer Science & Business Media，2013.

［12］DAVISON A C，HINKLEY D V. Bootstrap methods and their application［M］. Cambridge university press，1997.

［13］GUBERNATIS J，KAWASHIMA N，WERNER P. Quantum Monte Carlo Methods［M］. Cambridge University Press，2016.

［14］KANEKO K，MIYAMOTO K，TAKEDA N，et al. Quantum speedup of Monte Carlo integration with respect to the number of dimensions and its application to finance［J］. Quantum Information Processing，2021，20（5）：185.

［15］DORNER U，DEMKOWICZ-DOBRZANSKI R，SMITH B J，et al. Optimal quantum phase estimation［J］. Physical review letters，2009，102（4）：040403.

［16］BRASSARD G，HOYER P，MOSCA M，et al. Quantum amplitude amplification and estimation［J］. Contemporary Mathematics，2002，305：53-74.

［17］GRINKO D，GACON J，ZOUFAL C，et al. Iterative quantum amplitude estimation［J］. npj Quantum Information，2021，7（1）：52.

［18］COELEN N. Black-Scholes Option Pricing Model［J/OL］.（2002-06-06）［2024-07-15］. http://ramanujan. math. trinity. edu/tumath/research/studpapers/s11. pdf.

［19］MCKEAN H P. Stochastic integrals［M］. American Mathematical Society，2024.

［20］STAMATOPOULOS N，EGGER D J，SUN Y，et al. Option pricing using quantum computers［J］. Quantum，2020，4：291.

［21］CHAKRABARTI S，KRISHNAKUMAR R，MAZZOLA G，et al. A threshold for quantum advantage in derivative pricing［J］. Quantum，2021，5：463.

［22］ALCAZAR J，CADARSO A，KATABARWA A，et al. Quantum algorithm for credit valuation adjustments［J］. New Journal of Physics，2022，24（2）：023036.

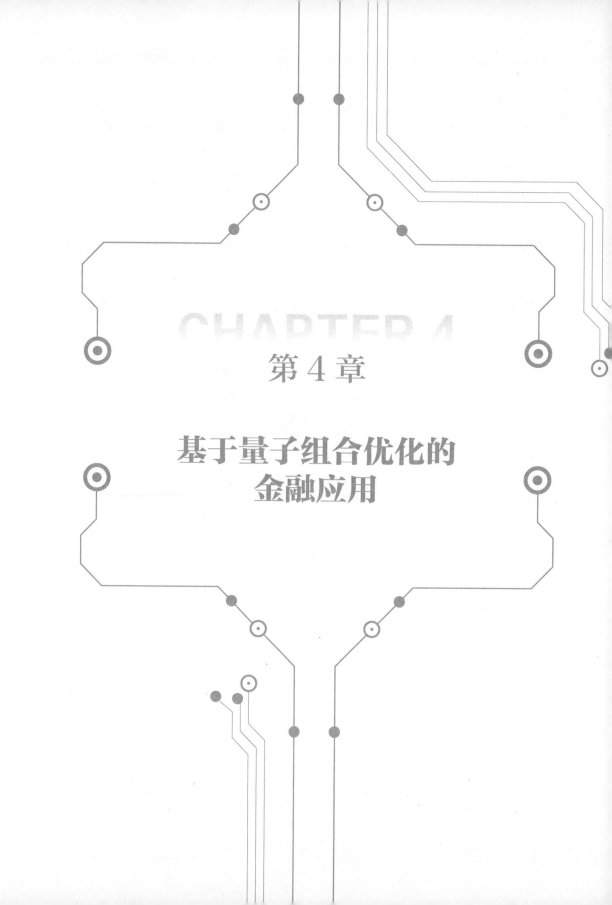

第 4 章

基于量子组合优化的
金融应用

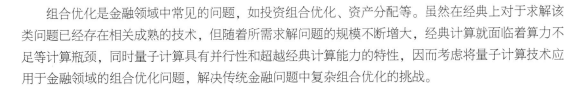

组合优化是金融领域中常见的问题，如投资组合优化、资产分配等。虽然在经典上对于求解该类问题已经存在相关成熟的技术，但随着所需求解问题的规模不断增大，经典计算就面临着算力不足等计算瓶颈，同时量子计算具有并行性和超越经典计算能力的特性，因而考虑将量子计算技术应用于金融领域的组合优化问题，解决传统金融问题中复杂组合优化的挑战。

4.1 二次无约束二值优化问题

在经典优化化场景中，二次无约束二值优化（Quadratic Unconstrained Binary Optimization，QUBO）问题应用广泛，涵盖了众多领域，例如，在图论领域，有最大割问题、最大团问题和图染色问题等；在组合优化领域，有 0-1 背包问题、任务分配问题等；在调度优化领域，有作业调度问题、机器调度问题；甚至在社交网络分析和电力系统优化领域，分别有最大社区检测问题和电网配置问题等。除了上述例子，还有更多的优化问题可以被抽象为 QUBO 问题。QUBO 问题是指在决策变量为二值（0 或 1）的限定下寻找二次目标函数最小值的优化问题。同时，QUBO 问题被证明与物理学中的伊辛（Ising）模型等价[1]，因此在量子计算中，这种等价性允许将 QUBO 问题映射到量子比特上，并在量子计算机上求解，而具体的量子求解方法将在下一节中给出详细描述。

在数学上，QUBO 问题描述为一个求解下述目标函数最小值的优化问题[2]（若对于一个最大化优化问题，则直接取负号即可变为最小化优化问题）：

$$\min_{x \in \{0,1\}^n} y = x^T Q x \tag{4.1}$$

其中，决策变量 x 为一个 n 维二元向量，参数 Q 为一常数方阵，通常假设矩阵 Q 为对称矩阵，矩阵 Q 的对角项为 QUBO 问题的一次项，非对角项则为 QUBO 的二次项。这里，以一个经典的组合优化问题最大割（MAXCUT）问题[2]为例。图（Graph）作为一种数据结构，由顶点集 V 和边集 E 组成，记为 $G = (V, E)$，其中 $V = \{v_1, v_2, \cdots, v_n\}$，$E = \{(u, v) | u \in V, v \in V\}$。而 MAXCUT 问题指的是，在该图 G 中，将顶点集 V 分成两个互补集合 S 和 T，使得连接 S 和 T 的边数最多。

通过数学表达式编码这个问题，引入二元变量 x_j，若顶点 j 在一集合中，则 $x_j = 1$；反之，顶点 j 在另一集合中，则 $x_j = 0$。将切割视为连接两个集合的切断边，从而将边的端点留在不同的顶点集中，则当 $x_i + x_j - 2x_i x_j = 1$ 时，即 x_i 或 x_j 其中之一等于 1，代表边 (i, j) 是一个切割；否则 $x_i + x_j - 2x_i x_j = 0$ 代表边 (i, j) 不是一个切割。因此，最大化切割边数的问题表达为

$$\max y = \sum_{(i,j) \in E} (x_i + x_j - 2x_i x_j) \tag{4.2}$$

这里假设存在一个图 G 的顶点集 $V = \{v_1, v_2, v_3, v_4, v_5\}$，边集 $E = \{(v_1, v_2), (v_1, v_3), (v_2, v_4),$ $(v_3, v_4), (v_3, v_5), (v_4, v_5)\}$，如图 4.1 所示。

根据式（4.2）有：

$$\begin{aligned}\max y = & (x_1 + x_2 - 2x_1 x_2) + (x_1 + x_3 - 2x_1 x_3) + (x_2 + x_4 - 2x_2 x_4) + (x_3 + x_4 - 2x_3 x_4) + \\ & (x_3 + x_5 - 2x_3 x_5) + (x_4 + x_5 - 2x_4 x_5)\end{aligned} \tag{4.3}$$

即 $\max y = 2x_1 + 2x_2 + 3x_3 + 3x_4 + 2x_5 - 2x_1 x_2 - 2x_1 x_3 - 2x_2 x_4 - 2x_3 x_4 - 2x_3 x_5 - 2x_4 x_5$。

这里，线性项变量部分为 $2x_1 + 2x_2 + 3x_3 + 3x_4 + 2x_5$，二次项部分为 $-2x_1 x_2 - 2x_1 x_3 - 2x_2 x_4 - 2x_3 x_4 -$

$2x_3x_5-2x_4x_5$。由于变量 x_i 为二进制变量，只取 0 或 1，所以有 $x_i=x_i^2$，因此线性项部分也等价于 $2x_1^2+2x_2^2+3x_3^2+3x_4^2+2x_5^2$。

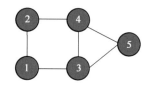

● 图 4.1　MAXCUT 案例示意图

由此上式可以重新写为

$$\max y=\begin{bmatrix}x_1,x_2,x_3,x_4,x_5\end{bmatrix}\begin{bmatrix}2&-1&-1&0&0\\-1&2&0&-1&0\\-1&0&3&-1&-1\\0&-1&-1&3&-1\\0&0&-1&-1&2\end{bmatrix}\begin{bmatrix}x_1\\x_2\\x_3\\x_4\\x_5\end{bmatrix} \tag{4.4}$$

同时，上述例子的解为 $y=5$，$x=(0,1,1,0,0)$，即顶点 2 和顶点 3 在一个集合里，顶点 1、4、5 在另一个集合里，最大切割边数为 5。

除了决策变量的 0/1 限制外，QUBO 是个无约束模型，因此对于一些更一般的约束问题，则需要通过添加惩罚项来将其转化为 QUBO 形式。例如如下约束优化问题：

$$\min_{x\in\{0,1\}^n} y=x^TCx$$
$$\text{s. t. } Ax=b \tag{4.5}$$

通过将等式约束替换为惩罚项，从而得到 QUBO 形式：

$$\min_{x\in\{0,1\}^n} y=x^TCx+\lambda(Ax-b)^T(Ax-b)$$
$$=x^TCx+x^TDx+c \tag{4.6}$$
$$=x^TQx+c$$

其中，λ 为一较大常数。除去常数 c，等式约束问题即转化为无约束的 QUBO 问题。若原问题为不等式约束，同样可以通过先引入松弛变量将不等式约束转化为等式约束，进而将模型转化为 QUBO 问题。同时对于一些常见的约束，有如图 4.2 所示的转换形式。

经典约束	等效惩罚项
$x+y\leq 1$	$P(xy)$
$x+y\geq 1$	$P(1-x-7+xy)$
$x+y=1$	$P(1-x-y+2xy)$
$x\leq y$	$P(x-xy)$
$x_1+x_2+x_3\leq 1$	$P(x_1x_2+x_1x_3+x_2x_3)$
$x=y$	$P(x+y-2xy)$

● 图 4.2　QUBO 中一些常见约束条件的转换形式[2]

4.2 量子优化算法

4.1 节提到大多数组合优化问题本质都是 QUBO 问题，或者说可以被抽象为 QUBO 问题，同时 QUBO 问题又是 NP 难问题。对于该类现实问题，在问题规模很大时，经典计算方法和工具（如商业求解器 CPLEX 和 Gurobi 等）往往较难找寻问题的最优精确解，耗费数周时间仍得不到问题的较优方案。因此，人们将目光转向量子优化算法，如变分量子算法（VQA）、量子近似优化算法（QAOA）以及 Grover 适应性搜索算法（GAS）等。

▶▶ 4.2.1 变分量子算法

当下量子计算正处于噪声中等规模量子（Noisy Intermediate-Scale Quantum，NISQ）时代。这一阶段，量子计算机的量子比特数与连接性有限，且存在一定的噪声、错误和限制，只能达到有限的量子线路规模。这使它们不太适合处理大规模、复杂的计算任务。而变分量子算法（Variational Quantum Algorithm，VQA）[3] 通过将经典计算机和量子计算机相结合，使用了基于优化或基于学习的方法来解决问题，克服了 NISQ 设备的局限性，使得量子计算在现阶段的应用变为可能。

变分量子算法是一种经典–量子混合的算法，即通过一个经典的优化器来训练一个参数化量子线路，其通用框架一般有如下几个部分。

1）损失（或成本）函数 $C(\theta)$，用以衡量量子态与所求的解的近似程度。

2）一个参数化的量子线路（通常又被称作拟设，ansatz）$U(\theta)$，它包括一系列量子门和参数。这个线路的参数通常为量子旋转门的角度，其作用是将问题编码为量子态以及提供参数进行训练。

3）一个经典优化器，VQA 使用量子计算机来估计损失函数 $C(\theta)$（或其梯度），同时利用经典优化器来训练参数 θ 以调整 ansatz 参数，直至某个收敛条件为止，即

$$\theta^* = \arg\min_{\theta} C(\theta) \tag{4.7}$$

综合来看，VQA 的核心流程如图 4.3 所示。下面将对上述通用框架中的各部分进行详细介绍。

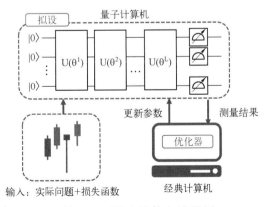

• 图 4.3 VQA 的核心流程图

❶ 损失函数

VQA 的一个重要方面是将问题编码进损失函数。与经典的机器学习类似，损失函数将参数 θ 映射为实数，更抽象地说，损失函数定义了被称为 cost landscape 的超平面，而优化器的任务就是寻找该超平面的全局最小值。不失一般性，损失函数表示为

$$C(\theta) = f(\{\rho_k\}, \{O_k\}, U(\theta)) \tag{4.8}$$

其中，f 代表依赖于实际问题的某一函数；$U(\theta)$ 为 ansatz；$\{\rho_k\}$ 为输入初态；$\{O_k\}$ 为一组观测量。通常对于一组损失函数 $\{f_k\}$，方便起见，损失函数可表示为

$$C(\theta) = \sum_k f_k(\mathrm{Tr}\{O_k U(\theta)\rho_k U^\dagger(\theta)\}) \tag{4.9}$$

但需要注意的是，由于损失函数的构造直接关系到算法的性能和有效性，通常还需要满足如下条件。

1）损失函数应该是可微的，因为通常会使用经典优化算法来优化它。常见的损失函数类型有两个量子态之间的保真度或者量子态相对于某个可观测量的期望。

2）损失函数的形式应该与问题的性质相匹配，确保 $C(\theta)$ 的最小值能够正确对应问题的最优解。选择合适的损失函数有助于算法更快地收敛到最优解。

❷ 拟设（ansatz）

通过上文可知 VQA 的核心在于参数化的量子线路（ansatz）的构建，其目的是对问题的解进行编码，因此拟设的选择对 VQA 的性能和有效性非常关键，它直接影响了算法的表现和收敛速度。在一般情况下，可以使用待解决问题的信息来制备一个拟设，即"问题启发式"拟设，但当对具体问题的信息了解较少时也可以考虑采用通用的拟设，即"问题无关式"拟设。对于任一组参数 θ 可以被编码进酉正的量子门 $U(\theta)$，作用在量子线路的初始态，同时如图 4.4 所示，$U(\theta)$ 可以被表示为一系列酉正的量子门 $U_l(\theta_l)$ 依次作用的乘积：

$$U(\theta) = U_L(\theta_L)\cdots U_2(\theta_2)U_1(\theta_1) \tag{4.10}$$

其中，$U_l(\theta_l) = \prod_m e^{-i\theta_m H_m}W_m$，这里 W_m 是不含参数的酉正的量子门；H_m 是厄米算符；θ_l 是参数集 θ 的第 l 个元素。

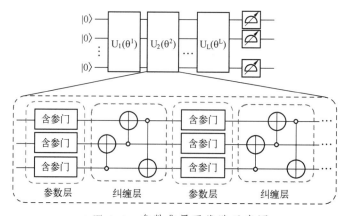

● 图 4.4 　参数化量子线路示意图

Hardware Efficient Ansatz（HEA）作为一种通用的 ansatz，可有效降低在硬件上实现 U(θ) 所需的电路深度。这里用 pyqpanda 构造了一层 ansatz 线路，具体实现如下。

```
1.    import pyqpanda as pq
2.    import random
3.    import numpy as np
4.    from quantum_tool import ansatz_unit
5.
6.    if __name__ == '__main__':
7.        test = Ansatz(qbit_num=5, rotations=[pq.RZ, pq.U3])
8.        # 设置为交叉型纠缠方式
9.        test.set_maplist('cross')
10.       machine = pq.CPUQVM()
11.       machine.initQVM()
12.       qbits = machine.qAlloc_many(5)
13.       # 生成随机旋转门角度
14.       theta_list = [[random.uniform(0.0, np.pi),
15.                     [random.uniform(0.0, np.pi) for i in range(3)]
16.                         for j in range(5)]
17.       res = test.ansatz_cir(qbits, theta_list)
18.       print(res)
```

如此，即可得到一层由 R_Z 门和 U_3 构成的交叉型纠缠方式的 HEA，如图 4.5 所示。

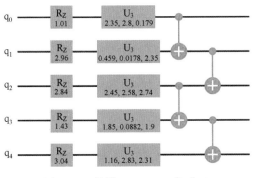

● 图 4.5　利用 pyqpanda 实现 HEA

❸ 梯度计算

在损失函数和拟设被定义后，下一步将考虑的是如何训练参数 θ 以优化损失函数。在大多优化问题中，使用损失函数梯度（或高阶导数）中的信息将有助于加速和保证优化的收敛。正如许多

VQA 宣称的众多优势之一，便是可以解析地评估损失函数的梯度。

考虑一个简单的损失函数 $f_k(x) = x$，设 θ_1 为 θ 中的第 1 个元素，它参数化 ansatz 中的酉算符 $e^{i\theta_1\sigma_1}$，σ_1 为泡利算符。这里有一个硬件友好的被称为参数位移规则的方法可以评估并解析地给出 $C(\theta)$ 对 θ_1 的偏导数：

$$\frac{\partial C}{\partial \theta_1} = \sum_k \frac{1}{\sin 2\alpha}(\mathrm{Tr}\{O_k U^{\dagger}(\theta_+)\rho_k U(\theta_+)\} - \mathrm{Tr}\{O_k U^{\dagger}(\theta_-)\rho_k U(\theta_-)\}) \tag{4.11}$$

其中，$\theta_{\pm} = \theta \pm \alpha e_1$，$\alpha$ 为任意实数，e_1 为 1 方向上的单位向量。可以看到，通过将第 1 个参数位移一定量的 α 即可计算梯度。同时，该梯度在 $\alpha = \pi/4$ 时取得最大值，因为 $\frac{1}{\sin 2\alpha}$ 在此时被最小化。

④ 经典优化器

与 VQA 相关的经典优化问题通常被认为是 NP 难的，因为它们涉及可以有多个局部极小值的损失函数[4]，对任何变分量子算法而言，最终优化成功与否很大程度上取决于使用的经典优化器的可靠性和有效性。其中，为方便起见，本书根据该优化器是否使用梯度信息将它们分为两类。

最常见的优化方法之一是按照梯度指示的方向进行迭代，即梯度下降法。其中随机梯度下降 (Stochastic Gradient Descent，SGD)[5]和其变种是常在变分量子算法中使用的。例如，一种从机器学习领域引入的 SGD 方法即自适应矩估计（Adaptive Moment Estimation，Adam）算法，其在优化过程中通过调整步长来得到较标准 SGD 方法更有效和更精确的结果。受机器学习领域启发的另一方法则通过调整每次迭代中的精度，而非步长，从而节省所使用的量子资源[6]。

另一种不同的基于经典梯度的方法有基于虚数时间演化过程[7]或等效地通过使用基于信息几何的自然梯度下降法[8,9]。不同于标准梯度下降在 L_2（欧几里得）几何中参数空间的最陡下降方向上进行，其使用参数空间的度量张量来引导梯度下降，由于这种度量张量编码了对参数变化的灵敏度，使得自然梯度下降法具有更快的收敛速度。同时该方法在噪声的影响下也具有一定的效果[9]。

而其他不直接利用梯度的 VQA 优化方法中，与 SGD 关系最密切的是同步扰动随机逼近 (Simultaneous Perturbation Stochastic Approximation，SPSA)[10]。SPSA 被认为是一种梯度下降的近似方法，其梯度由沿着随机选择的方向的有限差分计算的单个偏导数来近似。由于它避免了每次迭代中的多次梯度分量计算的开销，而且有研究表明，对于一组有限的问题，SPSA 的理论收敛速度较有限差分 SGD 更快[10]，因此 SPSA 被认为是一种求解 VQA 的有效方法。

最后，若目标函数是算子期望值的线性函数，则 $C(\theta)$ 可以表示为一系列三角函数的和，从而有另一种专门为 VQA 开发的无梯度方法[11]及其利用安德森（Anderson）加速来加速收敛的形式[12]。

▶▶ 4.2.2　量子近似优化算法

为解决组合优化问题，法希（Farhi）于 2014 年提出了量子近似优化算法（Quantum Approximate Optimization Algorithm，QAOA）[13]，被认为是在当下 NISQ 时代最有望展现量子优势的算法之一。该算法是一种经典–量子结合的启发式算法，属于 VQA 的一种，理论上，QAOA 适用于所有的 QUBO 问题[14]。

QAOA 的基本思想是将组合优化问题映射到一个对应的哈密顿量（Hamiltonian），然后通过量子计算来寻找这个哈密顿量的基态（最低能量状态）。QAOA 使用变分量子线路（ansatz）来近似这个基态，其中变分参数需要通过经典优化算法来调整，以最小化哈密顿量的期望值，即问题的目标函数。

考虑一个组合优化问题，设优化问题的态可以编码为一组二进制向量 $z = (z_1, z_2, \cdots, z_{n-1}, z_n)$，$z_i \in \{0, 1\}$，使得每个向量唯一对应一种组合策略，优化问题即转化为寻找特定的 z，使得关于 z 的目标函数 $C(z) = C(z_1, z_2, \cdots, z_{n-1}, z_n)$ 取最小值（或最大值）。

对这类组合优化问题，存在一般性的量子编码方法。显然，向量 z 可以用 n 个量子比特编码为 $|z\rangle$，同时在计算基下，Z_i 的本征态即计算基的两个基矢 $|0\rangle$、$|1\rangle$，它们的本征能量分别是 $+1$、-1。因此，若要在计算基下取 0–1 编码，只要做简单平移变换：$z_i \rightarrow \dfrac{I - Z_i}{2}$，其中 I 是单位矩阵，于是有计算基下 Z_i 本征能量与二进制的值一一对应：$\dfrac{I - Z_i}{2}|0\rangle \rightarrow 0$，$\dfrac{I - Z_i}{2}|1\rangle \rightarrow 1$，因此，目标函数对应的哈密顿量可以直接将经典的目标函数自变量按上述方式替换得到：

$$H_C = C\left(\frac{I - Z_1}{2}, \frac{I - Z_2}{2}, \cdots, \frac{I - Z_{n-1}}{2}, \frac{I - Z_n}{2}\right) \tag{4.12}$$

于是原始的组合优化问题转化为求哈密顿量 H_C 的基态（或最高激发态）对应的量子态 $|z\rangle$。因为基态（能量最低的态）和最高激发态（能量最高的态）可以通过在 H_C 前面添加负号简单转换，因此统一称作基态不做区分。回顾 4.1 节里给出的最大割问题，对一顶点集 $V = \{v_1, v_2, v_3, v_4, v_5\}$，边集 $E = \{(v_1, v_2), (v_1, v_3), (v_2, v_4), (v_3, v_4), (v_3, v_5), (v_4, v_5)\}$ 的图 G，其最大割边数为

$$\min y = -\left[\begin{array}{c}(x_1 + x_2 - 2x_1x_2) + (x_1 + x_3 - 2x_1x_3) + (x_2 + x_4 - 2x_2x_4) + (x_3 + x_4 - 2x_3x_4) \\ + (x_3 + x_5 - 2x_3x_5) + (x_4 + x_5 - 2x_4x_5)\end{array}\right] \tag{4.13}$$

其哈密顿量构造具体实现如下。

```
1.    import sympy as sp

2.    import numpy as np

3.    import pyqpanda as pq

4.

5.    def problem_to_z_operator(problem):

6.        """

7.        >>> print(hamiltonian)

8.        [({}, -3.0), ({3:'Z', 4: 'Z'}, 0.5), ({2: 'Z', 4: 'Z'}, 0.5), ({2: 'Z', 3: 'Z'}, 0.5),

9.        ({1:'Z', 3: 'Z'}, 0.5), ({0: 'Z', 2: 'Z'}, 0.5), ({0: 'Z', 1: 'Z'}, 0.5)]

10.       """
```

```
11.        problem_symbols = list(sorted(problem.free_symbols, key=lambda symbol: symbol.name))
12.        operator_symbols = np.array([sp.Symbol('z% d' % i) for i in range(len(problem_symbols))])
13.        # 构造 PauliOperator 对象
14.        hamiltonian = pq.PauliOperator()
15.        operator_problem = problem.xreplace(dict(zip(problem_symbols, (1 - operator_symbols) / 2)))
16.        # 以多项式形式展开
17.        problem = sp.Poly(operator_problem).as_dict()
18.        for monomial, coefficient in problem.items():
19.            hami_one_term = pq.PauliOperator(1)
20.            for index, one_term in enumerate(monomial):
21.                if one_term % 2 == 0:
22.                    # 泡利算符的偶数次方是单位矩阵
23.                    hami_one_term *= 1
24.                else:
25.                    hami_one_term *= pq.PauliOperator('Z% d' % index, 1)
26.            hamiltonian += coefficient * hami_one_term
27.        hamiltonian = hamiltonian.toHamiltonian(True)
28.        return hamiltonian
29.
30.    if __name__ == '__main__':
31.        n = 5
32.        nodes = list(range(n))
33.        edges = [(0, 1), (0, 2), (1, 3), (2, 3), (2, 4), (3, 4)]
34.        variables = [sp.var('x% d' % d) for d in range(n)]
35.        maxcut = 0
36.        for e in edges:
37.            maxcut += - variables[e[0]] - variables[e[1]] + 2 * variables[e[0]] * variables[e[1]]
38.        hamiltonian = problem_to_z_operator(maxcut)
39.        print(hamiltonian)
```

对于上述最大割问题，得到的哈密顿量如代码中的注释所示，其中$(\{\}, -3.0)$代表$I^{\otimes 5}$的系数为-3.0，$(\{3: 'Z', 4: 'Z'\}, 0.5)$代表$I\otimes I\otimes I\otimes Z\otimes Z$的系数为$0.5$，以此类推，并将全部的结果相加来得到式（4.13）的哈密顿量。

QAOA 属于近似优化算法，它并不保证得到最优解，而是给出一个足够好的结果$|z^*\rangle$，精度取决于近似比率的下界$\gamma^* = \dfrac{C(z^*)}{C_{max}^*}$。QAOA 的一般流程如图 4.6 所示[15]。

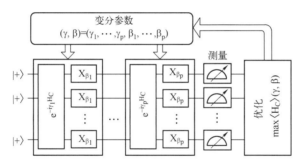

● 图 4.6 QAOA 的一般流程（图片来源：Quantum approximate optimization algorithm：
Performance，mechanism，and implementation on near-term devices ［J］. Physical
Review X，2020，10（2）：021067.）

1）制备等概率叠加态 $|+\rangle^{\otimes n}$ 作为初态。

2）读入一组参数 $(\gamma, \beta)=(\gamma_1, \cdots, \gamma_p, \beta_1, \cdots, \beta_p)$ 作为初参，其中 (γ, β) 共有 $2p$ 个参数，p 为一固定常数，称为 QAOA 的层数。

3）通过 p 层量子门得到新的叠加态 $|\gamma, \beta\rangle = e^{-i\beta_p H_B} e^{-i\gamma_p H_C} \cdots e^{-i\beta_1 H_B} e^{-i\gamma_1 H_C} |+\rangle^{\otimes n}$，其中 $e^{-i\gamma_i H_C}$ 与问题的哈密顿量有关，因此也被称为 QAOA 的相位分离（Cost）层，其作用是根据各个态的目标函数大小叠加不同的相位，也称为相位分离操作。接着，$H_B = \sum X_j$，则 $e^{-i\beta_i H_B}$ 对应于流程中的 X_{β_i}。它是在 Cost 层作用后，将相位差（即能量差）映射到振幅，从而影响测量的概率，因此也称为混合（Mixer）层。Cost 层和 Mixer 层共同组成一层 QAOA 线路。

构造上述 QAOA 线路的代码如下：

```
1.      import pyqpanda as pq
2.
3.      # 制备等概率叠加态作为初态
4.      def create_init_circuit(qlist):
5.          cir = pq.QCircuit()
6.          cir << pq.hadamard_circuit(qlist)
7.          return cir
8.
9.      # 根据哈密顿量模拟构建对应的相位分离层量子线路
10.     def phase_seperator_circuit(operator, qlist, theta):
11.         gamma = theta * -2
12.         cir = pq.QCircuit()
13.         constant = 0
14.         for i in operator:
15.             index_list = list(i[0].keys())
```

```
16.            ang = i[1] * gamma
17.            n = len(index_list)
18.            if n == 0:
19.                constant += i[1]
20.            elif n == 1:
21.                cir << pq.RZ(qlist[index_list[0]], 2 * ang)
22.            else:
23.                q = [qlist[j] for j in index_list]
24.                for j in range(n - 1):
25.                    cir << pq.CNOT(q[j], q[j +1])
26.                cir << pq.RZ(q[-1], 2 * ang)
27.
28.                for j in range(n - 1):
29.                    cir << pq.CNOT(q[-j -2], q[-j - 1])
30.        for i in range(len(qlist)):
31.            cir << pq.I(qlist[i])
32.        return cir
33.
34.    # 利用 RX 门构造混合层
35.    def mixer_circuit(qlist, theta):
36.        beta = theta * -2
37.        cir = pq.QCircuit()
38.        cir << pq.RX(qlist, beta)
39.        return cir
```

QAOA 之所以能实现优化，就要追溯到量子绝热算法（Quantum Adiabatic Algorithm，QAA）与其之间的联系[13,15]。QAA 的基本原理是绝热定理，即若系统最初处在 H_0 的本征态 $|\psi\rangle$，并在足够小的扰动 H' 下演化到新的稳态 $|\psi'\rangle$，则 $|\psi'\rangle$ 也是 H_0+H' 的本征态。特别的是，若 $|\psi\rangle$ 是 H_0 的基态，则 $|\psi'\rangle$ 也是 H_0+H' 的基态。绝热定理的基本思想可以形象地理解为量子态的惰性。若基态与第一激发态之间存在有限大的能隙 ΔE，而外部的微扰提供的能量不足以引起跃迁，于是最终演化的结果是系统依旧停留在基态，这也是为什么要求扰动足够小。

QAA 利用了绝热定理来揭示这种惰性，若干所求解问题的解可以编码为哈密顿量 H_C 的基态问题，考虑一个含时的哈密顿量形如 $H = \left(1-\dfrac{t}{T}\right)H_0+\dfrac{t}{T}H_C$。当 $t=0$ 时，有 $H=H_0$；当 $t=T$ 时，有 $H=H_C$。QAA 的基本思想就是从一个易于描述的系统 H_0 出发并制备它的基态 $|\psi\rangle$，然后模拟绝热演化过程，将原哈密顿量短时间内的演化过程 $H(t\rightarrow t+\Delta t)$ 看作对原时刻的微扰：$H(t)\rightarrow$

$H(t+\Delta t)=H(t)+(-H_0+H_C)\dfrac{\Delta t}{T}$。总的演化过程 $H(t\to T)$ 则按此方法分解成许多个微扰的叠加。由于 $t=T$ 时刻 $H=H_C$，保持绝热演化得到的最终末态也必定是 H_C 的基态，此时测量得到的末态就是原问题的解。

因此，若设 $H_0=-\sum\limits_{i=1}^{n}X_i$，其中 $X_i=I\otimes I\otimes\cdots\otimes X\otimes\cdots\otimes I$，第 i 个位置为 X，其余为 I，即在 $t=0$ 时刻，系统处于 H_0 的基态 $|\psi_0\rangle=|+\rangle^{\otimes n}$（这里对应了 QAOA 的第一步制备等概率叠加态 $|+\rangle^{\otimes n}$ 作为初态），接着根据薛定谔方程，系统演化到 t 时刻的量子态为

$$|\psi(t)\rangle=\exp\left(-i\int_0^t H(x)\,dx\right)|\psi_0\rangle$$

$$\approx\exp\left(-i\sum_{k=0}^{p}H(t_k)\Delta t_k\right)|\psi_0\rangle \tag{4.14}$$

$$=\exp\left(-i\sum_{k=0}^{p}\left[\left(1-\frac{t_k}{T}\right)H_0+\frac{t_k}{T}H_C\right]\Delta t_k\right)|\psi_0\rangle$$

对该方程做 Trotter 分解，即可得到

$$|\psi(t)\rangle\approx\prod_{k=1}^{p}\exp\left[-i\left(1-\frac{t_k}{T}\right)H_0\Delta t_k\right]\exp\left(-i\frac{t_k}{T}H_C\Delta t_k\right)|\psi_0\rangle \tag{4.15}$$

设 $\gamma_k=\dfrac{t_k}{T}\Delta t_k$，$\beta_k=\left(1-\dfrac{t_k}{T}\right)\Delta t_k$，则式（4.15）可转化为

$$|\psi(t)\rangle\approx\prod_{k=1}^{p}\exp(-i\beta_k H_0)\exp(-i\gamma_k H_C)|\psi_0\rangle \tag{4.16}$$

不难发现这与 QAOA 用到的 p 层逻辑门具有相同的形式，所以可以认为 QAOA 是变种的 QAA。它通过控制参数打破了 QAA 严格要求的绝热演化规则取得了加速优势。正如图 4.7 所示，QAA 好比是在希尔伯特空间中规定的绝热演化路径上运行的四驱车，QAOA 则是不受赛道限制的遥控车，而参数 (γ,β) 正是它的遥控器。

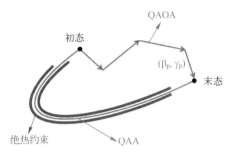

● 图 4.7　QAA 和 QAOA 演化对比示意图

QAA 必须保证每一个步骤都满足绝热过程，往往要求总的演化时间 T 足够长，也延长了需要的计算时间。另外，由于总演化时长和能隙是平方反比的关系（$T\sim 1/\Delta^2$），QAA 在处理能隙非常小的问题时要求更长的演化时间。同时，T 的最佳取值是无法预先计算的，因此能隙小的情况下若取

值不当，则 QAA 可能会落入局部最优解的陷阱里。QAOA 通过参数控制的途径引入了非绝热的过程，借以优化参数，有目地地控制量子态的演化。QAOA 在某些问题中避开了局部最优解，表现优于 QAA[15]。

▶▶ 4.2.3 Grover 适应性搜索算法

在量子优化算法领域，前面已经介绍了变分量子算法（VQA）和量子近似优化算法（QAOA），其中 VQA 和 QAOA 是为近期含噪中等规模量子计算机设计的启发式方法，没有性能的保证，对于 QAOA，仅在无限深度的极限下，该算法才能收敛到最优解。

而纯自适应搜索（Pure Adaptive Search，PAS）是一种理论上的随机全局优化算法。PAS 代表了一类不断在可行解空间中迭代搜索的算法，其每次搜索结果均较前一次结果更好。Devore 等[16]认为实现给定求解精度所需的预期迭代次数仅随着问题的维度线性增加，但若不知道目标函数的相关规律性条件，则将会完全抵消 PAS 的明显加速。然而，Grover 算法提供了一种生成 PAS 迭代的方法，以构造出解决满足某种特定条件下函数的优化算法，称之为 Grover 适应性搜索算法（Grover Adaptive Search，GAS）[17]。基于 Grover 算法，GAS 算法迭代地应用 Grover 搜索来寻找目标函数的最优值，通过使用已知的最优值作为阈值，标记所有小于阈值的值，以找到更好的解。由于 Grover 搜索是 GAS 算法的核心，因此该算法框架具有平方级加速，同时 Grover 搜索需要以下三个要素。

（1）态制备操作算符 A

通过算符 A 构造出搜索空间中的所有状态的叠加，这里以一串 Hadamard 门 $H^{\otimes n}$ 作为该算符 A 构造出了等概率的叠加态，见式（4.17）。

$$H^{\otimes n}|0\rangle_n = \frac{1}{\sqrt{2^n}}\sum_{i=0}|i\rangle_n \tag{4.17}$$

（2）Oracle 算符 O

Oracle 算符用以识别出问题求解需要的状态（即较阈值更优的解），并将这些状态的振幅乘以 -1 加以标记区分。假设 $I\otimes\{0,\cdots,2^n-1\}$ 代表了一系列目标状态集合，算符 $A=H^{\otimes n}$，则有

$$OA|0\rangle_n = \frac{1}{\sqrt{2^n}}\sum_{i\notin I}|i\rangle_n - \frac{1}{\sqrt{2^n}}\sum_{i\in I}|i\rangle_n \tag{4.18}$$

（3）Grover 扩散算子（Diffuser）D

通过算符 D，这里将对上述标记出的 $i\in I$ 的量子态的振幅进行放大。假设算符 $S_0=2|0\rangle\langle 0|-I$ 代表对所有的 $|0\rangle$ 态进行翻转，则有 $D=AS_0A^\dagger$。

通过使用扩散算子 D，目标量子态的振幅得以放大，其余量子态的振幅也相应减少。接着，通过对量子态 $A|0\rangle_n$ 应用 r 次 Grover 迭代 $G=AS_0A^\dagger O$，即 $G^rA|0\rangle_n$（整数 $r\geq 0$ 为一合理次数），将最大化目标态的振幅。

如此，通过不断迭代使用 Grover 搜索，寻找比当前结果更优的解，最终实现对问题的求解。例如，要求解 $\min_{x\in X}f(x)$，其中函数 $f:X\to R$，$X\in\{0,1\}^n$ 为 n 维二元变量。首先，预先设定一个初值 y，并通过构造 GAS 算法中的算符 A 和 O 标记出满足 $x\in X$ 且 $f(x)<y$ 的所有状态，接着应用 Grover 搜

索去寻找比 y 更优的值 $f(\tilde{x})$，并令 $y = f(\tilde{x})$，如此迭代，直至遇到终止条件。具体流程图如图 4.8 所示。

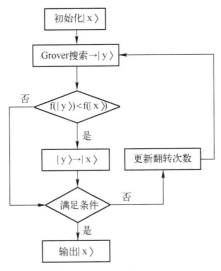

● 图 4.8　GAS 算法流程图

虽然 GAS 算法的具体实现步骤可能因不同的问题而异[18,19]，但总体框架大致遵循另一项研究[20]。同时，构造一个有效的 Oracle 算符 O 是 GAS 中的一个固有挑战，因此本节将聚焦 GAS 算法在求解 QUBO 问题中的 Oracle 算符 O 的构建。

对于式（4.1）中的 QUBO 模型，若使用 n 个量子比特表示自变量 x，m 个量子比特对 f(x) 的值进行编码，线路计算值 $f(x) \bmod 2^m$ 使用二进制补码表示。如 4 = 0100，第一个 "0" 代表正数，-4 = 1100，第一个 "1" 代表负数。

对要求解的 QUBO 问题，首先，需要构造某个算符 A_y 对 m 量子比特作用制备出 $|f(x) - y\rangle_m$，接着由于采用的为二进制补码的表示方法，因此很容易标记出所有 f(x) < y 的量子态，即最高位为 1 的量子态（代表负数）。于是，对最高位作用 Z 门即可实现对目标态的标记。因此有 Oracle：$O = A_y^{\dagger} z A_y$。如此，如何构造算符 A_y 则成为 Oracle 构造中的主要问题。下面将详细介绍算符 A_y 的构造。

算符 A_y 的本质就是将函数值编码到量子态上，而在相位估计中，就有将算子的特征值编码到量子态的经验。受相位估计算法的启发，Gilliam 等[21] 提出了量子字典方法，本节也正是基于此来构造算符 A_y。

❶ 单个整数值的编码实现

在相位估计中（参见本书 2.3 节以及图 2.16），若 $|u\rangle$ 为 U 的本征态，此时对第一寄存器测量，将以概率 1 得到本征态 $|u\rangle$ 对应的本征值 $e^{2\pi i \phi}$ 中的 ϕ。若酉算子 U 为旋转门 $R_y(\theta)$，由于 $R_y(2\theta)$ 具有一个本征态 $\left(\dfrac{i}{\sqrt{2}}, \dfrac{1}{\sqrt{2}}\right)$，其对应的本征值为 $\cos\theta + i\sin\theta$，因此，对特征值的编码隐式地提供了对角

度 θ 的编码。由此，量子字典通过构建角度 θ 与数字间的一一映射关系，利用 θ 对数字进行编码和操作。对 $R_y(2\theta)$，有 $e^{2\pi i\phi}=e^{i\theta}$，此时 $\theta=2\pi\phi$，若第一寄存器包含 m 比特，即当其被测量时可以表示整数 $\{-2^{m-1},\cdots,-1,0,1,\cdots,2^{m-1}\}$（这里为了表示负数采用补码的形式，即最高位为符号位）。若选择 $\theta=2\pi/2^m$，即可得到整数 1，因此将 $\theta=2\pi/2^m$ 作为底角。假设只要求得到整数，1 将是以底角的形式表示，对于任意的整数 $c(-2^{m-1}\leqslant c\leqslant 2^{m-1})$，c 则可以表示为 c 倍的底角。类似相位估计的量子线路，当 $c=2$、$c=-2$ 时的量子线路分别如图 4.9、图 4.10 所示。q_0-q_2 就相当于相位估计中的第一寄存器，而 q_3 则构成了第二寄存器，此时第二寄存器选取的 U 为 $R_y(2\theta)$，同时为了得到 $R_y(2\theta)$ 的一个本征态，对 q_3 作用 H 门以及 S 门。因此，最后对第一寄存器测量即可得到 c，同时从图 4.9、图 4.10 中也可以看到，对于相反数的编码，仅需要改变旋转门角度的正负号。这里以 $c=2$ 为例，具体的实现代码如下。

```python
1.   import numpy as np
2.   import pyqpanda as pq
3.   from pyqpanda.Visualization.circuit_draw import *
4.
5.   """
6.   >>> print(machine.prob_run_dict(prog, q2))
7.   {'000': 1.8746997283273237e-33, '001': 6.400625237832305e-33, '010': 1.0000000000000004,
8.   '011': 6.400625237832305e-33, '100': 1.8746997283273237e-33, '101': 1.0981736754769-895e-33,
9.    '110': 1.519290839321568e-64, '111': 1.0981736754769895e-33}
10.  """
11.  machine = pq.CPUQVM()
12.  machine.initQVM()
13.
14.  m =3
15.  constant =2
16.  q2 = machine.qAlloc_many(m)
17.  ancil = machine.qAlloc_many(1)
18.
19.  prog = pq.QProg()
20.  prog << pq.hadamard_circuit(q2) \
21.      << pq.hadamard_circuit(ancil) << pq.S(ancil)
22.
23.  factor = -2 * np.pi * 2 ** (1 - m)
24.  for j, qj in enumerate(q2):
25.      prog.insert(pq.RY(ancil, constant * factor * 2 ** j).control(qj))
```

```
26.    prog << pq.QFT(q2).dagger()
27.
28.    print(machine.prob_run_dict(prog, q2))
29.    iter_start = prog.begin()
30.    iter_end = iter_start.get_next()
31.    iter_end = iter_end.get_next()
32.    iter_end = iter_end.get_next()
33.    draw_qprog(prog,'text', NodeIter_first=iter_start, NodeIter_second=iter_end,
console_encode_type='gbk')
34.    draw_qprog(prog,'pic', NodeIter_first=iter_start, NodeIter_second=iter_end,
filename='constant.jpg')
```

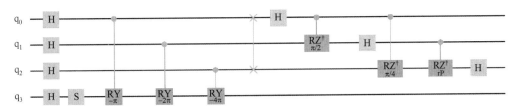

● 图 4.9　c = 2 时的编码量子线路

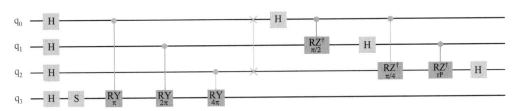

● 图 4.10　c = −2 时的编码量子线路

若此时 c 为小数，得到的结果将是一个分布，而两个最可能的测量结果是与 c 最接近的两个整数。图 4.11 给出了 c = 2.16 和 m = 3 的概率分布，可以看到被观测到为 2 的概率至少为 92%。

❷ 多项式的编码实现

通过上面的介绍，接下来只需要把 $U(\theta)$ 应用到代表函数值 $|z\rangle_m$ 上，把状态比特 $|x\rangle_n$ 作为控制比特表示 $f(x)$ 的输入。

其中，把酉算子 U 受控于 $|x\rangle_n$ 中的集合 $J \subseteq \{0, \cdots, n-1\}$ 作用于 $|z\rangle_m$ 可以被表示为

$$C^J(U)|x\rangle|z\rangle = |x\rangle U^{\prod_{j \in J} x_j}|z\rangle \tag{4.19}$$

为编码 x_j，这里添加了一个新的寄存器，称之为键寄存器（变量），而对于相位估计中的第一寄存器，则称为值寄存器（系数）。例如，要实现 $a_{12}x_1x_2$ 的编码，可以将系数 a_{12} 放在旋转角度 $a_{12}\theta$ 上，再通过键寄存器 $|x\rangle_n$ 的控制进而将目标函数值编码到相位，最后通过傅里叶逆变换将其编码至

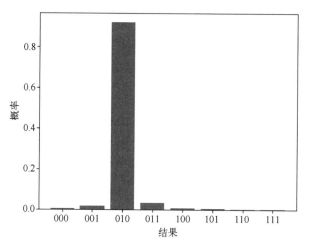

● 图 4.11　c = 2.16 和 m = 3 的编码观测结果

量子态中。如图 4.12 所示，这里给出了 $2x_1x_2$ 的编码量子线路实现。其中，q_0、q_1 为键寄存器，q_2、q_3、q_4 为值寄存器，q_5 为相位估计的第二寄存器。同时，由于为二值优化问题，因此有 $x_j^2 = x_j$。具体的代码实现如下，从打印的结果中可以看到，结果为 0 的概率为 0.75，结果为 2 的概率为 0.25，这是因为对于一个均匀叠加态 $|x_1x_2\rangle$，当且仅当 x_1、x_2 均为 1 时，才得到的结果为 2，否则得到的结果均为 0。

```
1.    import numpy as np
2.    import pyqpanda as pq
3.    from pyqpanda.Visualization.circuit_draw import *
4.
5.    """
6.    >>> print(machine.prob_run_dict(prog, q2))
7.    {'000': 0.7500000000000002, '001': 1.6001563094580763e-33, '010': 0.2500000000000001,
8.    '011': 1.6001563094580763e-33, '100': 4.686749320818309e-34, '101': 2.7454341886924-
737e-34,
9.    '110': 3.79822709830392e-65, '111': 2.7454341886924737e-34}
10.   """
11.
12.   machine = pq.CPUQVM()
13.   machine.initQVM()
14.
15.   n = 2
16.   m = 3
```

```
17.
18.    q1 = machine.qAlloc_many(n)
19.    q2 = machine.qAlloc_many(m)
20.    ancil = machine.qAlloc_many(1)
21.
22.    prog = pq.QProg()
23.    prog << pq.hadamard_circuit(q1) << pq.hadamard_circuit(q2) \
24.        << pq.hadamard_circuit(ancil) << pq.S(ancil)
25.
26.    factor = -2 * np.pi * 2 ** (1 - m)
27.
28.    for j, qj in enumerate(q2):
29.        prog.insert(pq.RY(ancil,2 * factor * 2 ** j).control([q1[0], q1[1], qj]))
30.
31.    prog << pq.QFT(q2).dagger()
32.    print(machine.prob_run_dict(prog, q2))
33.    iter_start = prog.begin()
34.    iter_end = iter_start.get_next()
35.    iter_end = iter_end.get_next()
36.    iter_end = iter_end.get_next()
37.    draw_qprog(prog,'text', NodeIter_first = iter_start, NodeIter_second = iter_end,
console_encode_type='gbk')
38.    draw_qprog(prog,'pic', NodeIter_first = iter_start, NodeIter_second = iter_end,
filename='polynomial.jpg')
```

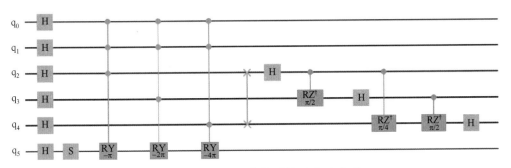

● 图 4.12 $2x_1x_2$ 的编码量子线路实现

从而利用上述方法，得以实现表示 n 变量的布尔多项式：

$$P(x) = \sum_{J \subseteq \{0, \cdots, n-1\}} a_J \prod_{j \in J} x_j \tag{4.20}$$

其中，每个子集 $J \subseteq \{0, \cdots, n-1\}$ 均有对应的项 $\prod_{j \in J} x_j$ 以及系数 a_J。

以上介绍了布尔多项式函数中的各个单项式的实现方法，若要实现各单项式间的加法，则可以通过重复添加不同角度的 R_y 门，这里以 $2x_1x_2+2$ 为例，具体的代码示例如下。

```
1.    import numpy as np
2.    import pyqpanda as pq
3.
4.    """
5.    >>> print(machine.prob_run_dict(prog, q2))
6.    {'0000': 1.7463976884795206e-33, '0001': 4.955995729530117e-33, '0010': 0.750000000-
0000008,
7.     '0011': 1.0353798401229744e-32, '0100': 0.2500000000000001, '0101': 6.675021151111-
71e-33,
8.     '0110': 1.6001563094580763e-33, '0111': 9.914782882057731e-34, '1000': 4.717435571-
230591e-34,
9.     '1001': 5.150732510261985e-34, '1010': 9.7947328918113901e-33, '1011': 4.1972214168-
18899e-34,
10.    '1100': 8.747331567603742e-34, '1101': 4.758743073969436e-34, '1110': 2.7454341886-
924737e-34,
11.    '1111': 8.569656079475627e-34}
12.    """
13.
14.    machine = pq.CPUQVM()
15.    machine.initQVM()
16.
17.    n =2
18.    m =4
19.
20.    constant =2
21.    q1 = machine.qAlloc_many(n)
22.    q2 = machine.qAlloc_many(m)
23.    ancil = machine.qAlloc_many(1)
24.
25.    prog = pq.QProg()
26.    prog << pq.hadamard_circuit(q1) << pq.hadamard_circuit(q2) \
27.        << pq.hadamard_circuit(ancil) << pq.S(ancil)
28.
29.    factor = -2 * np.pi * 2 ** (1 - m)
```

```
30.
31.    for j, qj in enumerate(q2):
32.        prog.insert(pq.RY(ancil,2 * factor * 2 ** j).control([q1[0], q1[1], qj]))
33.        prog.insert(pq.RY(ancil, constant * factor * 2 ** j).control(qj))
34.
35.    prog << pq.QFT(q2).dagger()
36.    print(machine.prob_run_dict(prog, q2))
```

综上，实现了布尔多项式函数的量子线路表示，即由多个 $C^J\left(R_y\left(\frac{4\pi}{2^m}a_J\right)\right)$ 和 QFT† 组成。至此实现了对 QUBO 问题编码的操作算符 A_y，进而对于 GAS 求解 QUBO 问题的 Oracle 有 $O = A_y^\dagger z A_y$。

当然除了可以利用 R_y 门来构造 QUBO 线路外，还可以采取同样的思路利用 U_1、R_x、R_z 来实现相同的功能，这里不再赘述。

如此，通过该 Oracle 对问题进行标记后，再不断迭代使用 Grover 扩散算子 D，从而实现对 QUBO 问题的求解。

▶▶ 4.2.4 量子退火算法*

量子退火算法[22,23]是一种基于量子力学原理的优化算法，灵感来源于经典的模拟退火算法[24]。经典模拟退火算法中，系统在高温下随机摆动，然后随着时间的推移逐渐冷却，使系统逐渐收敛到更稳定的状态，从而找到问题的最优解。量子退火算法利用量子波动产生的量子隧穿效应来使算法摆脱局部最优，从而以更大概率实现全局最优。

量子波动最初用于寻找经典物理系统的基态（能量最低的态）。通过在经典物理系统中引入穿透场来搜索系统的势能最小值。搜索过程可以描述为：初始，通过保持穿透能量较高，使粒子具有足够大的波动，以便能够在整个能量空间中进行探索。随后，根据特定的策略逐渐减小穿透场的能量，直至最终将其减至零。这里的穿透场可以被视为一个动能项，与经典物理系统的势能场相互独立。在逐渐减小穿透场能量的过程中，量子系统逐渐恢复稳定，最终粒子停留在基态，即待优化问题目标函数的最终解。量子退火算法通过模拟上述过程来实现对目标函数的优化。

量子退火算法一般定义为，将优化的目标函数转化为作用于该量子系统的一个势场，通过引入可控制幅度的动能项，充当调控量子波动的穿透场。在这两个场的共同作用下，量子系统的演化可以通过含时薛定谔方程来描述：

$$i\hbar\frac{d}{dt}|\psi(t)\rangle = H(t)|\psi(t)\rangle$$

$$H(t) = H_{pot}(t) + H_{kin}(t) \tag{4.21}$$

其中，$H_{pot}(t)$ 是势能项，$H_{kin}(t)$ 是动能项，其初值较大，以对应较大的量子波动，并按照某一进度表逐渐减小直至为零。

不同于经典模拟退火算法，若要从局部最小点 A 处跳出至全局最优点 B 处只能采用翻越势垒的方式实现，而量子退火算法则利用量子隧穿效应直接从 A 点穿透势垒到达 B 点，如图 4.13 所示（其中虚线部分为量子退火算法，实线部分为模拟退火算法）。也正因如此，量子退火算法在某些问题上具有比模拟退火算法更好的性能。

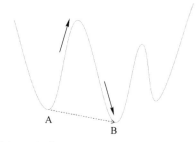

● 图 4.13　模拟退火算法和量子退火算法工作原理比较示意图

4.3　金融优化模型

▶▶ 4.3.1　投资组合优化

投资组合优化是指根据一些预定义的目标，从正在考虑的资产池中选择最佳的资产集及其数量的过程。目标可能会根据投资者对财务风险和预期回报的偏好而有所不同。现代投资组合理论关注风险和回报之间的平衡，以产生所谓的有效投资组合，在存在一定风险的情况下使预期回报最大化。这种权衡关系用一条被称为有效边界的曲线来表示。在投资组合优化中，每个资产类别，如股票、债券、期货和期权，都被赋予一个权重。此外，该类别内的所有资产都会根据其各自的风险、回报、到期时间和流动性在投资组合中进行分配。

❶ 投资组合选择和资产配置模型

1952 年，哈里·马科维茨提出了均值-方差模型[25]，开创了现代投资组合理论。该理论作为现代金融的重要理论之一，不仅强调要关注单个资产的风险和回报，还要考虑整个投资组合的风险和回报。通过投资多个资产，投资者可以利用它们之间的相关性来降低整体组合风险，也就是所谓的"鸡蛋不能放在一个篮子里"。为解决如何实现风险和预期回报之间的最佳权衡，马科维茨将风险定义为收益率的波动，以方差来衡量风险，考虑了满足一定收益下实现最小化风险，构建了均值-方差模型：

$$
\begin{aligned}
&\min_{x} \ x^{T}Qx \\
&\text{s. t. } e^{T}x = 1 \\
&\quad\quad \mu^{T}x \geqslant R \\
&\quad\quad x \geqslant 0
\end{aligned}
\tag{4.22}
$$

其中，x 为各资产投资比例；Q 为收益率的协方差矩阵；e 为 n 维单位向量；μ 为期望收益率；R 为目标收益率。

❷ **QUBO** 模型转换

均值–方差模型考虑在一定收益下的最小风险，而对不同风险偏好的投资者而言，考虑一个给定的风险因素 q≥0（q 越小，投资者越偏好风险）。通过构造组合收益以及表示风险的历史变动协方差的目标函数以选出最优的投资组合：

$$\min_{x_i \in \{0,1\}} f = \frac{1}{2} q x^T \Sigma x - \mu^T x \tag{4.23}$$

可以看到在一定的风险偏好下，收益越高、风险越小，组合的函数值 f 将越低。对于同一风险偏好的最优投资组合就是 min f 的解。这里 $x_i = 0$ 代表不买入该只股票，$x_i = 1$ 代表买入该只股票。

但现实投资中，人们在证券投资时，往往不会简单地决定一只证券的买入与否，而会将手中的资金以一定的比例分配到各只证券中，此时按照何种比例分配资金到各只证券使得自己的收益最大同时风险最小，成为人们考虑的首要问题。如此，不同于 QUBO 问题，此时的决策变量将为 0~1 间的小数，代表各证券的投资占比，同时所有证券的投资占比和为 1，即

$$\min f = \frac{1}{2} q x^T \Sigma x - \mu^T x$$

$$\text{s.t.} \quad \sum_{i=1}^{n} x_i = 1 \tag{4.24}$$

$$0 \leq x_i \leq 1$$

可以看到上述投资组合优化模型本质为二次规划（Quadratic Programming，QP）问题，QP 问题与 QUBO 问题的主要区别在两个方面：首先 QP 问题不限于二值 0 和 1；其次 QP 问题存在等式约束。同时，由于目前在量子计算领域可解决的优化问题大多为 QUBO 问题，因此将采用如下方法将 QP 问题转化为 QUBO 问题，进而利用众多可解决 QUBO 问题的量子优化算法对其进行求解。

（1）二值限制

在 QP 问题中，由于其决策变量不会如 QUBO 问题一般限于二值 0 和 1。参照十进制与二进制间的转换，给定一个 QP 问题中的单项式 ay，若 y 可以由 m 位二进制表示，则此时有 $ay = a(2^{m-1}x_m + 2^{m-2}x_{m-1} + \cdots + x_1)$，此时 $x \in \{0,1\}^m$。如此实现了 QP 问题的单项式与 QUBO 问题的单项式间的转换。同时，一个多项式由若干单项式组成，因此，通过上述方法，可以将 QP 问题中的决策变量限制为二值。

（2）约束处理

常采用罚函数的方法实现对约束的处理。对于一个优化问题 min q(x)，若要满足 G(x)=c，则可以构造为 $\min q(x) + P(Gx - c)^2$，其中，P 为惩罚系数。

▶▶ 4.3.2 指数追踪

在资产管理方面，大致有两种方法：主动投资管理和被动投资管理。在被动投资管理中，有指数跟踪基金，也有基于投资组合多元化的方法，其目的是用较少数量的代表性股票来代表拥有大量

资产的投资组合。下面将介绍的就是这样的投资组合多元化问题[26]，该问题可以在有限的预算和有限的交易成本下模拟指数（或类似的大量资产）的表现。也就是说，传统的指数跟踪可能会购买指数中的所有资产，最好与指数中的权重相同。由于多种原因，这可能是不切实际的：每个资产的单轮交易总数也可能超过所管理的资产，具有完整性约束的大规模指数跟踪问题可能会使优化问题变得困难，并且频繁再平衡以调整头寸来适应指数权重的交易成本可能会使该方法变得昂贵。

因此最好的方法是通过选择 q 个资产的组合来代表市场中的 n 个资产，q 远小于 n，却可以体现市场的基本表现。如何将所有的资产分为 q 类，同时在 q 类中选出 q 个资产来代表这 q 类成了解决大规模确定性指数追踪的关键。

❶ 大规模确定性模型

首先，ρ_{ij} 用来衡量股票 i 和股票 j 间的相似性。其中，$\rho_{ii}=1$，$\rho_{ij}\leq 1(i\neq j)$，股票越相似，ρ_{ij} 越大。于是有目标函数：

$$f = \max_{x_{ij},y_j} \sum_{i=1}^{n}\sum_{j=1}^{n} \rho_{ij}x_{ij}$$

$$\sum_{j=1}^{n} y_j = q$$

$$\sum_{j=1}^{n} x_{ij} = 1,\ x_{ij}\leq y_j,\ x_{jj}=y_j$$

$$x_{ij},y_j \in \{0,1\}$$

$$(4.25)$$

其中，变量 y_j 代表股票 j 是否在组合中（$y_j=1$ 代表股票 j 在组合中，否则为 0）。对于任何股票 i = $1,\cdots,n$，变量 x_{ij} 表示在组合中的股票 j 与股票 i 的相似性（如果股票 j 是与股票 i 最相似的股票，则 $x_{ij}=1$，否则为 0）。

同时，第一个约束保证了组合选择 q 只股票，第二个约束保证了每只股票 i 只有一只股票 j 可以作为其代表，第三、四个约束保证了只有股票 j 在组合中，才能代表股票 i。

于是，决策变量可以表示为

$$Z = [x_{11},x_{12},\cdots,x_{1n},x_{22},\cdots x_{nn},y_1,\cdots,y_n]$$

$$(4.26)$$

其中，$Z \in \{0,1\}^N$，$N=n(n+1)$。

❷ QUBO 模型转换

进一步，为了方便求解，这里对模型做相应的变形，由于决策变量为二值，于是对于不等式约束 $x_{ij}\leq y_j$ 可以变形为等式约束 $x_{ij}(1-y_j)=0$，于是问题变为

$$f = \max_{x_{ij},y_j} \sum_{i=1}^{n}\sum_{j=1}^{n} \rho_{ij}x_{ij}$$

$$\sum_{j=1}^{n} y_j = q$$

$$\sum_{j=1}^{n} x_{ij} = 1,\quad i = 1,\cdots,n$$

$$x_{ij}(1-y_j)=0,\quad i = 1,\cdots,n;j=1,\cdots,n$$

$$(4.27)$$

$$x_{ij} = y_j, \quad j = 1, \cdots, n$$

对上述模型进一步改造，这里先引入惩罚系数 A，A 取一较大数，于是有 QUBO 模型：

$$H = \max_{x_i, y_i} \sum_{i=1}^{n} \sum_{j=1}^{n} \rho_{ij} x_{ij} + A\Big(\sum_{j=1}^{n} y_j - q\Big)^2 + \sum_{i=1}^{n} A\Big(\sum_{j=1}^{n} x_{ij} - 1\Big)^2 +$$

$$\sum_{j=1}^{n} A(x_{jj} - y_j)^2 + \sum_{i=1}^{n} \sum_{j=1}^{n} A(x_{ij}(1 - y_j)) \tag{4.28}$$

▶▶ 4.3.3 交易结算

交易结算是证券（可交易的金融资产，如股票、债券和衍生品）通常以付款交付转让所有权的过程。双方之间的这种交换结算可以通过清算所来实施，从而降低交易对手风险。如果证券结算系统面临一系列交易，其中一方未能履行其义务，部分交易将无法结算（注：对一方当事人可能不履行其义务的一种情况是，证券交易的结算通常是在实际交易完成后的几天内进行的。而日内交易和高频交易等做法可能涉及在几秒钟内买卖证券。由于证券的所有权直到几天后才被实际转移，这意味着交易员正在出售他们在交易时并没有实际持有的证券。也就是说，交易员可以用他们没有的资产进行交易，如果他们不能在结算日之前获得这些资产，结算就会失败[27]）。由于一个未能结算的交易的接收方可能需要依赖于该交易的资产来进一步履行他作为付款方的交易合约，因此单一的结算失败可能会产生连锁反应，导致许多其他交易无法结算。结算失败可能性的存在使人们需要研究证券结算优化的方法。如果有一系列需要解决的交易，但缺乏一些资产，包括证券或现金，这意味着某些交易方未能履行他们的义务，通常仍然可以解决尽可能多的交易。然而，最终可能会遇到这样一种情况，即一笔交易的结算以另一笔交易失败为代价。证券结算优化是寻找最优的结算交易集的问题。

交易结算是一个困难的优化问题，因为在解决货银对付（Delivery Versus Payment，DVP）交易时必须满足一些约束条件，而且抵押资产和利用信贷安排会引入额外选择性。目标通常是结算尽可能多的交易或使结算交易的总价值最大化，可以被建模为一个整数线性规划问题：

$$\max \sum_{i=1}^{l} \omega_i x_i$$

$$\text{st. } b_k + \sum_{i \in \Gamma_k} x_i v_{ik} \geq l_k \, \forall \, k \tag{4.29}$$

其中，对于每个交易 i，关联一个二值变量 x_i 来表示是否进行结算。权重 ω_i 可以是交易 i 的总货币价值，也可以值为 1，表示优化对象为不考虑交易额的交易数量。结算在预定的时间间隔内记录的所有相应的 DVP 交易，加上上一批剩余的所有未结算交易，构成第 k 方提交的新一批共 I 个交易。因此，优化目标为清算所必须在给定的批内处理尽可能多/总额尽可能大的交易。

对于约束条件，考虑任一第 k 方的证券及货币账户。b_k 表示它在任何交易结算之前账户所存储的证券和货币量。Γ_k 为第 k 方的交易集合。涉及第 k 方的第 i 笔交易由长度为证券/货币账户的总数的稀疏向量 v_{ik} 描述。其中只有两个非零条目（1、-1），一个用于证券（交付），一个用于货币（支付）。参与交易 i 的双方的交易向量 k 和 k' 之和为零：$v_{ik} + v_{ik'} = 0$。当第 k 方可以获得由 l_k 所表示的部分或全部账户的信用额度时，必须确保每个交易账户最终支出不超过信用限额。

式（4.29）可以看作一个混合二次规划问题（MBO）。利用一个非负松弛变量 s_k 将不等式约束转换为等式约束，可以看出式（4.29）和式（4.30）是等价的。

$$\max_{\substack{x \\ s_k \geqslant 0}} \sum_{i=1}^{I} \omega_i x_i \tag{4.30}$$

$$\text{st. } b_k + \sum_{i \in \Gamma_k} x_i v_{ik} = l_k + s_k \ \forall k$$

接下来，通过引入惩罚项，将这个约束优化问题映射到一个无约束优化问题：

$$\max_{\substack{x \\ s_k \geqslant 0}} \Big[\sum_{i=1}^{I} \omega_i x_i - \lambda \sum_{k=1}^{K} \Big(b_k + \sum_{i \in \Gamma_k} x_i v_i - l_k - s_k \Big)^2 \Big] \tag{4.31}$$

在这种形式下，可以使用本章提到的量子方法来解决该优化问题。对松弛变量的非负性约束 s_k 的参数范围，均可以由经典优化器进行处理，因为其并不涉及决策变量 x_i。

▶▶ 4.3.4　金融危机预测*

考虑一个简单的金融网络模型[28,29]。在该模型中有 n 个机构 m 个资产。这里机构可以是国家、银行、公司等，而资产可以是具有内在价值的任何物体或项目。金融机构可以持有标的资产的份额。此外，以线性依赖关系为模型的机构之间存在相互依赖关系。这种交叉持股模拟了这样一个事实：一些机构可能拥有其他机构的股份。

首先，设 p_k 为资产 k 的价格，$D_{ik} > 0$ 为机构 i 持有资产 k 的比例。$D_{n \times m}$ 为所有权矩阵，除此之外，定义 $C_{n \times n}$ 为各机构间交叉持股矩阵。其中 $C_{ij} > 0$ 为机构 i 持有的机构 j 的比例，因此定义 $C_{ii} = 0$，$\widetilde{C}_{jj} = 1 - \sum_i C_{ij}$ 为机构 j 的自持股比例，因此有对角阵 $\widetilde{C}$ 对角线为 $\widetilde{C}_{jj}$。然后可以根据相互依赖的复杂网络来看待该模型，定义了机构 i 的股权价值 $V_i = \sum_k D_{ik} p_k + \sum_j C_{ij} V_j$，由于机构 i 为资产所有权和交叉持股而产生的价值，因此有 $V = Dp + CV$，于是 $V = (I-C)^{-1} Dp$（矩阵 I-C 一定可逆的）。除此，机构 i 的市场价值 v_i 是其股权价值以其自持权重新调整后的值，$v_i = \widetilde{C}_{ii} V_i$，因此市场价值就是线性方程的解，即

$$v = \widetilde{C} V = \widetilde{C} (I-C)^{-1} Dp \tag{4.32}$$

接着，进一步引入失败的概念。如果一家机构的市值跌至某个临界阈值以下，那么该机构的股权价值就会遭受额外的不连续损失。这种非线性行为模拟了这样一个事实：如果一个机构无法支付自己的运营成本，那么它的收入可能会突然下降。此外，如果对该机构的信心下降，那么它的价值也可能会突然下降，因为它将变得难以吸引投资者等。

当 i 的市场价值 v_i 低于临界阈值 v_i^c，其股权价值将减少额外的 $\beta_i(p)$。因此，定义 $b_i(v_i, p) = \beta_i(p)(1 - \Theta(v_i - v_i^c))$，其中 $\Theta(x)$ 是单位跃阶函数，接着市场价值为

$$v = \widetilde{C} (I-C)^{-1} (Dp - b(v, p)) \tag{4.33}$$

由于 b(v,p) 是个高度非线性项，这种非线性使得在资产价格发生微小变化后确定机构的市场价值变得极其困难。同时需要知道，该模型并不能得到价格变化发生的概率，而是针对这种变化发

生时，网络会发生什么。

因此有

$$F(v) = (v - \widetilde{C}(I - C)^{-1}(Dp - b(v,p)))^2 \geq 0 \tag{4.34}$$

该函数表示了当原理平衡时函数值严格大于或等于 0，并在平衡时等于 0。因此我们的目标是寻找在平衡状态下的市场价值 v，同时平衡状态下的 v 也即为最小化函数 F(v)。

▶▶ 4.3.5　多周期投资组合优化*

除了第一节介绍的单期投资组合优化，同样也考虑到投资组合在不同时间点的收益和风险，以更全面和长期的视角进行资产配置的多期投资组合优化[23]。这里寻求在考虑风险和交易成本的基础上最大化收益，同时还考虑了暂时和永久的市场影响，有如下：

$$\omega = \arg\max_{\omega} \sum_{t=1}^{T} \left(\mu_t^T \omega_t - \frac{\gamma}{2} \omega_t^T \sum_t \omega_t - \Delta\omega_t^T \Lambda_t \Delta\omega_t + \Delta\omega_t^T \Lambda_t' \Delta\omega_t \right)$$

$$\text{s.t.} \quad \forall t: \sum_{n=1}^{N} \omega_{nt} = K \tag{4.35}$$

$$\forall t, \forall n: \omega_{nt} \leq K'$$

式（4.35）中的第一项为每期的收益总和，其中 μ_t^T 为预期收益，ω_t 为当期的持股资产配置。第二项为风险，γ 为风险偏好，$\sum$ 为协方差矩阵。而第三、四项均为交易成本，这里 $\Delta\omega_t \equiv \omega_t - \omega_{t-1}$，$\Lambda_t = c\delta$，$c$ 为交易费率系数。第三项为固定交易成本以及交易成本导致的暂时性市场影响，而四项则包含了由交易活动导致的永久性市场影响。

约束一为等式约束，表示每一期的持股资产配置和为 K；约束二为不等式约束，表示任一期的持股资产配置不高于 K'。

4.4　量子启发式优化算法

▶▶ 4.4.1　量子行为的粒子群算法

经典粒子群算法尽管原理简单，但依然存在若干问题。首先，经典粒子群算法不是全局收敛的，因此算法对初值选取较为敏感；粒子群算法需要较多超参数，如常规的 ω、c_1、c_2，也有速度极值 v_{max}、v_{min}，都会对算法的搜索性、收敛性等产生影响。因此，在量子力学的启发下，相关学者改进了量子行为的粒子群算法（Quantum-Behaved Particle Swarm Optimization，QPSO），简称量子粒子群算法[30]。

在量子力学中，一般的位置和速度概念被波函数 $\psi(x,t)$ 的概念取代。粒子在位置 x 处被发现的概率密度函数为 $|\psi(x,t)|^2$。波函数的演化受到薛定谔方程支配

$$i\hbar \frac{\partial}{\partial t} \psi(x,t) = H\psi(x,t) \tag{4.36}$$

H 被称作哈密顿量，对于单个自由粒子来说，有 $H = -\dfrac{\hbar^2}{2m}\nabla^2 + V(x)$。为简单起见，从一维模型出发，考虑 Delta 势阱 $V(x) = -\gamma\delta(x-p) = -\gamma\delta(y)$，$y = x-p$，解方程可以得到

$$\psi(y) \approx \frac{1}{\sqrt{L}}e^{-\frac{|y|}{L}}, L = \frac{\hbar^2}{m\gamma} \tag{4.37}$$

因此，概率密度函数为 $Q(y) = \dfrac{1}{L}e^{-2|y|/L}$。

通过蒙特卡洛方法，可以反解位置。使用均匀分布生成随机数 $s \sim \text{uniform}\left(0, \dfrac{1}{L}\right)$，$s = \dfrac{1}{L}u$，$u \sim \text{uniform}\left(0, \dfrac{1}{L}\right)$ 代替 Q，则可以解得 $y = \pm\dfrac{L}{2}\ln\left(\dfrac{1}{u}\right)$，因此 $x = p \pm \dfrac{L}{2}\ln\dfrac{1}{u}$。这里仅需要生成随机数，就可以以概率手段获得粒子观测的位置。

在量子行为的粒子群算法中，随着时间迭代，粒子将会迅速收敛到 $x = p$ 的位置。因此可以通过粒子群的迭代更新 p 的位置，进而实现算法的迭代。与经典粒子群算法类似，这里同时记录每个粒子自身的历史最好值 p_{best}、所有粒子中最好值 g_{best} 和所有粒子的最好平均 m_{best}。在第 i 轮迭代中，首先计算

$$P_i = \phi \cdot p_{best_i} + (1-\phi) \cdot g_{best}, \phi \sim \text{uniform}(0,1) \tag{4.38}$$

随后利用刚刚的公式更新

$$x_{i+1} = P_i \pm \alpha \cdot |m_{best} - x_i| \cdot \ln\frac{1}{u} \tag{4.39}$$

公式中正负号随机选取，参数 α 为原公式的 $L/2$，意为创新因子，是唯一的超参数，一般不超过 1 即可。

QPSO 基本流程如下。

1）初始化系统。

① 输入粒子个数、系统维度、目标函数、超参数 α、终止条件。

② 随机化或根据预设条件生成初始迭代的粒子群位置。

2）在满足迭代终止条件前，循环执行以下操作。

① 计算当前各粒子的目标函数值，并生成当前的粒子个体最优、群体最优、群体平均。

② 生成随机数 ϕ，使用公式 $P_i = \phi \cdot p_{best_i} + (1-\phi) \cdot g_{best}$ 更新 p。

③ 生成随机数 u 和 b，利用 b 决定正负号，计算 $x_{i+1} = P_i \pm \alpha \cdot |m_{best} - x_i| \cdot \ln\dfrac{1}{u}$ 并更新。

3）退出循环，使用当前的全局最优作为结果。

▶▶ 4.4.2 量子进化算法

进化计算基于"适者生存"的思想，将问题的求解表示成"染色体"的适者生存过程，通过染色体群的不断进化，最终收敛得到最优解。量子进化算法（QEA）[31] 是量子计算与进化算法相融合的产物，它建立在量子态矢表达的基础上，将量子比特的振幅表达方式应用于染色体的编码，使

得一个染色体可以表达多个状态的叠加，从而比传统的进化计算更具并行性。同时，QEA 利用当前最优个体的信息来更新量子旋转门，以加速算法收敛。

量子进化算法依托于量子叠加原理的量子比特 $|\psi\rangle = \alpha|0\rangle + \beta|1\rangle = \begin{bmatrix} \alpha \\ \beta \end{bmatrix}$，$|\alpha|^2 + |\beta|^2 = 1$，因此一个长度为 m 的量子染色体可以表示为

$$\begin{bmatrix} \alpha_1 & \alpha_2 & \cdots & \alpha_m \\ \beta_1 & \beta_2 & \cdots & \beta_m \end{bmatrix} \tag{4.40}$$

例如，考虑一个长度为 3 的量子染色体：

$$\begin{bmatrix} \dfrac{1}{\sqrt{2}} & \dfrac{1}{\sqrt{2}} & \dfrac{1}{2} \\ \dfrac{1}{\sqrt{2}} & -\dfrac{1}{\sqrt{2}} & \dfrac{\sqrt{3}}{2} \end{bmatrix} \tag{4.41}$$

若将其转化为量子比特的形式，则为

$$\frac{1}{4}|000\rangle + \frac{\sqrt{3}}{4}|001\rangle - \frac{1}{4}|010\rangle - \frac{\sqrt{3}}{4}|011\rangle + \frac{1}{4}|100\rangle + \frac{\sqrt{3}}{4}|101\rangle - \frac{1}{4}|110\rangle - \frac{\sqrt{3}}{4}|111\rangle \tag{4.42}$$

这意味着量子位状态 $|000\rangle$、$|001\rangle$、$|010\rangle$、$|011\rangle$、$|100\rangle$、$|101\rangle$、$|110\rangle$、$|111\rangle$ 的概率分别为 1/16、3/16、1/16、3/16、1/16、3/16、1/16、3/16。因此可以看到一个个体同时包含了 8 个状态的信息。如此使得单个染色体可表示多个状态的线性叠加，从而使采用量子位表示的进化算法可以维持种群的多样性。

在量子进化算法中，量子比特的更新由旋转门决定。对于每一次旋转，一个量子比特被更新为

$$\begin{bmatrix} \alpha_i' \\ \beta_i' \end{bmatrix} = U(\theta_i)\begin{bmatrix} \alpha_i \\ \beta_i \end{bmatrix} = \begin{bmatrix} \cos\theta_i & -\sin\theta_i \\ \sin\theta_i & \cos\theta_i \end{bmatrix}\begin{bmatrix} \alpha_i \\ \beta_i \end{bmatrix} \tag{4.43}$$

在获得量子比特后，可以通过测量的方式获得对应的二进制比特，具体方式为生成一个随机数 s，比较 s 与 $|\alpha|^2$ 或 $|\beta|^2$ 的大小，若 $|\alpha|^2 > s$，则对应的位置取值为 1，否则取值为 0，该值被记作 x，我们可以通过 x 来计算适应度函数值，进而决定是否为全局最优或局部最优。

旋转操作的角度 $\theta_i = s(\alpha_i, \beta_i)\Delta\theta_i$ 与当前的 x、最优 x、当前适应度函数、最优适应度以及 α 和 β 的具体值有关，具体可以查询图 4.14。

x_i	$best_i$	$f(x) > f(best)$	$\Delta\theta_i$	$s(\alpha_i\beta_i)$			
				$\alpha_i\beta_i > 0$	$\alpha_i\beta_i < 0$	$\alpha_i = 0$	$\beta_i = 0$
0	0	FALSE	0	0	0	0	0
0	0	TRUE	0	0	0	0	0
0	1	FALSE	$\Delta\theta_i$	+1	−1	0	±1
0	1	TRUE	$\Delta\theta_i$	−1	+1	±1	0
1	0	FALSE	$\Delta\theta_i$	−1	+1	±1	0
1	0	TRUE	$\Delta\theta_i$	+1	−1	0	±1
1	1	FALSE	0	0	0	0	0
1	1	TRUE	0	0	0	0	0

● 图 4.14　旋转角度的选择

由于量子位的特殊表示形式，一个量子个体可以表示成若干个量子位状态的叠加，从而一个小种群的量子个体可对应于传统表示下很大数量的个体。同时，由于量子门操作的存在，使得 QEA 有着较强的全局搜索能力。随着 QEA 的收敛，各个量子位上的取值 1 或 0 的概率将趋于 1，由于量子算法内在的概率机制，使得由量子旋转门驱动的搜索过程自动地将全局搜索变为局部搜索，如此使得算法取得了探索（exploration）和开发（exploitation）的均衡。

QEA 基本流程如下。

1）初始化系统。

① 输入染色体个数、系统维度、目标函数、超参数 Δθ、终止条件。

② 随机化或根据预设条件生成初始迭代的量子染色体。

2）在满足迭代终止条件前，循环执行以下操作。

① 测量量子比特，得到当前的 x 值。

② 计算当前各染色体的目标函数值，并生成当前的个体最优、群体最优。

③ 根据公式计算旋转角度，并旋转量子比特。

3）退出循环，使用当前的全局最优作为结果。

本章参考文献

［1］LUCAS A. Ising formulations of many NP problems［J］. Frontiers in Physics, 2013, 5, 2.

［2］GLOVER F, KOCHENBERGER G, HENNING R, et al. Quantum Bridge Analytics I: a tutorial on formulating and using QUBO models［J］. Annals of operations research, 2019, 17: 335-371.

［3］CEREZO M, ARRASMITH A, BABBUSH R, et al. Variational quantum algorithms［J］. Nature Reviews Physics, 2021, 3(9): 625-644.

［4］BITTEL L, KLIESCH M. Training variational quantum algorithms is NP-hard［J］. Physical review letters, 2021, 127(12): 120502.

［5］KINGA D, ADAM J B. A method for stochastic optimization［C］//International conference on learning representations (ICLR). 2015, 5: 6.

［6］KÜBLER J M, ARRASMITH A, CINCIO L, et al. An adaptive optimizer for measurement-frugal variational algorithms［J］. Quantum, 2020, 4: 263.

［7］MCARDLE S, JONES T, ENDO S, et al. Variational ansatz-based quantum simulation of imaginary time evolution［J］. npj Quantum Information, 2019, 5(1): 75.

［8］STOKES J, IZAAC J, KILLORAN N, et al. Quantum natural gradient［J］. Quantum, 2020, 4: 269.

［9］KOCZOR B, BENJAMIN S C. Quantum natural gradient generalized to noisy and nonunitary circuits［J］. Physical Review A, 2022, 106(6): 062416.

［10］SPALL J C. Multivariate stochastic approximation using a simultaneous perturbation gradient approximation［J］. IEEE transactions on automatic control, 1992, 37(3): 332-341.

[11] NAKANISHI K M, FUJII K, TODO S. Sequential minimal optimization for quantum-classical hybrid algorithms [J]. Physical Review Research, 2020, 2(4): 043158.

[12] PARRISH R M, IOSUE J T, OZAETA A, et al. A Jacobi diagonalization and Anderson acceleration algorithm for variational quantum algorithm parameter optimization [J]. arXiv preprint arXiv: 1904.03206, 2019.

[13] FARHI E, GOLDSTONE J, GUTMANN S. A quantum approximate optimization algorithm [J]. arXiv preprint arXiv: 1411.4028, 2014.

[14] KOCHENBERGER G, HAO J K, GLOVER F, et al. The unconstrained binary quadratic programming problem: a survey [J]. Journal of combinatorial optimization, 2014, 28: 58-81.

[15] ZHOU L, WANG S T, CHOI S, et al. Quantum approximate optimization algorithm: Performance, mechanism, and implementation on near-term devices [J]. Physical Review X, 2020, 10(2): 021067.

[16] BULGER D, BARITOMPA W P, WOOD G R. Implementing Pure Adaptive Search with Grover's Quantum Algorithm [J/OL]. Journal of Optimization Theory and Applications, 2003, 116(3): 517-529.

[17] GILLIAM A, WOERNER S, GONCIULEA C. Grover adaptive search for constrained polynomial binary optimization [J]. Quantum, 2021, 5: 428.

[18] BARITOMPA W P, BULGER D W, WOOD G R. Grover's quantum algorithm applied to global optimization [J]. SIAM Journal on Optimization, 2005, 15(4): 1170-1184.

[19] BARÁN B, VILLAGRA M. Multiobjective Optimization Grover Adaptive Search [C]//Recent Advances in Computational Optimization: Results of the Workshop on Computational Optimization WCO 2017. Springer, 2019: 191-211.

[20] DURR C, HOYER P. A Quantum Algorithm for Finding the Minimum [J]. arXiv, preprint quant-ph/9607014, 1996.

[21] GILLIAM A, VENCI C, MURALIDHARAN S, et al. Foundational patterns for efficient quantum computing [J]. arXiv preprint arXiv: 1907.11513, 2019.

[22] 王宝楠, 水恒华, 王苏敏, 等. 量子退火理论及其应用综述 [J]. 中国科学: 物理学 力学 天文学, 2021, 51(08): 5-17.

[23] ROSENBERG G, HAGHNEGAHDAR P, GODDARD P, et al. Solving the optimal trading trajectory problem using a quantum annealer [C]//Proceedings of the 8th Workshop on High Performance Computational Finance. 2015: 1-7.

[24] KIRKPATRICK S, GELATT C D, VECCHI M P. Optimization by simulated annealing [J]. science, 1983, 220(4598): 671-680.

[25] MARKOWITZ H M, MARKOWITZ H M. Portfolio selection: efficient diversification of investments [M]. New Jersey, J. Wiley, 1967.

[26] CORNUEJOLS G, TÜTÜNCÜ R. Optimization methods in finance [M]. Cambridge,

Cambridge University Press，2006.

［27］GEDIN S. Securities settlement optimization using an optimization software solution ［J］. 2020.

［28］DING Y, GONZALEZ-CONDE J, LAMATA L, et al. Toward prediction of financial crashes with a d-wave quantum annealer ［J］. Entropy, 2023, 25(2): 323.

［29］ORÚS R, MUGEL S, LIZASO E. Forecasting financial crashes with quantum computing ［J］. Physical Review A, 2019, 99(6): 060301.

［30］SUN J, FANG W, WU X, et al. Quantum-behaved particle swarm optimization: analysis of individual particle behavior and parameter selection ［J］. Evolutionary computation, 2012, 20(3): 349-393.

［31］XIONG H, WU Z, FAN H, et al. Quantum rotation gate in quantum-inspired evolutionary algorithm: A review, analysis and comparison study ［J］. Swarm and Evolutionary Computation, 2018, 42: 43-57.

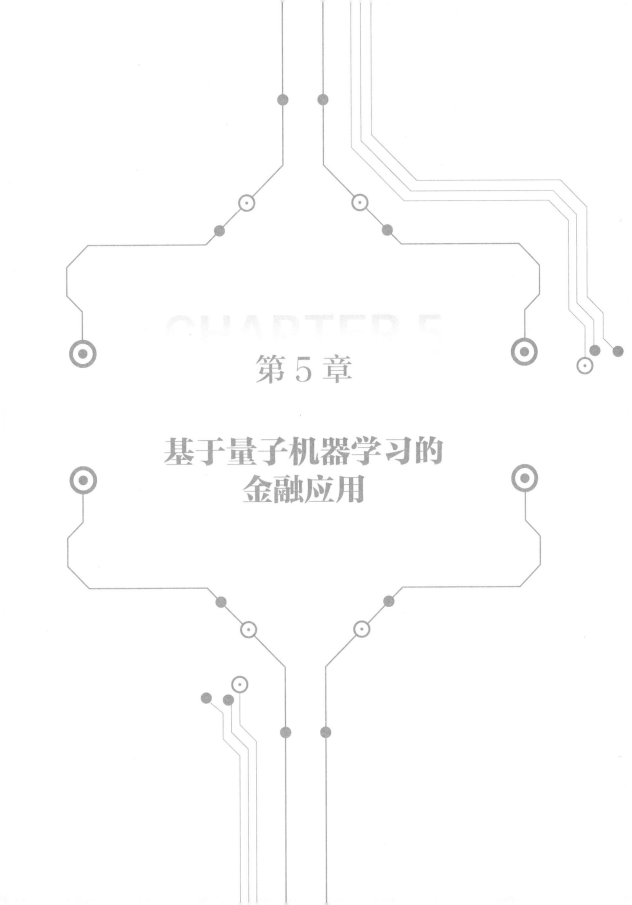

第 5 章

基于量子机器学习的
金融应用

在金融领域，数据驱动的决策已成为实现优势和增强市场竞争力的关键。随着量子计算算法的不断发展进步，越来越多的传统机器学习算法可以利用量子线路进行训练效率及训练效果的提升。量子机器学习（Quantum Machine Learning，QML）作为新兴的技术方向，为金融领域的多种应用提供了新的可能性和前景。本章旨在探讨基于量子机器学习的金融应用，揭示量子机器学习算法在金融实战中的实用价值和潜在影响。

首先，本章会探讨量子机器学习算法的基本原理和特点，并介绍一些主要的量子机器学习算法，探讨它们在处理大规模复杂数据时的优势。然后，本章将通过量化交易以及金融异常检测等场景的实例，展示量子机器学习如何为金融机构的市场交易、投资策略以及风险管理提供支持。

5.1 量子机器学习算法概览

量子机器学习是探索量子–经典混合算法的前沿领域，旨在解决传统机器学习面临的计算和优化挑战。随着变分量子算法、量子线性求解器算法、量子核方法等量子算法的产生，这一点变得更加明显。这些算法提供了在量子计算机上比相应的经典算法更有效、更精确的执行计算的潜力。在某些条件下，量子加速甚至可以是指数级的。本节将从机器学习基础算法与原理入手，结合机器学习任务的一般流程为读者铺垫量子计算与机器学习结合的基础知识。然后进一步根据几大机器学习的类型介绍这些量子算法如何巧妙地和经典机器学习相融合，并发展出一系列量子机器学习算法。

▶▶ 5.1.1 基础算法与原理

在机器学习的一般流程中，通常包含以下几个步骤：数据收集与预处理、特征选择与编码、模型设计与训练、评估与优化，以及模型应用与部署。每个步骤都是实现高效、准确机器学习模型的关键环节。

我们把这些环节分为数据阶段、训练阶段与评估阶段三个阶段来集中讨论，如图 5.1 所示。

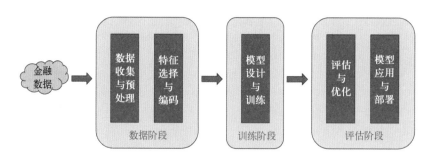

● 图 5.1　金融机器学习流程示意图

首先我们关注数据阶段，这一阶段包括数据收集与预处理、特征选择与编码。

1）数据收集与预处理：数据是机器学习的基础。在金融领域，这可能包括历史交易数据、市场指标、公司财报等。预处理步骤确保数据的质量和一致性，包括缺失值处理、异常值检测和数据标准化等。

2）特征选择与编码：选择相关的特征和正确的编码方法对于模型的性能至关重要。在金融领域，可能需要对复杂的时间序列数据或多维市场指标进行特征提取。这一过程也通常被称为特征工程。

量子机器学习需要将经典数据编码到量子态上。特别是在处理高维金融数据时，量子数据编码能有效利用量子系统的高维特性，提高数据处理的效率。此外，量子随机存取存储器（Quantum Random Access Memory，QRAM）[1]是一种允许量子计算机以量子方式访问和处理经典数据的存储设备。通过 QRAM，人们可以将经典高维大数据高效地编码到量子态中并允许量子计算机对存储的金融数据进行快速查询和分析，为后续的量子计算和量子机器学习提供数据基础。这也有望是未来金融数据的一种存储处理形式。对于数据的特征工程，量子计算为特征选择与提取提供了新的方法，如量子主成分分析（Quantum Principal Component Analysis，QPCA）[2]等，帮助更好地快速理解和处理复杂的金融数据。

其次是最核心的训练阶段，这一阶段主要是模型设计与训练：根据问题的性质，选择合适的模型并进行训练。训练过程中，算法会学习数据的模式，以最小化预测误差。传统机器学习在模型方面已经取得了巨大成果，有着丰富的模型种类以及训练方法。而量子计算可以在这些传统模型中进行关键计算节点的替换，以提高求解效率以及提升训练效果。量子线路和量子门的设计为模型提供了新的表达能力。例如，量子线性回归[3]、量子支持向量机[4]等算法提供了新的解决方案，以处理金融领域的分类和回归问题。同时，量子计算也为机器学习提供了一些新的思路，产生了诸如基于 Hadamard-Test 的 Hadamard-Test Classifier（HTC）[5]等并非基于原有经典算法的量子算法。此外，在训练模型时除了模型本身，往往需要一些数值优化算法。量子机器学习模型也不例外，在这个过程中还需要关注量子梯度下降等优化方法的进展，以及需要针对量子模型的结构选取合适的优化方法。

最后是算法最终的评估阶段。这一阶段包括评估与优化以及模型应用与部署。

1）评估与优化：通过交叉验证、性能指标评估等方法，评估模型的性能，并通过调整超参数等方式进行优化。

2）模型应用与部署：将训练好的模型应用于实际的金融任务中，如预测市场走势、评估信用风险等，并监控模型的性能以确保其持续有效。

这一阶段目前还需要交给经典计算机来处理，在这一过程中，与实际金融业务的结合尤为重要，需要借助传统的回测系统等进行科学的模型及训练效果评判。同时也可以对用于模型的评估和应用阶段的量子技术进行探索，提供更快速的模型验证和实时的金融决策支持。

接下来按照量子机器学习整体的流程来进行知识梳理。首先，作为各种量子机器学习模型的第一步，有效的数据编码能够将经典数据转换为量子数据，以利用量子计算的优势。所以接下来先介绍一些量子数据编码的常见方法。而各种量子机器学习模型放在本节后续部分分别进行介绍。

在金融领域，数据编码不仅需保证高效，还需保证数据的特征和信息能准确地反映在量子系统中。而不同的量子机器学习模型往往也需要不同的量子编码方式。常见的量子数据编码技术包括量子基态编码、角度编码、振幅编码、IQP 编码等。数据处理和数据编码可分别通过 quantum_data 中的 cdataprocess 和 qdataprocess 来实现。qdataprocess 中提供了常见的量子数据编码方式，在后面的讲解中会演示如何调用。

（1）基态编码

基态编码是一种简单直接的编码方法，它将经典数据直接映射到量子态上。将一个 n 位的二进制字符串 x 转换为具有 n 个量子比特的系统的量子态 $|\psi\rangle$。其中，$|\psi\rangle$ 为转换后的计算基态。例如，当需要对一个长度为 4 的二进制字符串 1010 编码时，得到的结果为 $|1010\rangle$。这种编码方式的主要优势在于其简洁性和直观性，使得它非常适用于处理二进制或离散的数据。在量子机器学习中，基态编码可以为离散特征的处理提供便利。以下为编码 1010 的示例。

```
1.    from quantum_data import qdataprocess
2.    import pyqpanda as pq
3.
4.    if __name__ == '__main__':
5.        prepared_data ='1010'
6.        qdp_test = qdataprocess.QuantumDataProcess('basic', prepared_data)
7.        machine = pq.CPUQVM()
8.        machine.init_qvm()
9.        qv = machine.qAlloc_many(4)
10.       res = qdp_test.prepare_state_circuit(qv)
11.       print (res)
12.       # 通过 get_state 接口查询当前编码后的量子态
13.       res = qdp_test.get_state(qv)
14.       print (res)
```

（2）角度编码

角度编码[6]利用量子旋转门的旋转角度来编码经典数据。通常会使用 RX、RY、RZ 三种旋转门进行角度编码。角度编码的常见形式为

$$|x\rangle = \bigotimes_{i=1}^{N} \cos(x_i)\,|0\rangle + \sin(x_i)\,|1\rangle \tag{5.1}$$

其中，$|x\rangle$ 为所需编码的经典数据向量。由于一个量子比特不仅可以加载角度信息，还可以加载相位信息。因此，完全可以将一个长度为 N 的经典数据编码至 $\lceil N \rceil$ 个量子比特上：

$$|x\rangle = \bigotimes_{i=1}^{\lceil N/2 \rceil} \cos(\pi x_{2i-1})\,|0\rangle + e^{2\pi i x_{2i}}\sin(\pi x_{2i-1})\,|1\rangle \tag{5.2}$$

其中，将两个数据分别编码至量子比特的旋转角度 $\cos(\pi x_{2i-1})\,|0\rangle$ 与相位信息 $e^{2\pi i x_{2i}}\sin(\pi x_{2i-1})\,|1\rangle$。角度编码方式不需要过多的经典计算处理，因此常见于量子神经网络的数据输入中。下面以 RY 门编码一组角度 $[\pi,\pi]$ 为例。

```
1.    from quantum_data import qdataprocess
2.    import numpy as np
```

```
3.      import pyqpanda as pq

4.

5.      if __name__ == '__main__':

6.          prepared_data = [np.pi, np.pi]

7.          qdp_test = qdataprocess.QuantumDataProcess('angle', prepared_data)

8.

9.          machine = pq.CPUQVM()

10.         machine.init_qvm()

11.         qv = machine.qAlloc_many(2)

12.         res = qdp_test.prepare_state_circuit(qv, pq.RY_GATE)

13.         print(res)

14.         # 通过 get_state 接口查询当前编码后的量子态

15.         res = qdp_test.get_state(qv)

16.         print(res)
```

（3）振幅编码

振幅编码是一种将数据值编码为量子态振幅的方法。尽管其诸多的实现方法在第 3 章中已经介绍过，振幅编码的应用仍然是量子机器学习中的核心环节。它能够利用量子态的振幅来并行表示多个数据值。振幅编码是量子机器学习中的常用编码方法，特别是在处理连续值或高维数据时。例如，在处理股票价格或市场指标等连续值数据时，振幅编码能够有效地将这些数据映射到量子态上，为后续的量子计算和分析提供基础。

值得注意的是，由于量子计算机的特性，如果使用量子振幅编码作为数据输入线路，在用量子线路训练样本数据前一般需要对每条数据的各个特征进行平方和归一化处理，从而使得数据信息可以编码到量子态的振幅上。但如果直接对向量 x^i 进行归一化：$x^i / \|x^i\|$，会导致数据丢失一个自由度的信息。简单地说，会将 k+1 维空间上的共线性的多个点投影到单位球上的同一个点。因此，还需要在归一化前添加一个维度。这种数据处理不同于传统机器学习特征工程中数据每个特征的列归一化，而是为了进行量子振幅输入的行元素平方和的归一化。

这里用到的第一个方法是直接在每个训练向量 x^i 后添加一个常数 c，再进行归一化。一般来说，在进行归一化处理前，数据可能已经做过列归一化处理，本身已经在[0,1]的区间上，常数 c 选取在[0,1]上大小适中的数即可（可以想象在添加 c 后的数据归一化相当于先将 k 维数据在第 k+1 个维度上由平面 0 被抬到平面 c 上，再与原点连线投影到 k+1 维的单位球面上，就不存在共线性问题了。否则会全部投影到赤道上）。

第二个方法是找到数据集中可能的最大范数 $\|x^{max}\|$，然后新增第 k+1 个维度，使得加上新的维度的值后 k+1 个维度的范数值全部等于 $\|x^{max}\|$，最后对全部数据除以 $\|x^{max}\|$ 即可实现归一化，这一过程相当于在 k+1 维空间找到一个足够大的球包裹住全部 k 维平面上的样本数据点，然后再将数据向上从平面垂直投影到球上，最后将球的半径缩为 1 得到归一化后的点。由于实际应用中需要考虑

到测试集中数据的最大平方和可能会大于全部训练集的数据，因此可以根据经验选取一个较大的 $\|x^{max}\|$ 保证大于所有可能的数据的范数。

第三个方法是模仿黎曼球的方法，直接从 k+1 维空间的单位球的北极点对数据平面上的样本点进行连线，连线与球的交点即为归一化后的数据。

综上可得到不丢失信息的 k+1 维归一化样本数据。这些方法可以通过调用接口实现。以下示例展示了如何分别调用 cdataprocess 和 qdataprocess 接口将三维数据 [1,2,1] 归一化振幅编码到两个量子比特上。

```
1.    from quantum_data import cdataprocess, qdataprocess
2.    import pyqpanda as pq
3.
4.    if __name__ == '__main__':
5.        prepared_data = [1, 2, 1]
6.        # 对数据进行升维归一化
7.        qdp_test = cdataprocess.normalize(data=prepared_data, norm_method='polar')
8.        # 对数据进行振幅编码
9.        qdp_test = qdataprocess.QuantumDataProcess('amplitude', qdp_test)
10.       machine = pq.CPUQVM()
11.       machine.init_qvm()
12.       qv = machine.qAlloc_many(2)
13.       res = qdp_test.prepare_state_circuit(qv)
14.       print(res)
15.       # 通过 get_state 接口查询当前编码后的量子态
16.       res = qdp_test.get_state(qv)
17.       print(res)
```

（4）IQP 编码

IQP（Instantaneous Quantum Polynomial）编码[7]是一种专用于量子机器学习的基于特定量子线路的编码方法。其将一个经典数据 x 编码到

$$|x\rangle = (U_z(x)H^{\otimes n})^r |0^n\rangle \tag{5.3}$$

其中，r 表示量子线路的深度，也就是 $U_z(x)H^{\otimes n}$ 重复的次数；$H^{\otimes n}$ 是一层作用在所有量子比特上的 Hadamard 门；U_z 为

$$U_z(x) = \prod_{[i,j] \in S} R_{Z_i Z_j}(x_i x_j) \bigotimes_{k=1}^{n} R_z(x_k) \tag{5.4}$$

这里的 S 是一个集合，对于这个集合中的每一对量子比特，我们都需要对它们作用 RZ 门（见图 5.2）。通过设计 IQP 线路，可以实现更复杂和高效的数据编码。IQP 线路具有对易性质，使得它能够进行高效的数据编码和处理，并可以提供一种高效和灵活的数据编码方案，特别是在处理非线

性或复杂结构的数据时。

● 图 5.2　IQP 编码的基本线路单元

对[-1.3,1.8,2.6,-0.15]进行 IQP 编码的代码如下。

```
1.    from quantum_data import qdataprocess
2.    import pyqpanda as pq
3.
4.    if __name__ == '__main__':
5.        prepared_data = [-1.3, 1.8, 2.6, -0.15]
6.        # 对数据进行 IQP 编码
7.        qdp_test = qdataprocess.QuantumDataProcess('iqp', data=prepared_data)
8.        machine = pq.CPUQVM()
9.        machine.init_qvm()
10.       qv = machine.qAlloc_many(4)
11.       res = qdp_test.prepare_state_circuit(qv)
12.       print(res)
13.       # 通过 get_state 接口查询当前编码后的量子态
14.       res = qdp_test.get_state(qv)
15.       print(res)
```

▶▶ 5.1.2　量子分类与回归分析

分类与回归是机器学习中有监督学习的两个核心的任务，它们分别关注于数据的分类预测和连续值预测。通过将量子计算与传统的分类与回归分析结合，人们能够探索新的算法和模型，以应对金融领域的复杂问题。以下是量子分类与回归分析的主要内容及其在金融应用中的可能作用，有关神经网络的内容放在后面的部分单独介绍。

❶ 量子支持向量机

量子支持向量机（Quantum Support Vector Machine，QSVM）是量子机器学习中的经典算法，它利用量子计算来实现高效的支持向量机训练和预测。在金融领域，量子支持向量机可以应用于信用评分、市场预测和其他分类任务中。

支持向量机[8]目前可以通过多种方案引入量子计算。首先是量子核方法，核方法是传统支持向量机的核心，它通过核函数将数据映射到高维空间以找到最优的分类边界。在量子支持向量机中，核计算既可以利用 SwapTest 等内积求解技术高效地计算核函数，也可以通过设计不同的量子线路得到不同的量子核函数，通过量子核函数将数据映射到相应高维空间来提高处理高维数据和非线性分类问题的能力。在 5.2 节中我们会具体展开核方法的技术实现。此外，也可以利用第 2 章所描述的 HHL 算法加速求解支持向量机超平面计算过程中所转化的线性方程组求解问题[4]。

❷ 基于距离的量子分类器

对于基于距离的分类，主要包括量子最近质心（Quantum Nearest Centroid，QNC）[9]和量子最近邻（Quantum Nearest Neighbor，QNN）分类器[10]。量子最近质心算法是传统最近质心算法的量子版本，它的基本思想是利用量子计算的能力来高效地计算数据点与各类别质心之间的距离，从而确定数据点的类别。此外，研究人员也提出了几种用于 k-means 算法的量子方法。例如，利用一种算法计算叠加的汉明距离[11]，并利用量子查找算法快速得到样本汉明距离最小的邻居。这些基于距离的分类算法都会利用到量子算法在距离度量方面以及查找方面相关的计算效率。

❸ 量子线性回归

在金融领域，回归算法被广泛用于风险评估、资产定价、市场预测等任务。在近年里，量子线性回归[3]等量子回归算法被提出。在解决线性回归（Linear Regression）问题时，通过最小二乘法可以得到封闭形式的解。在经典情况下，中等规模的数据集通常采用线性系统解法，而大型数据集则倾向于使用迭代梯度下降法进行求解。这在量子计算上又分别对应了利用 HHL 算法及量子优化算法等加速的可能性，这些量子算法能够通过在多个状态中同时执行运算来利用量子并行性，相较于传统算法展现出了指数级的加速效果，体现了量子计算的独特优势[12]。这一点上与前面提到的量子支持向量机的量子加速原理有部分相似之处，而支持向量机本身也可以用于回归模型。

▶▶ 5.1.3 量子聚类与特征提取

在量子机器学习的无监督学习方面，量子聚类与特征提取占据了重要的位置。聚类分析是在没有先验标签的情况下，根据数据的相似性或距离来组织数据的一种方法。量子聚类通过利用量子计算的特性来加速这一过程，以期望在处理大规模或高维数据时取得更好的性能。很多种量子聚类的算法已被提出，其中作为经典 k-means 算法[13]的量子版本，量子 k-means 算法[14]可以使用对数级的运算资源。由于量子 k-means 算法可以使用量子距离估计和矩阵乘法来实现，因此较易实现。在投资组合风险分析方面，通过量子聚类算法，分析师能够快速而准确地识别出投资组合中的风险集群，从而更好地理解和量化投资组合的风险结构。

特征提取是另一个关键的无监督学习任务，它旨在从原始数据中识别和提取有意义的信息，得到关键的特征，用于训练或信息存储。量子特征提取利用量子算法来识别数据中的重要特征和模式，这对于降低问题的维度和提高后续学习任务的效率可能非常有用。特别是在高维数据场景下，量子特征提取可能会显示出对比传统方法的优势，尤其是在处理计算效率和准确性方面。量子主成分分析（Quantum Principal Component Analysis，QPCA）[2]就是一个典型的例子，作为主成分分析算法[15]的量子版本，其目的是将高维数据降维到低维空间，同时保留数据的主要特征。与传统的主成分分析算法相比，量子主成分分析算法在时间上具有指数级加速的潜力，从而使得在处理大规模数据时具有更高的效率。此外在特征的优化选取层面，可以使用 QAOA 等量子优化算法进行加速选取。而这一点同样可以用于金融中的因子选取以及信用评价指标选取等场景中[16]。

▶▶ 5.1.4 量子神经网络

神经网络模型，尤其是深度学习模型，正逐渐在传统的统计和机器学习模型中脱颖而出，成为金融资产定价及时间序列预测等问题的热门模型。量子神经网络（Quantum Neural Network，QNN）[17]是量子计算与神经网络技术的融合。大多数的量子神经网络模型都是量子–经典混合算法，即在原有的神经网络模型中插入或替换为变分量子线路。这些被量子逻辑门实现的量子计算线路被证明是可微分的，因此可以和经典神经网络模块组合在一起进行混合训练。利用量子叠加和纠缠对信息的高效表达有望提升计算效率，尤其是训练数据本身就已经量子化的情况下，如直接从 QRAM 读取数据。这些基于变分量子算法的模型有时会面临贫瘠高原的问题，即目标函数的梯度变得过于平坦导致无法进行有效的优化，这是目前量子神经网络需要解决的问题之一。以下给出了一些可以基于量子神经网络做的量子机器学习模型及算法。

1）量子卷积神经网络：在经典的卷积神经网络中，通过卷积层能够有效地处理图像和其他高维数据，特别是在计算机视觉任务中表现出色，能够捕捉数据中的局部相关性。量子卷积神经网络的一个优势是它能够充分利用量子叠加的性质在各个量子层中通过较少的量子比特及量子门参数来表示信息，对于输入大小为 N 个量子比特的情况，量子卷积神经网络只使用 $O(\log(N))$ 个变分参数，这有助于有效地训练和实现网络[18]。

2）量子自编码器：自编码器通过参数化的神经网络将数据从高维空间压缩到低维空间，并能够通过一个解码器重新生成与原数据近似的新数据集。这个压缩过程有助于处理高维数据集或稀疏特征数据集。类似地，量子自编码器的设计目的是实现量子态的压缩[19]。通过训练特定的参数化量子电路实现量子数据的压缩和重建。这种压缩不仅可以用于训练任务的预处理，也已经被人应用于异常检测等领域[20]。

3）量子生成对抗网络：量子生成对抗网络（Quantum Generative Adversarial Network，QGAN）[21]采用参数化量子电路构成生成器和鉴别器。鉴别器试图区分真实数据和生成器生成的数据，通过这种对抗过程，生成器学习生成与真实数据相似的数据。与传统生成对抗网络相比，量子生成对抗网络展示了更广泛的表征能力，这种能力已经被研究用于金融市场数据的生成建模中[22]。

4）量子强化学习：强化学习是一种机器学习范式，其中学习主体通过与环境交互来学习如何在特定情境下做出决策。在这个过程中，主体执行动作并接收环境的反馈，这个反馈通常是奖励或惩罚的形式。主体的目标是最大化其长期收到的奖励。这个过程中，神经网络能够估计价值函数（告诉人们在某状态下采取特定行动的期望回报）或者策略函数（告诉人们在每个状态下应该采取什么行动）。算法交易是强化学习在金融领域的一个有前途的应用。通过量子搜索算法可以加速学习正向反馈[23]。

5）量子序列模型：在经典机器学习中，循环神经网络[24]以及长短期记忆（Long Short Term Memory，LSTM）[25]等用于序列分析的算法常被用于预测金融资产价格以及许多其他随时间变化的金融指标。通过对关键部分进行变分量子线路的替换可以提升预测效果[26,27]。除此之外，这些模型也往往用于自然语言处理（NLP），对语言进行理解或生成。量子计算在处理语言结构方面提供了一些特别的优势。传统上，将语言结构编码为成分模型或语义模型时，需要的计算资源随着动态名词的数量成指数增长。量子计算机可以通过量子叠加和纠缠来表示大量可能的状态组合，从而可能不会遇到同样的指数增长问题。这意味着，量子计算机在处理带有复杂语法结构的语言数据时，可能比经典计算机更高效。此外，目前已经出现了对 Transformer[28] 等模型算法量子化的研究[29]，可用于包括自然语言处理在内的多种序列分析中。在金融业务场景方面，自然语言处理可以用于财务分析、风险评估、贷款精准投放分析等。

5.2 金融实战：量化交易

▶▶ 5.2.1 量化交易相关理论与量子计算方案

本书第 1 章已经简略介绍过量化交易的基本概念，然而想要相对全面地阐述量化交易的基本理论十分困难：作为一种综合应用数学、统计学、物理学、计算机科学、人工智能等方法技术研究金融市场交易规律，经过多年高速发展且仍时刻处于激烈竞争中的行业，量化交易相关的理论内容丰富、体系繁杂。

❶ CTA 策略与时间序列预测

CTA 策略得名于商品交易顾问（Commodity Trading Advisor，CTA），是一种运用于国际大宗商品期货合约、期权，外汇市场的交易策略。此类金融资产的价格往往受到国际主要生产国和市场的基本供需关系、不同国家地区间中长期的货币政策、资源原产地和加工地等各个国家相关的产业发展规划、市场环境等基本面因素的影响较大。例如：与经济基本面关系密切的资产，特别是能源和主要工业原料（原油和铁矿石等）、周期行业股票（如机械行业），其价格往往遵循经济周期规律（复苏、过热、滞涨、衰退），从而表现出一种相对稳定的长期趋势；与国际金融市场关系密切的资产，如金、银等贵金属，其价格往往受到美国等国家货币政策和国际总体安全风险水平的影响。这些长期趋势往往能够持续数月甚至数年，因而相关市场往往采用趋势跟踪类策略。

趋势跟踪策略的基本思想可以概括如下：当标的价格发出较为明显的趋势开始信号（如技术指标中的箱体突破，均线上、下穿等），可以采用趋势追随策略。根据信号的方向和强弱，做多做空对应仓位的资产，并在退出信号出现后得到利润。这是一种 Beta 策略，利润来源是经济周期决定的资产价格趋势。例如，时间序列动量策略（Time Series Momentum Strategy）的基本思想是做多（建立期货多头仓位，买入看涨期权或卖出看跌期权等）之前一个观测周期上涨较多的资产，做空（建立期货空头仓位，买入看跌期权或卖出看涨期权等）下跌较多的资产，预期相关金融资产趋势延续从而在持有一段时间后平仓并获取利润。针对全球多个金融市场超过 100 年的长期跟踪研究证实，趋势跟踪类策略从长期来看往往可以实现超越市场平均表现的超额利润。

在制定和采用 CTA 类策略的时候，往往需要对交易信号进行挖掘设计并同时对于风险敞口进行合理的控制，而其中对于时间序列的准确预测是此类交易策略的核心。从各种基于量价时间序列的技术指标的设计和挖掘，到基于时间序列分析和信号处理的各类统计方法的引入，再到当下如火

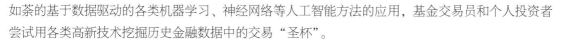

如荼的基于数据驱动的各类机器学习、神经网络等人工智能方法的应用，基金交易员和个人投资者尝试用各类高新技术挖掘历史金融数据中的交易"圣杯"。

量子计算同样可以用于时间序列的分析和预测问题，例如已经有工作验证了基于量子储备池计算（Quantum Reservoir Computing）的时间序列预测可以有效估计外汇价格的趋势。此领域的其他潜在优势还包括：利用量子算法对已经生成的趋势跟踪策略进行极端市场条件模拟和回测，从而检验交易策略在多种市场情形下的表现和抵抗风险的能力。

❷ 多因子模型与多元回归分析

多因子模型是金融市场特别是股票证券市场最基本的定价模型，也是量化和算法交易领域的主流模型之一，主要用于量化选股和投资组合的管理。通常，多因子模型假设金融资产特别是股票资产的价格和多个量化因子有关，这些量化因子的价格决定了标的金融资产的内在价值中枢。1992年，Eugene Fama 和 Kenneth French 首次设计了一个三因子的统计模型，利用市场超额回报率、公司市值的大小以及净值市价比（根据普通股东权益计算的公司账面价值与根据股票价格核算的市场价值的比值，国内常用其倒数（即市净率）衡量）描述股票的回报率。此后，Fama 和 French 又将公司盈利能力和投资作为因子加入并构建了五因子模型。除了这些学术上的进展，多因子模型更是诸多对冲基金公司和量化交易者付诸实践的选股模型。与时间序列预测类的交易策略相比，多因子模型需要考虑多类金融资产之间的协相关性，从而更利于交易员控制资产的整体风险敞口尺寸和投资组合风险水平。通常而言，这会带来更小的最大回撤和更高的夏普比率（Sharpe Ratio）。

在通常的多因子模型中，策略研究人员往往根据公司的财报披露等基本面数据、国家和各类机构发布的宏观经济指标、公司在资本市场的股价和交易量等技术指标等设计和挖掘各类因子，并利用多元回归分析、数据挖掘等统计和数据科学方法建立这些因子和股票内在价值及未来价格表现的内在联系。多元回归分析设计的数据通常维数较高（一些大型对冲基金的因子库往往有上万个）、数据规模很大，对于算力提出了很高的要求。

量子计算同样可以用于加速各类回归分析问题的求解。Wang GuoMing 等人证明了利用量子线性方程组求解器可以指数加速回归方程的求解，特别是在解决数据规模大、数据稀疏度高的问题时有望产生量子优势。进一步，基于离散绝热演化的量子线性求解器可以进一步优化此类算法对条件数等的依赖性。此外，利用下一节将要介绍的量子核方法，可以将其扩展至应用范围更广的各类非线性回归和统计假设检验。

❸ 统计套利

统计套利是一类基于统计学方法的市场中性策略——其核心思想是利用两个或多个金融资产的内在关联特别是价格序列组合的协整性，构建相应的资产组合对冲市场的总体风险，并利用其短期背离与随后的均值回复过程盈利。通俗地说，多个有内蕴经济学关系的金融资产（例如相同或相近行业的企业、关系紧密的同产业链上下游企业、利润受同种矿产或能源主要影响的企业的股票），其价格往往表现出很强的关联性。在统计学意义上，表现为这两个或多个资产的价格的线性组合围绕均值反复震荡，不会长期大幅偏离而会表现出均值回复的特性，称为协整性。利用统计学中的协整性概念，人们可以构建相应的资产组合并监控其与均值的偏离程度。当相应的监测值（如两个关联股票的价格差）显著偏离均值（如三倍标准差）时，交易者可以做空价格相对过高的资产并做低价格相对过低的资产，并等待价差回归其均值水平并实现盈利。需要指出的是，这种盈利与两个资产本身的绝对价格走势（往往与整个金融市场总体表现密切相关）无关，只与它们之间的相对价格走势有关，从而被认为有较强的风险抵抗能力。

统计套利是各类对冲基金采取的主流方法之一，交易和资产管理规模巨大，并在市场不同阶段均表现出较好的盈利和风险管理能力[4]。然而统计套利策略的设计离不开对各个金融市场中不同类型金融资产以及其各种组合方式的研究，且协整性等统计假设检验还需要对长期数据进行跟踪和复杂的统计建模、假设检验过程，对对冲基金、私人财富管理咨询公司等金融从业机构和投资者的计算能力提出了很高的要求。

已经有工作证明，量子计算可以用于加速统计套利算法的执行：首先，利用基于哈密顿量高效量子模拟算法的条件数估计算法，可以有效筛选出条件数较大的资产组合，从而提高找到高协整性组合的概率并缩小搜索范围；其次，对于潜在的组合，利用基于量子线性回归的协整性检验可以加速协整性组合的确认。

▶▶ 5.2.2 量子核方法预测利率

利率是指一定时间内利息总额与借贷金额的比率。如果用 i 表示利率，I 表示利息，P 表示借贷金额（或本金），则利率可用公式表示为 $i = I/P$。利率决定了金融市场上借款资金成本高低，对金融市场资金流起到重要的调控作用[34]。

在宏观层面，利率对多个宏观经济活动存在调节作用。首先，利率可以引导储蓄和消费。当利率提高时，会较少即期消费，增加储蓄。不同金融资产利率的高低还会影响储蓄结构，即储蓄者会在不同金融资产中对资金进行分配。其次，利率还会影响投资活动。利率上升会导致投资成本增加，降低投资需求。再次，利率高低会直接影响银行的存款和贷款规模，调节市场上的货币流通量。进而影响企业的生产经营状况，调节商品供应量，影响市场物价。最后，利率对汇率和国际资本流动也存在影响。利率上升时，信用紧缩，最终会抑制进口，促进出口，导致外汇汇率下降，增加国际资本流入。

在微观层面，利率的高低决定了企业利息的大小，从而影响企业利润和财务杠杆。对于投资者和储蓄者而言，利率作为影响金融资产定价的要素之一，可以引导人们在不同金融资产之间进行选择。

总之，利率对于金融市场而言，不论从宏观还是微观层面，都具有重要作用。对于宏观经济判断和投资决策，离不开对于利率趋势的预测。

在对利率的分类中，有多种的划分标准。一种重要的划分标准是根据期限长短不同，分为长期利率和短期利率。短期利率一般是指 1 年以下的时长利率，如银行间市场回购利率、同业拆借利率、国股银票转贴现利率等。长期利率一般指的是期限 1 年以上的时长利率，如 10 年期国债收益率等。长期利率由于受宏观因素和不确定性因素影响，未来波动性较大，一般不太适合用机器学习算法预测。短期利率则更为稳定，变化幅度相对较小，更适合用机器学习预测。本节介绍的量子核方法均可在短期利率中进行使用。

核方法（Kernel Method）是一类在机器学习和统计学领域广泛应用的技术，主要是利用核技巧（Kernel Trick）来处理非线性关系的问题。其核心思想是通过非线性映射 $\phi(x)$ 将输入数据 x 从低维空间映射到高维空间，得到 $\phi(x)$，从而把样本输入空间的非线性问题转换为特征空间的线性问题。但是，在高维特征空间中计算特征向量的内积通常是困难的。解决这一问题的办法是可以构建一个函数：

$$k(x_i, x_j) = \langle \phi(x_i) | \phi(x_j) \rangle = \phi(x_i)^T \phi(x_j) \tag{5.5}$$

即 x_i 与 x_j 在特征空间中的内积等于它们在原始样本输入空间中通过函数 k 计算的结果。通过构建这样的函数，可以避免直接去计算高维特征空间的内积，从而不需要显式地定义特征空间和映射函数，直接获得结果。在核方法中，这样的函数被称为核函数（Kernel Function）[35]。

核函数是一个函数 $k(x_i, x_j)$，它能够计算在高维特征空间中两个数据点 $\phi(x_i)$ 和 $\phi(x_j)$ 的内积，即 $k(x_i, x_j) = \langle \phi(x_i) | \phi(x) \rangle$。一个函数是否能够作为核函数，可以通过 Mercer 条件来判断。即对于任意给定的 n 和任意的输入数据集 $\{x_1, x_2, \cdots, x_n\}$，对应的格拉姆（Gram）矩阵是半正定的。Gram 形式如下：

$$K = \begin{bmatrix} k(x_1, x_1) & \cdots & k(x_1, x_n) \\ \vdots & & \vdots \\ k(x_n, x_1) & \cdots & k(x_n, x_n) \end{bmatrix} \tag{5.6}$$

其中，Gram 矩阵的元素是由函数 $k(x_i, x_j)$ 计算得到的内积。那么，该函数可以作为核函数使用[36]。常用的核函数有线性核函数、多项式核函数、高斯径向基核函数等，对应形式见表 5.1，具体选择哪种核函数通常取决于问题的性质和要解决的任务。

表 5.1　常用核函数表达式

名　　称	表　达　式
线性核	$k(x_i, x_j) = x_i^T x_j$
多项式核	$k(x_i, x_j) = (x_i^T x_j + 1)^d$
高斯径向基核	$k(x_i, x_j) = \exp\left(-\dfrac{\|x_i - x_j\|^2}{2\sigma^2}\right)$
拉普拉斯核	$k(x_i, x_j) = \exp\left(-\dfrac{\|x_i - x_j\|}{\sigma}\right)$
sigmoid 核	$k(x_i, x_j) = \tanh(\beta x_i^T x_j + \theta)$

量子核方法基于上述思想，将数据编码为量子比特，利用量子电路实现核函数的计算。量子核方法通过将数据特征映射到再生核希尔伯特空间，有望处理传统计算机上难以解决的大规模非线性问题。其基本形式为

$$k(x_i, x_j) = |\langle \phi(x_i) | \phi(x_j) \rangle|^2 \tag{5.7}$$

其中，$|\phi(x)\rangle$ 是嵌入数据向量 x 的量子态。为了计算两个量子态之间的内积，在量子核方法中存在两种思路：其一是直接使用 Swap – Test 计算两个量子态之间的相似程度（参见 2.2.2 节及

图 2.10，SWAP 门可以将两个量子态进行交换，通过对输出态进行测量，测得第一个量子态为 $|0\rangle$ 的概率越高，说明两个量子态 $|\phi(x_i)\rangle$ 和 $|\phi(x_j)\rangle$ 越接近[37]）。其二是利用 U 操作和共轭转置操作计算。图 5.3 展示了 U 操作和共轭转置操作的简单示意图。通过对经典数据进行映射嵌入到量子特征，分别对两个量子态实现 U 操作和对应的共轭转置操作，并测量处于全零态的结果，得到其内积结果[38]。

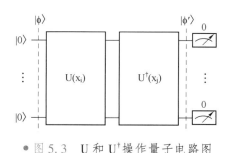

● 图 5.3　U 和 U† 操作量子电路图

在本源的量子金融引擎中，已经集成了几种常见的量子核方法。下面以国股银票转贴现利率（6 个月）数据为例，分别介绍几种量子核方法的使用和基本量子线路图。国股银票转贴现利率（6 个月）数据共计 286 行 11 列，其中 label 列表示次日是上涨还是下跌，分别用 1 和−1 表示。剩余 10 列则是利用利率收盘价格计算出来的常见技术指标，包含随机指标（K、D、J）、布林带指标（Upper Bollinger Band、Middle Bollinger Band、Lower Bollinger Band）、移动平均线指标（SMA 5、EMA 5）和移动平均散度/收敛指标（MACD、Signal Line）。

为了方便理解，这里直接使用 sklearn. svm 中导入的 SVC 函数进行支持向量机分类。导入数据后，按照 7∶3 的比例划分训练集和测试集，分别对训练集和测试集进行 Z−score 标准化。利用常规经典核函数在训练集上拟合后，对测试集进行预测，得到四种经典核方法准确率分别为 60.81%（线性核）、56.76%（多项式核）、54.05%（高斯径向基核）和 44.59%（sigmoid 核）。使用金融引擎中的量子核模型可以实现 swap_test 和四种 U 操作的量子核方法。

1）在 swap_test 中，对两个输入的量子态首先进行归一化操作，然后利用振幅编码将其编码到 n 个量子比特上，其中 $n = \lceil \log_2 N \rceil$，N 为特征数量。在实际应用中，从 quantum_kernel 模块中调用 QFinanceQuantumKernel 类，设定其中 method 参数为'swap_test'，n_jobs 根据所使用设备情况做适当修改，示意中设置为 1。创建一个 QFinanceQuantumKernel 类的示意，命名为 quantum_kernel，接入经典 sklearn 的 SVC 类中的 kernel 参数。利用 evaluatioe 返回核矩阵的结果，得到最终的预测结果为 45.65%。

2）在 U 和 U† 操作中，相比于 swap_test，增加了 n_qubits、layer 和 dep 参数，n_qubits 可以指定想使用的比特数，默认为特征数量；layer 表示量子电路的层数，层数越大，线路越深，计算越复杂；dep 主要是在压缩量子核方法中使用，表示压缩的倍数，其余量子核方法中 dep 会指定为 1（即不进行压缩）。

当 method ='real'时，将两种量子态经过 RZ 门和 RY 门旋转后，使用 CNOT 实现量子比特之间的纠缠，再通过 RZ 门，最后对期望进行测量，得到其预测结果。图 5.4 中给出了其 4 个量子比特下的单层电路图[39]。

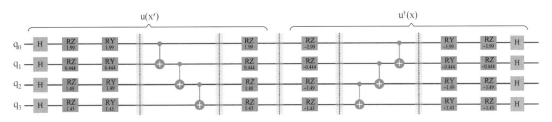

● 图 5.4 real 量子核方法电路示意图

当 method = 'squeeze' 时，会对输入特征进行折叠，折叠倍数为参数 dep。如 dep = 2 时，在特征数量为 10 个的情况下，使用 5 个量子比特。无法整除时，使用向上取整的方法，取整数个量子比特。对不足的长度进行类似于图卷积神经网络中的补齐操作，使用数字 0 进行补齐。然后，初始化量子比特经过 H 门后，将输入特征的值按照量子比特顺序进行 RY 旋转后，经过受控 Z 门，测量其零态概率，得到最终结果。其量子电路简单示意图如图 5.5 所示。

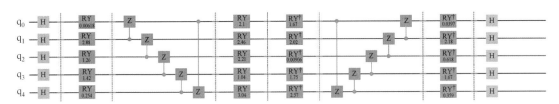

● 图 5.5 squeeze 量子核方法电路示意图

当 method = 'rx' 时，将两种量子态经过 RX 门旋转后，使用 CNOT 实现量子比特之间的环状纠缠，再通过 RX 门，最后对期望进行测量，得到其预测结果。图 5.6 中给出了其 4 个量子比特下的单层电路图。

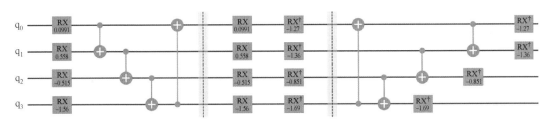

● 图 5.6 RX 量子核方法电路示意图

当 method = 'mutilvqc' 时，将两种量子态经过 U2 门和 U1 门后，然后使用 CNOT、U1、CNOT 门增加量子比特之间的纠缠信息。此部分可以重复多次，实现多层效果。最后，经过 U2、U1 和CNOT、U1 门完成量子电路。图 5.7 中给出了其 4 个量子比特下的单层电路图。

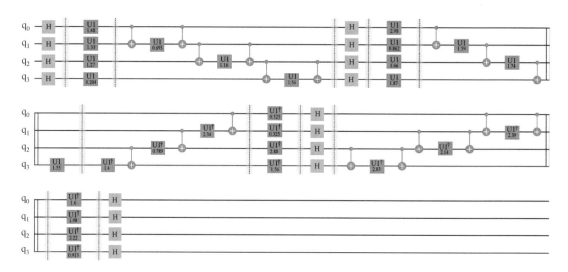

● 图 5.7   mutil-VQC 量子核方法电路示意图

上述方法的实现可参考如下代码示例，通过设置量子核层数和压缩倍数 dep，实现对利率的预测。

```
1.    from sklearn.svm import SVC
2.    import pandas as pd
3.    import numpy as np
4.    from sklearn.metrics import accuracy_score
5.    from sklearn.model_selection import train_test_split
6.    from sklearn.preprocessing import StandardScaler
7.    from quantum_model import quantum_kernel
8.
9.    #读取数据
10.   df = pd.read_excel(r'dataset/rate_data.xlsx')
11.   X = df.drop(columns='label')
12.   y = df['label']
13.
14.   #划分数据集，将数据集划分为训练集（70%）和测试集（30%）
15.   X_train, X_test, y_train, y_test = train_test_split(X, y, test_size=0.3, shuffle=
False)
16.
17.   #标准化
18.   scaler = StandardScaler()
19.   X_train = scaler.fit_transform(X_train)
```

```
20.    X_test = scaler.transform(X_test)

21.

22.    #使用经典核函数拟合并预测结果

23.    for method in ['linear', 'poly', 'rbf', 'sigmoid']:

24.        model = SVC(kernel=method, class_weight='balanced')

25.        model.fit(X_train, y_train)

26.        y_pred = model.predict(X_test)

27.        print(method, np.round(accuracy_score(y_test, y_pred), 4))

28.

29.    #使用 swaptest 线路计算核函数

30.    num = X_train.shape[1]

31.    n_jobs = 1

32.    method = 'swap_test'

33.    qkernel = quantum_kernel.QuantumKernel(n_qbits=num, n_jobs=n_jobs, method=
method)

34.    model = SVC(kernel=qkernel.evaluate, class_weight='balanced')

35.    model.fit(X_train, y_train)

36.    y_pred = model.predict(X_test)

37.    print(method, np.round(accuracy_score(y_test, y_pred), 4))

38.

39.    #使用 4 种量子核函数

40.    layer = 2

41.    n_jobs = 1

42.    dep = 2 if method == 'squeeze' else 1

43.

44.    for method in ['real', 'squeeze', 'rx', 'mutilvqc']:

45.        qkernel = quantum_kernel.QuantumKernel(n_qbits=num, layers=layer, n_jobs=n_
jobs, method=method, dep=dep)

46.        model = SVC(kernel=qkernel.evaluate, class_weight='balanced')

47.        model.fit(X_train, y_train)

48.        y_pred = model.predict(X_test)

49.        print(method, np.round(accuracy_score(y_test, y_pred), 4))
```

对上述所有核方法预测结果进行可视化，测试集上的准确率如图 5.8 所示。从图中可以看出，在实验数据集上基于 RX 旋转门的量子核方法预测准确率最高，优于其他四个经典量子核方法，其他量子核方法和经典量子核互相之间各有优势。这表明，在特定场景下，量子核方法相比于经典核方法具有更优的预测性能。但在实际业务中，还需要根据不同的场景，选择合适的核方法进行拟合和预测。

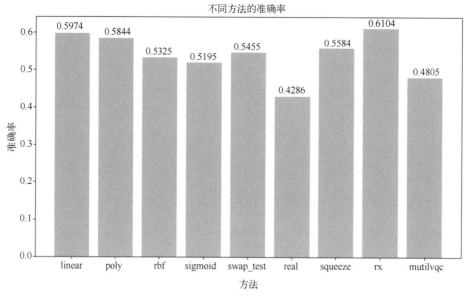

图 5.8　不同核方法预测准确率结果对比图

▶▶ 5.2.3　多因子选股

股票市场中，能够准确预测出股票的涨跌情况是不太可能的。这是由于股票本身是一个受繁乱复杂的各种各样的元素引起的，加上人为的干预，准确预测所有股票涨跌情况的可能性变得微乎其微。在量化研究之前，人们通常采用主观的感受来判断股票是否值得买入或者应该及时卖出，但是人为的选择比较主观，偏差较大，并且门槛非常高，需要有经验的人才能够做出相对准确的判断。而对于一般情况来说，需要使用固定的模型来建立已有数据与股票涨跌之间的联系，来进行量化选股。量化选股就是利用数量化的方法选择股票组合，期望股票组合能获得超越基准收益率的投资行为。多因子模型是运用最广泛的一种选股模型，其基本原理是采用一系列的因子作为选股的条件，满足这些因子的股票则被买入，不满足则被卖出[40]。多因子模型相对比较稳定，因为在不同市场下，总有一些因子会发挥作用。市场上的投资者，不管是价值投资者，还是投机者，或者短线交易者，都会根据某些因子来判断股票的涨跌。当一群交易者同时采用某个因子的时候，就会造成该因子有效。

因子的选取十分重要，如果选取所有的影响因素来输入模型，这显然是不可能的，首先获取所有的影响因素的数据是十分困难的，第二模型的输入维度过大会导致模型过拟合，也就是在已有的集合上表现优秀，但是实际使用的时候会出现较大偏差，第三高维数据信息的冗余会存在多余的信息，这会使得模型无法训练，从而导致模型失效。一般来说，影响股票涨跌的因素往往来源于公司的经营状况，反映公司的经营状况的因子有盈利、运营、债务等。这些所需要的因子模型等都是可以直接在公司的财务报表中找到的。一般来说，公司的财务较好、盈利能力强、债务少，那么上涨的趋势越大。所以有必要选择一种模型来综合所有的指标从而对是否选股进行评估。

本次使用的模型是量子支持向量机（Quantum Support Vector Machine，QSVM）[4]，该算法本质上还是传统的线性支持向量机，只不过将核心步骤使用量子线路实现。由于量子线路中的 HHL 算法能够指数级地加速矩阵求逆的过程，从而使得量子支持向量机的优势在复杂度上得以体现。其具体的原理与推导公式如图 5.9 所示。

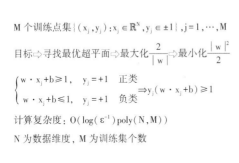

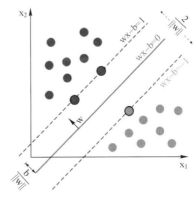

● 图 5.9　支持向量机原理

SVM 利用了少数的支持向量，通过一个分类超平面将数据分为两类，使这两类之间的间隔最大化，因此它也被称为最大间隔分类器。如图 5.9 所示，超平面将实心圆和空心圆两类元素进行分类，使两类之间的距离达到最大，处于虚线上的点称为支持向量。这里重点记录两个变量，法向量 w 和偏移量 b，它们是决定这个超平面的参数。

一个支持向量机通过线性可分器实现。目标是寻找到一个超平面能够最好地区分两类数据，并且提供了一个决策边界供后续的分类任务。一个简单的例子是一个二维的线性数据，在点 x 两边的数据分别属于类 1 和类 2。在多维的情况下，一个超平面作为边界，在超平面一侧的数据属于一类，在超平面另一侧的数据属于另一类。图 5.9 中给出的是一个二维的情况。对于线性不可分的情况，可以通过映射实现低维度到高维度的转换，使其变成线性可分。

下面是问题的量子求解算法。

已知：$\{(x_j,y_j):x_j\in\mathbb{R}^N,y_j=\pm1\}_{j=1,\cdots,M}$

目标为：$\max\limits_{w,b}\dfrac{2}{\|w\|}$　s. t.　$y_j(w\cdot x_j+b)\geqslant1$

$\Rightarrow\min\limits_{w,b}\dfrac{1}{2}\|w\|^2$　s. t.　$y_j(w\cdot x_j+b)\geqslant1$ 转化为对偶问题如下：

$\Rightarrow\max\limits_{\alpha}\min\limits_{w,b}L(w,b,\alpha)=\dfrac{1}{2}\|w\|^2-\sum\limits_{j=1}^{M}y_j\alpha_j(y_j(w\cdot x_j+b)-1)$　s. t.　$y_j\alpha_j\geqslant1$

$w=\sum\limits_{j=1}^{M}\alpha_j x_j$　$b=y_j-w\cdot x_j$

$\Rightarrow\max\limits_{\alpha}L(\alpha)=\sum\limits_{j=1}^{M}y_j\alpha_j-\dfrac{1}{2}\sum\limits_{j,k=1}^{M}\alpha_j K_{jk}\alpha_k$　s. t.　$\sum\limits_{j=1}^{M}\alpha_j=0,y_j\alpha_j\geqslant0$

而在线性核中，$K_{jk} = k(x_j \cdot x_k) = x_j \cdot x_k$ 直接求内积即可，这里可以使用上文中的量子核方法。为了求解 α，引入松弛变量 e_j，转换为等式约束，从而求解。即 $y_j(w \cdot x_j + b) \geq 1 \Rightarrow (w \cdot x_j + b) = y_j - y_j e_j$。从而得到矩阵求解 α 和 b

$$F\begin{bmatrix} b \\ \alpha \end{bmatrix} = \begin{bmatrix} 0 & 1^T \\ 1 & K+\gamma^{-1}I \end{bmatrix}\begin{bmatrix} b \\ \alpha \end{bmatrix} = \begin{bmatrix} 0 \\ y \end{bmatrix} \Rightarrow \begin{bmatrix} b \\ \alpha \end{bmatrix} = F^{-1}\begin{bmatrix} 0 \\ y \end{bmatrix} \tag{5.8}$$

转换为矩阵求逆的过程。其中，γ 表示正则项，即松弛变量所占的优化权重。

量子支持向量机的实现线路大致分为三个部分。

第一部分为核心线路，即求解矩阵的逆的线路，该部分线路是由 HHL 接口提供的（参见 2.3.4 节）。

其前半部分都是相位估计线路（QPE），后半部分是 QPE 线路的逆。其中 A 矩阵即本书中提到的 F 矩阵，在 HHL 线路中可以看到的是中间部分的遍历受控旋转门，该门主要是用 RY 门进行受控旋转得到的。出于简便考虑，图形中间部分只给出了 4 个量子比特作为数据的存储部分，而最后一行输出的即为所想要得到的 $(b,\alpha)^T$ 的量子态，为了实现量子优势，作用的 HHL 还需要和后面两部分的线路相结合。

量子线路的第二部分为测试数据与训练数据的振幅编码，为了进行第三部分的测量，还需要将数据编码到如下形式：

首先要构建生成两种态 $|\phi_1\rangle$、$|\phi_2\rangle$ 方法，分别包含训练集信息和预测数据信息：

$$|\phi_1\rangle = \frac{1}{\sqrt{N_1}}\left(b|0\rangle|0\rangle + \sum_{i=1}^{M}\alpha_i|i\rangle|\phi_i\rangle\right)$$
$$|\phi_2\rangle = \frac{1}{\sqrt{N_2}}\left(|0\rangle|0\rangle + \sum_{i=1}^{M}|i\rangle|\phi_0\rangle\right) \tag{5.9}$$

通过测量 $|\phi_1\rangle$ 和 $|\phi_2\rangle$ 之间的内积，才能够得到最后的答案。关于在得到 $(b,\alpha)^T$ 之后如何构造 $|\phi_1\rangle$ 和 $|\phi_2\rangle$，分别进行二进制遍历编码即可。

量子线路的第三部分为主线路，仅多使用一个量子比特即可完成对两个向量的内积的测量，该线路为 Hadamard-Test 线路形式，具体见本书 2.2.3 节。

通过综合上述的所有的量子算法组件，得到对应的整体线路如图 5.10 所示。

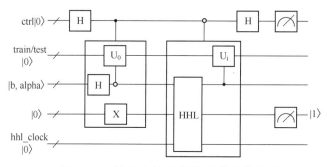

● 图 5.10　量子支持向量机的整体线路图

通过测量最上面比特的概率值是否大于 0.5，来判断类别属于正类还是负类。

线路的最终目的是通过 Hadamard-Test 算法计算出目标函数，从而直接读取最上面量子比特上的结果就可以得到正负类别的信息。

5.3 金融实战：风险管理

▶▶ 5.3.1 金融欺诈及其检测

金融欺诈是指在金融领域内通过欺骗、隐瞒、伪造或其他非法手段，以获取不正当利益或损害他人利益的行为。这种欺诈行为可能包括信用卡欺诈、保险欺诈、证券欺诈、投资欺诈等，严重损害了市场的公平、透明和效率。通过统计分析及机器学习可以识别出不寻常的交易模式和异常行为，从而发现可能的欺诈行为。目前，机器学习技术可以从大量交易数据中提取有用信息，识别出隐藏的模式和异常行为，帮助检测欺诈，我们把这类任务称为异常检测（Anomaly Detection）。

异常检测是指在数据集中识别出不符合预期模式或显著偏离其他数据点的项、事件或观测值的过程。在很多情况下，异常值也被称为离群值。异常检测方法的核心目标是识别数据集中的异常值，这些方法可以基于统计分析、聚类或机器学习进行，主要可以分为下面几种方法。首先，监督式异常检测方法需要一个已经被标记"正常"与"异常"的数据集，并涉及训练分类器。与许多其他的统计分类问题的关键区别是内在不均衡性，在异常检测这个情景下往往需要先对数据集进行一些不均衡数据采样处理。其次，半监督式异常检测方法假设数据集中有一部分数据是带标签的，但通常只有正常数据的标签。这种方法从给定的正常训练数据集构建一个表示正常行为的模型，然后测试实例是否可能由该模型生成。

以上方法的数据一般是现有的，这导致在金融交易中这些模型可能只会很好地识别历史数据中已经存在的诈骗手段，而新的欺诈方式由于不在历史数据中故难以识别。因此我们引入无监督异常检测方法。无监督异常检测方法假设数据集中的大多数实例都是正常的。这种方法通过发现数据中的模式，寻找与已有数据不匹配的实例来检测测试数据的异常程度。由于不需要标签数据，无监督异常检测方法对于金融领域的欺诈检测很有用。例如，在欺诈分析中，它可以识别异常的交易活动，帮助及时发现可能的欺诈行为。由于金融数据庞大且复杂，而且欺诈手法不断变化，无监督异常检测能提供一种有效、自适应的方式来监测潜在的欺诈，而不需要大量的标签数据或人工干预。

本节将通过企业债务违约风险分析来说明量子异常检测在金融中的作用。企业债务违约是指一个企业未能按时支付其债务义务，这可能包括债券利息或本金的支付。违约事件可以由多种原因引起，比如企业经营不善、行业衰退、市场环境恶化或宏观经济条件的改变。在金融市场中，企业债务违约不仅影响债权人（通常是投资者或贷款银行）的资产回报，而且可能会对整个金融系统产生连锁反应。因此，有效的风险评估和管理对于金融市场的稳定和企业的持续运营至关重要。在金融机构中，对企业违约风险的评估和管理是风险管理的核心部分。银行和投资者需要对他们投资的企业或发放贷款的企业的财务状况进行仔细分析，以预测其违约概率。传统的风险评估方法依赖于统计模型和历史数据，但在处理大量复杂高维数据时往往计算量大、速度慢，并且在快速变化的金融环境中可能不够灵活。因此，量子计算有潜力在金融风险评估和管理中发挥关键作用。量子计算通过其高度的并行性和能够处理复杂系统的特性，可以在短时间内评估出潜在的违约风险，甚至在面对复杂的金融衍生品时也能保持高效的风险评估能力。

本节选择把无监督的单类支持向量机（One-Class SVM，OCSVM）异常检测算法使用量子线路加速并用于检测金融中的企业债务违约风险，提供一种相比传统更为快速、有效的检测方法。One-Class SVM 是经典的异常检测算法，最早由 Bernhard Schölkopf 等人在 1999 年提出[41]，其与 SVM 的原理类似，包括在特征空间中找到一个超平面，使它既最大化从超平面到特征空间原点的距离，又最小化数据点 x_i 和超平面之间的最小平方距离 ξ_i，策略是将数据映射到与内核相对应的特征空间，在数据与原点间构建超平面，该超平面与原点成最大距离。One-Class SVM 可以视为将零点作为负样本点，其他数据作为正样本点，来训练支持向量机。OCSVM 对应于如下拉格朗日函数求极值问题：

$$\mathcal{L} = \mathcal{L}(\omega, r, \xi_i, \alpha_i) = \frac{1}{2}\|\omega\|^2 + \frac{1}{2P_T M}\sum_{i=1}^{M}\xi_i^2 - r - \sum_{i=1}^{M}\alpha_i(x + \xi_i - r)$$

$$\widetilde{F}\begin{bmatrix} -r \\ \alpha \end{bmatrix} = \begin{bmatrix} 0 & e^T \\ e & K + P_T M \end{bmatrix}\begin{bmatrix} -r \\ \alpha \end{bmatrix} = \begin{bmatrix} 1 \\ 0 \end{bmatrix} \tag{5.10}$$

其中，有超平面 $\omega \cdot x_i = r$；距离 $\xi_i = r - \omega^\dagger \cdot x_i$；$\alpha$ 为拉格朗日乘数；P_T 为接受的概率阈值，与预期的异常值比例相关。最终可得到需要求解的矩阵方程，其主要区别为最终的列向量中没有分类标签：

$K_{ij} = k(x_i, x_j)$ 是核函数矩阵 K 的各项，$e = (1, \cdots, 1)^T$。

α_i 和 r 确定后我们就可以得知新数据 x_0 到超平面的距离

$$f(x_0) = |\omega^\dagger \cdot x_0 - r| \tag{5.11}$$

由此判断新数据是否异常。这个算法计算资源来源主要是高维数据核函数计算以及超平面计算。

该算法的量子加速原理总体也和上一节中的支持向量机（SVM）算法的量子加速原理相似，关注于 One-Class SVM 的最小二乘公式并使用量子核方法，利用量子计算的并行性，在训练数据量和特征维度上的计算复杂度分别可以使用量子态维数上的资源对数来实现异常检测[42]。

对于量子计算我们可以使用量子核函数并通过 HHL 算法求解超平面：

$$(K + P_T M1)|\alpha\rangle = r|e\rangle \tag{5.12}$$

而给定含有 M 个未知量子态的训练集，每个维数为 d，通过量子算法得到被测数据点到支持向量机的超平面的接近度量来判断其是否异常。

在量子单类支持向量机中使用的量子度量函数为

$$f(\psi_0) = \left|\sum_{i=1}^{M}|\alpha_i\langle\psi_i|\psi_0\rangle|^2 - 1\right| = |\langle\phi_1|\phi_2\rangle - 1| \tag{5.13}$$

其中，

$$|\phi_1\rangle = \frac{1}{\sqrt{M}}\sum_{i=1}^{M}|\psi_i\rangle|i\rangle|\psi_0\rangle$$

$$|\phi_2\rangle = \frac{1}{\sqrt{M}\sum_{j=1}^{M}|\alpha_j|^2}|\psi_0\rangle\sum_{i=1}^{M}\alpha_i|i\rangle|\psi_i\rangle \tag{5.14}$$

生成 $|\phi_1\rangle$ 可以用 $\sum\limits_{j=1}^{M} U_j \otimes |j\rangle\langle j| \otimes U_0$ 作用在 $\dfrac{1}{\sqrt{M}} \sum\limits_{i=1}^{M} |0\rangle |i\rangle |0\rangle$ 上。

生成 $|\phi_2\rangle$ 可以用 $\sum\limits_{j=1}^{M} U_0 \otimes U_C$ 作用在 $|0\rangle |\alpha\rangle |0\rangle$ 上；如图 5.11 所示。

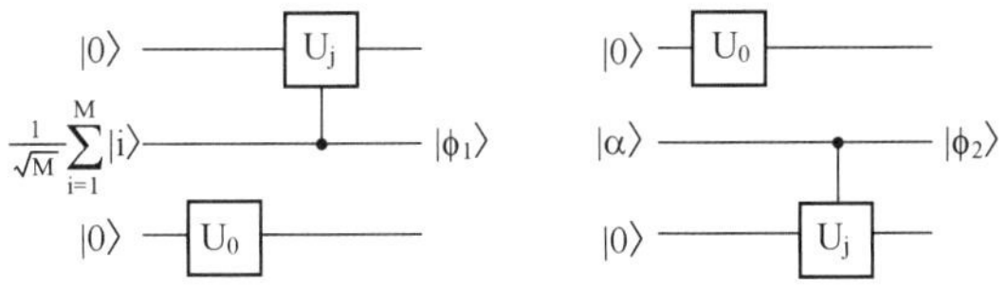

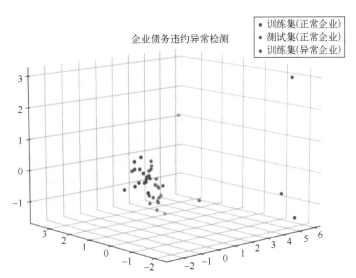

• 图 5.11 　计算 $|\phi_1\rangle$ 和 $|\phi_2\rangle$ 的量子线路

　　为了求 $\langle\phi_1|\phi_2\rangle$，可以使用和 Hadamard-Test 方法对内积进行求解。通过度量函数使用 $\langle\phi_1|\phi_2\rangle$ 解出 $f(\psi_0)$ 的值即完成了对异常的检测。

　　出于数据的完整程度和可获得性。本次实验中用于企业债务违约分析的是公司的财务报表数据，也就是部分上市公司 2020 年的历史审计意见、资产负债率、流动比率、速动比率、销售净利率、总资产净利润率共 6 个指标。这里首先选取了 30 家正常的企业作为正常模式的学习，然后用于 10 家企业测试集上的异常值评估。10 家测试集企业中包含 5 家在日后发生了债务违约的企业。我们先使用经典的主成分分析算法对数据进行降维得到各个企业数据在空间分布结果，如图 5.12 所示。

• 图 5.12 　进行降维后各个企业数据在空间分布的示意图

对降维后的数据使用提供的单类支持向量机接口进行异常值计算，代码如下。

```
1.    from quantum_data import cdataprocess
2.    import pandas as pd
```

```
3.    from quantum_model.quantum_svm import OCSVM
4.    import numpy as np
5.
6.    if __name__ == '__main__':
7.        dataset_name ='stock'
8.        train_data = cdataprocess.ClassicData(datasource=r'./dataset/ocdata/data0.
csv'.format(dataset_name), header=None, dtype=float, delimiter=',')
9.        test_data = cdataprocess.ClassicData(datasource=r'./dataset/ocdata/test.csv'
.format(dataset_name), header=None, dtype=float, delimiter=',')
10.       data_input = pd.concat([train_data, test_data])
11.
12.       data_input = cdataprocess.ClassicData(datasource=data_input).set_label_name
(None)
13.       data_input.scale(method='standard', inplace=True)
14.       data_input.dimension_reduction_pca(components=3, inplace=True)
15.       data_input.normalize(positive=True, norm_method='maxnorm', inplace=True)
16.       data_input = np.array(data_input)[:, :-1] #注意去掉默认增加的标签列
17.       train_data = data_input[:len(train_data)]
18.
19.       res = []
20.       model = OCSVM(train_data)
21.       for i, data in enumerate(data_input):
22.           r = model.predict_prog(data)
23.           res.append(r)
24.           print(r)
```

得到各个企业的异常分值，如图 5.13 所示，可以看到发生债务违约的企业的异常值明显高于一般企业。

▶▶ 5.3.2　金融系统性风险分析

金融系统性风险分析是一种旨在识别和量化金融市场中系统性风险的方法，它关注的是整个金融体系，而非单一的金融机构或资产。系统性风险的产生机制通常源于金融体系内部的重大失衡或外部冲击，如金融机构之间的紧密联系或重大的经济政治事件，这些因素可能引发信贷收缩、资本流出或市场信心丧失，从而导致整个金融系统的稳定性受损，系统性风险产生示意图如图 5.14 所示。通过科学建模的方法，如网络分析和多元统计模型，可以对金融市场的连接性和脆弱性进行定量分析，从而实现对系统性风险的预警和管理。例如，通过构建金融网络模型，可以揭示金融机构之间的复杂相互依赖关系，预测潜在的风险传播路径，同时也能通过模拟不同的冲击情景，评估系统性风险对金融市场的可能影响。进而，监管机构和政策制定者可以依据模型结果，制定相应的宏

观审慎政策和风险管理措施，以降低系统性风险的可能性和影响，保障金融市场的稳定和可持续发展。

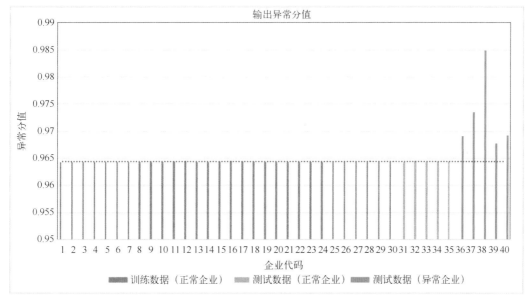

● 图 5.13　使用量子异常检测得到的各个企业异常分值结果

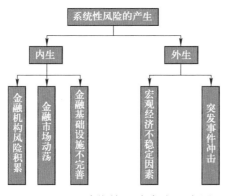

● 图 5.14　系统性风险产生示意图

　　基于信息论的观点，熵被提出作为一种检测金融危机的方法，可以被视作金融危机和泡沫的指标[43]。在信息论中，熵是用来衡量随机变量随机性的指标。根据有效市场假说，金融市场在正常时期表现出高度随机的行为，因此呈现出较高的熵值。然而，当金融危机发生时，整个市场或几个工业部门集群的股价呈现出集体行为，这在数学上意味着特征值的退化现象明显，特征值的概率分布也变得尖锐。因此，熵的值会相对较低，这可以被解释为金融危机的发生。

　　通过计算整体市场数据矩阵的奇异值分解（SVD）熵，可以捕捉到金融市场的结构性变化，从而提供一种可能的金融危机预警指标。其中 SVD 熵的定义如下。

SVD 熵是通过对矩阵进行奇异值分解来定义的。奇异值分解将矩阵分解为三个矩阵的乘积，其中一个矩阵包含奇异值。SVD 熵基于这些奇异值来衡量矩阵的复杂度。其公式通常可以表示为

$$S_{SVD} = - \sum_j \lambda_j^2 \ln \lambda_j^2 \qquad (5.15)$$

其流程是对多只股票收益率计算协方差矩阵，然后估计该协方差矩阵的特征值计算 SVD 熵，通过 SVD 熵来确定当前市场的系统风险，从而给出有效的评估。经典奇异值分解是一种矩阵对角化方法的推广，量子奇异值分解是双量子系统的奇异值分解，对应经典的矩阵奇异值分解，量子系统中的冯·诺依曼熵也对应了经典的 SVD 熵。其中，冯·诺依曼熵是量子信息论中的一个基本概念，它是基于量子态密度矩阵的，用于衡量量子系统的不确定性。其公式为

$$S(\rho) = -Tr(\rho \ln \rho) \qquad (5.16)$$

其中，ρ 是系统的密度矩阵；Tr 是迹运算。

求解该熵的关键一步在于通过量子变分线路来学习实对称矩阵对应的基，从而有效进行对角化[44]。该算法可以看成是量子奇异值算法的一种特例，是进行多个量子系统之间的交互信息的一种方法。也就是有两个纠缠在一起的系统 A、B，分别对应的空间的基为 $|i\rangle_A$ 与 $|\mu\rangle_B$，则复合的系统可以使用两套基的张量积表示为

$$|\psi\rangle_{AB} = \sum_{i,\mu} a_{i\mu} |i\rangle_A |\mu\rangle_B \qquad (5.17)$$

对矩阵 $a_{i\mu}$ 构成的矩阵进行 SVD 分解，那么有 $a_{i\mu} = \sum_j U_{ij} \lambda_j V_{j\mu}$，将其带回原式，由于 U、V 为酉矩阵，于是可以构造对应的酉矩阵使其有如下的基变化。

$$\sum_i U_{ij} |i\rangle_A = |j\rangle_A$$
$$\sum_\mu V_{j\mu} |\mu\rangle_B = |j\rangle_B \qquad (5.18)$$

那么新的量子系统的表达方法为

$$|\psi\rangle_{AB} = \sum_j \lambda_j |j\rangle_A |j\rangle_B \qquad (5.19)$$

在该系统中，$|j\rangle_A$、$|j\rangle_B$ 是成对出现的，也就是说，当 A 出现 $|j\rangle_A$ 状态，也就意味着 B 一定出现的是 $|j\rangle_B$ 状态，λ_j 表示奇异值。

在量子计算的应用层面，奇异值分解使用可变分的量子线路来近似酉矩阵 U、V，这是因为量子线路天然对应酉矩阵，我们的目的是最后的结果对两个量子系统出现同样的状态。所以对于一个多比特的量子系统，以 2+2 的量子系统为例，训练的目标是除了 $|00\rangle|00\rangle$、$|01\rangle|01\rangle$、$|10\rangle|10\rangle$、$|11\rangle|11\rangle$ 以外的概率为 0，训练的变分线路形式为 $U(\theta_1) \otimes V(\theta_2)$。

对于一个量子 SVD 变分线路来说，第一部分是进行数据加载，也就是将市场数据矩阵归一化之后加载到量子线路中，这一步可以使用一些振幅制备相关的技术。这里以 6 比特上的 QSVD 算法为例，6 比特上的 QSVD 算法能够处理大小为 8×8 的矩阵。线路如图 5.15 所示。

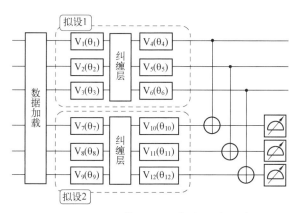

● 图 5.15　6 比特 QSVD 算法线路示意图

上图中的 $V_i(\theta_i)$ 门表示的是 Pauli 旋转门，是指 RX、RY、RZ 中的一种。而由这一类参数构成的旋转门一般使用参数位移规则技术进行梯度下降，使用量子线路计算出损失函数的梯度，而这种计算梯度的方法要求损失函数的表达式为哈密顿量的期望形式。为了实现对角化，这里面使用对角元素的和取负号作为哈密顿量的期望值来定义损失函数的值 $L(\theta_1,\theta_2,\cdots,\theta_m)$。而在量子计算机上求解损失函数的梯度时的求法为 $\dfrac{dL}{d\theta_i}=\dfrac{L(\theta_i+\pi/2)-L(\theta_i-\pi/2)}{2}$，利用简单的反向传播就可以在量子计算机上求得极小值，当然如果需要结合更复杂的梯度下降算法（如牛顿二阶求导算法）仍然可以使用该方法求二阶导等，从而实现更高效率的极小值计算。

通过对训练完成后的线路进行观测，得到对角元素的概率值，然后通过观测到的各个态的概率值 $|\lambda_j|^2$ 即可根据式（5.15）计算出熵，完成对系统性风险的评估。

 本章参考文献

［1］GIOVANNETTI V, LLOYD S, MACCONE L. Quantum random access memory ［J］. Physical review letters, 2008, 100（16）: 160501.

［2］LLOYD S, MOHSENI M, REBENTROST P. Quantum principal component analysis ［J］. Nature Physics, 2014, 10（9）: 631-633.

［3］SCHULD M, SINAYSKIY I, PETRUCCIONE F. Prediction by linear regression on a quantum computer ［J］. Physical Review A, 2016, 94（2）: 022342.

［4］REBENTROST P, MOHSENI M, LLOYD S. Quantum support vector machine for big data classification ［J］. Physical Review Letters, 2014, 113（13）: 130503.

［5］SCHULD M, FINGERHUTH M, PETRUCCIONE F. Implementing a distance-based classifier with a quantum interference circuit ［J］. Europhysics Letters, 2017, 119（6）: 60002.

［6］SCHULD M. Quantum machine learning models are kernel methods ［J］. arXiv preprint arXiv：2101. 11020.

[7] HAVLÍČEK V, CÓRCOLES A D, TEMME K, et al. Supervised learning with quantum-enhanced feature spaces [J]. Nature, 2019, 567 (7747)：209-212.

[8] CORTES C, VAPNIK V. Support-vector networks [J]. Machine learning, 1995, 20：273-297.

[9] JOHRI S, DEBNATH S, MOCHERLA A, et al. Nearest centroid classification on a trapped ion quantum computer [J]. npj Quantum Information, 7 (1), 1-11.

[10] WIEBE N, KAPOOR A, SVORE K. Quantum algorithms for nearest-neighbor methods for supervised and unsupervised learning [J]. Quantum Information & Computation, 15, 2015.

[11] LI J, LIN S, YU K, et al. Quantum K-nearest neighbor classification algorithm based on Hamming distance [J]. Quantum Information Processing, 2021, 21 (1)：1-17.

[12] 高飞，潘世杰，刘海玲，等. 量子回归算法综述 [J]. 北京电子科技学院学报，2019 (4)：1-13.

[13] MACQUEEN J. Some methods for classification and analysis of multivariate observations [C]// Proceedings of the fifth Berkeley symposium on mathematical statistics and probability. 1967, 1 (14)：281-297.

[14] LLOYD S, MOHSENI M, REBENTROST P. Quantum algorithms for supervised and unsupervised machine learning [J]. arXiv preprint arXiv：1307. 0411, 2013.

[15] WOLD S, ESBENSEN K, GELADI P. Principal component analysis [J]. Chemometrics and intelligent laboratory systems, 1987, 2 (1-3)：37-52.

[16] MILNE A, ROUNDS M, GODDARD P. Optimal feature selection in credit scoring and classification using a quantum annealer [J]. White Paper 1Qbit, 2017.

[17] ABBAS A, SUTTER D, ZOUFAL C, et al. The power of quantum neural networks [J]. Nature Computational Science, 2021, 1 (6)：403-409.

[18] CONG I, CHOI S, LUKIN M D. Quantum convolutional neural networks [J]. Nature Physics 15. 12 (2019)：1273-1278.

[19] ROMERO J, OLSON J P, ASPURU-GUZIK A. 2017 Quantum Sci. Technol. 2045001.

[20] SAKHNENKO A, O'MEARA C, GHOSH K J B, et al. Hybrid classical-quantum autoencoder for anomaly detection [J]. Quantum Machine Intelligence 4. 2 (2022)：27.

[21] DALLAIRE-DEMERS P L, KILLORAN N. Quantum generative adversarial networks [J]. Physical Review A, 2018, 98 (1)：012324.

[22] ZOUFAL C, LUCCHI A, WOERNER S. Quantum generative adversarial networks for learning and loading random distributions [J]. npj Quantum Information 5. 1 (2019)：103.

[23] DONG D, CHEN C L, LI H X, et al. Quantum reinforcement learning [J]. IEEE Transactions on Systems, Man, and Cybernetics, Part B (Cybernetics), 2008, 38 (5)：1207-1220.

[24] LI S, LI W, COOK C, et al. Independently recurrent neural network (indrnn)：Building a

longer and deeper rnn ［C］//Proceedings of the IEEE conference on computer vision and pattern recognition. 2018：5457-5466.

［25］ZHANG H, WANG L, SHI W. Seismic control of adaptive variable stiffness intelligent structures using fuzzy control strategy combined with LSTM ［J］. Journal of Building Engineering, 2023, 78：107549.

［26］LI Y, WANG Z, HAN R, et al. Quantum Recurrent Neural Networks for Sequential Learning ［J］. arXiv preprint arXiv：2302. 03244, 2023.

［27］ALZUBI O A, ALZUBI J A, ALZUBI T M, et al. Quantum Mayfly optimization with encoder-decoder driven LSTM networks for malware detection and classification model ［J］. Mobile Networks and Applications, 2023：1-13.

［28］VASWANI A, SHAZEER N, PARMAR N, et al. Attention Is All You Need ［C］//In Proceedings of the 31st International Conference on Neural Information Processing Systems （NIPS'17）. Curran Associates Inc. , Red Hook, NY, USA, 2017：6000-6010.

［29］DI S R, HUANG J H, CHEN S Y C, et al. The dawn of quantum natural language processing ［C］//ICASSP 2022 - 2022 IEEE International Conference on Acoustics, Speech and Signal Processing （ICASSP）. IEEE, 2022：8612-8616.

［30］HURST B, OOI Y H, PEDERSEN L H. A Century of Evidence on Trend-Following Investing ［J］. SSRN Electronic Journal, 2017.

［31］BALTAS N, KOSOWSKI R. Momentum Strategies in Futures Markets and Trend-following Funds ［J］. SSRN Electronic Journal, 2012.

［32］SZAKMARY A C, SHEN Q, SHARMA S C. Trend-following trading strategies in commodity futures：A re-examination ［J］. 2010.

［33］LHABITANT F-S. Hedge Funds：Quantitative Insights ［M］. New Jersey, John Wiley & Sons, 2009.

［34］钱婷婷，孙志强，刘融，等 . 货币银行学 ［M］. 北京：人民邮电出版社，2013.

［35］周志华 . 机器学习 ［M］. 北京：清华大学出版社，2016.

［36］SCHÖLKOPF B, SMOLA A J. Learning with kernels：support vector machines, regularization, optimization, and beyond ［M］. Cambridge, MIT press, 2002.

［37］BUHRMAN H, CLEVE R, WATROUS J, et al. Quantum fingerprinting ［J］. Physical Review Letters, 2001, 87 （16）：167902.

［38］GAHLEITNER T. Quantum Kernel Methods for Music Data/Author Thomas Gahleitner BA BSc ［J］. 2023.

［39］SUZUKI T, HASEBE T, MIYAZAKI T. Quantum support vector machines for classification and regression on a trapped-ion quantum computer ［J］. arXiv preprint arXiv：2307. 02091, 2023.

［40］徐景昭 . 基于多因子模型的量化选股分析 ［J］. 金融理论探索，2017，（03）：30-38.

［41］SCHÖLKOPF B, WILLIAMSON R C, SMOLA A, et al. Support vector method for novelty detection ［J］. Advances in neural information processing systems, 1999, 12.

［42］ LIU N, REBENTROST P. Quantum machine learning for quantum anomaly detection ［J］. Physical Review A, 2018, 97 (4): 042315.

［43］ CARAIANI P. The predictive power of singular value decomposition entropy for stock market dynamics ［J］. Physica A: Statistical Mechanics and its Applications, 2014, 393: 571-578.

［44］ NAKAJI K, UNO S, SUZUKI Y, et al. Approximate amplitude encoding in shallow parameterized quantum circuits and its application to financial market indicators ［J］. Physical Review Research, 2022, 4 (2): 023136.

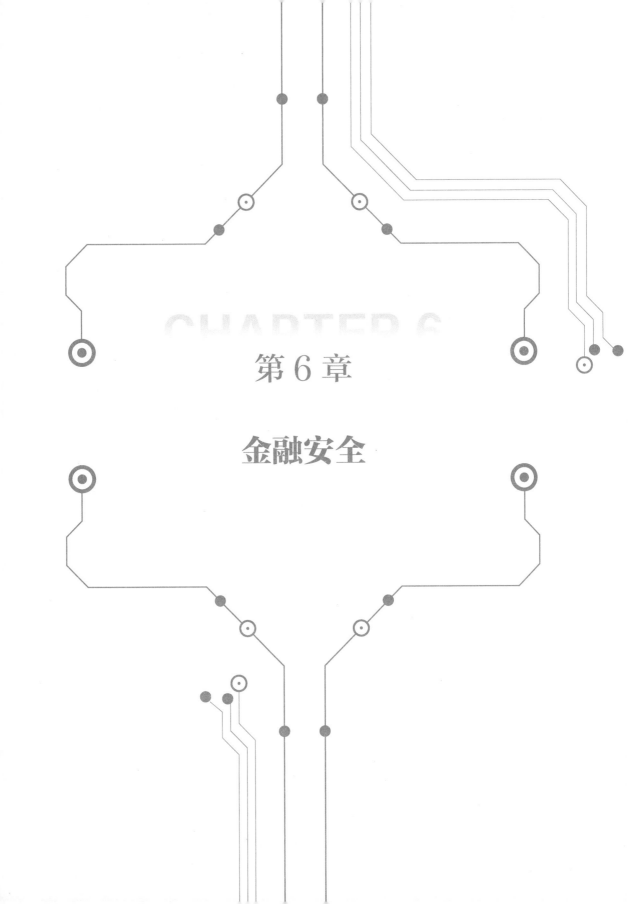

第 6 章

金融安全

密码学在金融安全中的应用至关重要。随着金融技术的不断发展，金融交易和信息的安全性成为金融机构以及个人用户的首要关注点。密码学通过加密技术和密码算法的应用，为金融安全提供了可靠的保障。在本章中，我们将探讨密码学在金融安全中的重要应用，包括保护交易的机密性、身份验证和访问控制，以及数字资产的安全保护。通过深入了解密码学在金融领域中的运用，我们可以更好地理解其重要性和价值。

6.1 密码学及其在金融安全中的应用

▶▶ 6.1.1 金融安全中的密码学

密码学是金融安全中的一项关键技术，用于保护敏感信息的机密性、真实性和完整性。下面详细说明金融安全中常用的密码算法。

❶ 分组密码算法

（1）AES 算法

AES 算法是一种对称加密算法，是目前最常用的加密算法之一。AES 算法使用相同的密钥对数据进行加密和解密，因此属于对称加密算法。它可以以不同的密钥长度（128 位、192 位或 256 位）对数据进行加密，密钥长度越长，安全性越高，但运算时间也会相应增加。AES 算法采用了替代、置换和混淆的步骤来加密数据。它将明文分块，通过一系列的轮数（10 轮、12 轮或 14 轮）进行变换和混淆，最后得到密文。解密过程则是将密文进行逆变换和逆混淆，最终得到原始的明文。AES 算法广泛应用于金融领域以保护数据的机密性。AES 算法的强度高，能够抵御各种攻击，同时具有较快的加密和解密速度。

（2）DES 算法

DES（Data Encryption Standard）是一种对称加密算法，也是早期应用最广泛的加密算法之一。它由 IBM 公司于 20 世纪 70 年代设计，最初作为美国政府的加密标准，后来成为国际标准。DES 算法使用相同的密钥对数据进行加密和解密，因此属于对称加密算法。它采用了分组密码的方式，将明文按照 64 位分块，通过一系列的轮数（16 轮）进行替代、置换和混淆，最终得到密文。解密过程则是将密文进行逆变换和逆混淆，最终得到原始的明文。DES 算法的密钥长度为 56 位，比较短，因此其安全性受到了一定的争议。在现代计算能力的条件下，DES 算法的密钥可以通过穷举搜索方法破解。因此，为了提高安全性，通常会采用 3DES 算法（Triple DES），即对数据进行三次 DES 加密。由于 DES 算法的密钥长度较短，已经不再被视为安全的加密算法。现在，在实际应用中，更常使用的是 AES 算法，它提供了更高强度的加密保护。但是，DES 算法仍然具有历史意义和教育意义，对于了解加密算法的原理和发展历程仍然是有价值的。

❷ 公钥密码算法

（1）RSA 算法

RSA（Rivest-Shamir-Adleman）是一种非对称加密算法，也是目前应用最为广泛的公钥加密算法之一，由 Ron Rivest、Adi Shamir 和 Leonard Adleman 在 1977 年提出。该算法使用两个密钥，一个是公钥（Public Key），一个是私钥（Private Key）。公钥用于加密数据，私钥用于解密数据。公钥可以公开给其他人使用，而私钥必须保密。RSA 算法的安全性基于大数分解的难题，即将一个大的半素数分解为两个素因子。其安全性依赖于两个大素数之间的乘积难以被分解。因此，RSA 算法的安全性取决于选择足够大的素数作为密钥。

RSA 算法的加密过程如下。

1）密钥生成：Alice 选取两个长度相等的大素数 p 和 q，令 N=pq。

2）Alice 选取 $e,d \in \mathbb{Z}$，并满足 $ed = 1 \bmod \varphi(N)$，其中 $\varphi(N) = (p-1)(q-1)$，称 e 为加密指数，d 为解密指数，数对（N,e）为公钥，（N,d）为私钥，将公钥对外公开。

3）加密过程：Bob 将消息 M 使用公钥加密，得到密文 $C = M^e \bmod N$ 后向外发送。

4）解密过程：Alice 接收到 Bob 的消息后利用私钥解密，即 $C^d = M^{ed} = M \bmod N$。

RSA 算法广泛应用于数据加密、数字签名、身份验证等领域。它具有安全性高、密钥管理方便等优点，被广泛用于保护数据隐私和确保通信安全。但是，RSA 算法的加密和解密速度较慢，对于大量数据的加密处理可能会影响性能。因此，在实际应用中，通常会将 RSA 算法与对称加密算法结合使用，以兼顾安全性和效率。

（2）ECC 加密算法

椭圆曲线密码体制（Elliptic Curve Cryptography）是现代主流的公钥密码算法之一，最初由 Koblitz 和 Miller 两人于 1985 年提出，其数学基础是利用椭圆曲线上的有理点构成 Abel 加法群上椭圆离散对数的计算困难性。它是基于椭圆曲线数学理论实现的一种非对称加密算法。相比 RSA，ECC 的优势是可以使用更短的密钥，来实现与 RSA 相当或更高的安全，RSA 加密算法也是一种非对称加密算法，在公开密钥加密和电子商业中 RSA 被广泛使用。据研究，160 位 ECC 加密安全性相当于 1024 位 RSA 加密。

ECC 算法的安全性基于椭圆曲线离散对数问题，即在椭圆曲线上的离散对数问题。椭圆曲线上的点和运算具有特殊的数学性质，使得计算离散对数问题变得困难，从而提供了较高的安全性。

ECC 算法的加密过程如下。

1）选择一个椭圆曲线和一个基点 G。

2）选择一个私钥 d，满足 1<d<n-1，其中 n 是椭圆曲线上点的数量。

3）计算公钥 Q=d*G，其中 * 表示椭圆曲线上的点乘法运算。Q 为公钥，d 为私钥。

4）加密时，选择一个随机数 k，并计算椭圆曲线上的点 C1=k*G 和 C2=k*Q。密文为（C1,C2）。解密时，计算明文 M=C2-d*C1。

ECC 算法具有许多优势。

1）安全性高：相比于传统的加密算法，ECC 算法在相同的安全性水平下使用更短的密钥长度，从而提供更高的安全性。

2）效率高：ECC 算法的计算量相对较小，加密和解密速度较快，适用于移动设备和资源受限的环境。

3）密钥管理方便：相对于 RSA 算法，ECC 算法的密钥长度较短，密钥管理更加方便。

（3）ECDSA 算法

椭圆曲线数字签名算法（Elliptic Curve Digital Signature Algorithm，ECDSA）是基于 ECC 的一种数字签名算法，广泛用于区块链、HTTPS 等场景。

（4）Diffie-Hellman 算法

Diffie-Hellman 算法是一种密钥交换协议，是基于有限域上离散对数困难问题建立的。最初由 Diffie 和 Hellman 在 20 世纪 70 年代建立了公钥密码学的概念以及基于公钥密码的 Diffie-Hellman 密钥交换协议，这是密码学界的划时代事件，两人凭借该成就在 2015 年获得计算机科学最高奖——图灵奖。它广泛用于在金融安全中生成共享密钥。该算法允许通信双方在非安全通道上协商出一个共享密钥，用于后续的加密通信。Diffie-Hellman 算法在金融安全中常用于建立安全的通信通道，以保护敏感信息的机密性。

❸ 哈希函数

（1）SHA 算法

SHA（Secure Hash Algorithm）是一系列密码学哈希函数的缩写。它由美国国家安全局（NSA）设计，并在 1995 年发布。SHA 算法被广泛应用于数据完整性校验、数字签名、消息认证码等领域。SHA 算法接受任意长度的输入，并将其转换为固定长度的哈希值（通常为 160 位、256 位、384 位或 512 位）。SHA 算法通过一系列的位操作和数学运算，在保证抗碰撞性的前提下，将输入数据转换为唯一的哈希值。

常见的 SHA 算法如下。

1）SHA-1：产生 160 位哈希值，用于数字签名和数据完整性校验。然而，由于 SHA-1 存在碰撞攻击的漏洞，不再被推荐使用。

2）SHA-256：产生 256 位哈希值，是 SHA-2（SHA-224、SHA-256、SHA-384、SHA-512）系列中最常用的算法之一，具有较高的安全性并被广泛应用。

3）SHA-3：是由 Keccak 算法衍生而来的一系列哈希算法，包括 SHA-3-224、SHA-3-256、SHA-3-384 和 SHA-3-512。SHA-3 算法被认为是下一代哈希算法，具有更好的性能和安全性。

SHA 算法具有以下特点：

1）单向性：从哈希值无法推导出原始输入数据。

2）抗碰撞性：难以找到两个不同的输入数据产生相同的哈希值。

3）固定长度输出：不管输入数据的长度如何，SHA 算法都会生成固定长度的哈希值。

需要注意的是，由于计算能力的提升和密码分析技术的发展，一些旧的 SHA 算法（如 SHA-1）已经不再被视为安全的哈希算法。因此，在实际应用中，应选择更强大和安全的 SHA 算法来确保数据的完整性和安全性。

（2）HMAC 算法

HMAC（Hash-based Message Authentication Code）是一种基于哈希函数的消息认证码算法。它通过结合密钥和哈希函数，对消息进行认证和完整性校验，以确保消息的真实性和完整性。HMAC 算法的安全性基于哈希函数的抗碰撞性和密钥的机密性。它可以防止消息被篡改或伪造，同时确保只有持有正确密钥的人才能生成和验证消息认证码。

HMAC 算法的应用如下。

1）消息认证：发送方使用 HMAC 算法生成消息认证码，并将其与消息一起发送。接收方使用相同的密钥和算法验证消息的真实性和完整性。

2）密码存储：在密码存储中，HMAC 算法可以用于加强密码的安全性。存储时使用 HMAC 算法对密码进行哈希，验证时再次使用 HMAC 算法进行比对。

HMAC 算法具有以下特点。

1）强大的安全性：HMAC 算法基于哈希函数，具有抗碰撞性和不可逆性，提供较高的安全性。

2）灵活的密钥管理：可以使用不同的密钥对不同的消息进行认证，密钥的管理较为灵活。

3）高效性：HMAC 算法的计算速度相对较快，适用于大量消息的认证和校验。

在实际应用中，选择适当的哈希函数和密钥长度以及合理管理密钥，是确保 HMAC 算法安全性的重要因素。常见的 HMAC 算法包括 HMAC-SHA1、HMAC-SHA256 等。

▶▶ 6.1.2 密码学在金融安全中的应用

金融安全对于确保国家的整体安全至关重要。随着信息技术的迅猛发展，金融领域正在经历着深刻的变革和创新。信息化浪潮推动了金融业务的演进，信息技术的广泛应用为金融行业带来了巨大发展机遇。然而，因涉及用户个人信息、资金交易及合同等敏感信息，随之而来的是各类金融信息系统面临的风险与威胁。传统密码算法在确保信息安全方面扮演着关键角色，特别在身份认证、信息完整性、机密性和电子合同不可否认性等方面，它们有效防范了敏感信息泄露、财产损失和业务中断，对维护金融信息安全至关重要。

正因如此，金融行业一直是商用密码技术应用的积极践行者和先驱。自 2013 年央行发布支持 SM 系列算法的 PBOC3.0 标准以来，金融领域的密码应用得到了推动和显著改善。2015 年，当时的证监会和保监会分别制订了工作规划，明确要求逐步在各类业务系统中完成密码应用建设和升级改造。2019 年，央行发布了《金融科技发展规划（2019—2021 年)》，其中重点任务是利用密码等技术完善网络身份认证体系。目前，商用密码在金融领域得到了广泛应用，有效保障了金融信息和金融系统的安全运行，保护了公民的个人隐私和财产安全。

在金融安全中，商用密码的应用场景非常多样化，涵盖了用户账户、交易、通信等多个方面，包括传统的柜面系统、网上银行、网上证券交易、网上投保等在线系统，以及各类金融机构间的横向信息系统，例如支付清算系统、登记结算系统和保单登记平台等。下面从交易安全和通信安全两个方面简要介绍密码的相关应用。

❶ 交易安全

（1）数字签名

数字签名是一种用于验证文件或数据完整性和身份真实性的技术。在金融交易中，数字签名可以用于验证交易的合法性和真实性，并防止交易数据被篡改。数字签名通常使用非对称加密算法生成，通过私钥签名和公钥验证的方式进行。

（2）加密算法

加密算法在金融交易中起到保护敏感信息的作用。例如，在网上支付过程中，用户的银行卡号、密码等敏感信息会使用加密算法进行加密，以防止信息被截获和泄露。加密算法通常采用对称加密和非对称加密相结合的方式，确保数据的机密性和完整性。

（3）防止重放攻击

重放攻击是指攻击者通过截获合法用户的交易数据，并在未经授权的情况下重复发送给交易系统，以达到非法获利的目的。为了防止重放攻击，金融系统通常会在交易数据中添加时间戳、随机数等信息，以保证每笔交易的唯一性和合法性。

❷ 通信安全

（1）SSL/TLS 通信协议

SSL/TLS（Secure Sockets Layer/Transport Layer Security）是一种用于保护网络通信的协议。在金融领域中，SSL/TLS 被广泛应用于网上银行、支付网关等场景中，以保证用户和服务器之间的通信安全。SSL/TLS 通过公钥加密和数字证书等方式，确保通信过程中的机密性和完整性。

（2）VPN

VPN（Virtual Private Network）是一种通过公共网络建立起加密通信隧道的技术。在金融机构中，员工通常需要通过 VPN 远程访问内部系统，进行敏感信息的处理和交流。VPN 的加密和身份验证机制，保证了通信过程中数据的机密性和安全性。

（3）安全邮件

安全邮件是一种通过加密和数字签名等手段保证邮件通信安全的方式。在金融机构中，安全邮件通常用于发送包含敏感信息的邮件，以确保邮件内容的机密性和完整性。安全邮件通常使用 S/MIME（Secure/Multipurpose Internet Mail Extensions）或 PGP（Pretty Good Privacy）等加密技术。

6.2 区块链及其在金融安全中的应用

2008 年，一个化名为"中本聪"的学者以一篇"比特币：一种点对点的电子现金系统"[1]的文章，阐述了一种数字加密货币的思路。一年之后作者释放出了以论文为原型设计出来的数字加密货币——比特币。历经十年多的发展，比特币一直保持着交易量和市值全球第一的地位。与此同时，支撑比特币运行的底层核心技术——区块链，已成为各国政府、国际组织、金融机构关注的热点。

在金融领域，区块链技术已经开始在一定程度上落地，尤其随着科技和金融的共同发展，它在金融领域的投入和应用速度相对于其他领域更为迅速。一些注重科技创新、以银行业为主导的机构，比如证券公司、保险公司等，正在积极进行先期探索。

▶▶ 6.2.1 区块链

比特币是一种分布式的点对点系统网络，因此没有"中央"处理器，也没有中央控制点。比特币是通过一个挖矿的过程产生的。挖矿需要在处理比特币交易的同时参与竞赛来解决一个数学问题。在比特币网络中的任何参与者（比如，任何人使用一个设备来运行完整的比特币协议栈）都是潜在的矿工，用他们的计算机算力来验证和记录交易。每隔 10 min，有人能够验证 10 min 发生的交易，作为回报，将会获得崭新的比特币。从本质上讲，比特币挖矿分散了中央银行的货币发行，也分散了其结算功能，并且在全球竞争中取代任何一家中央银行。实质上，比特币也是协议，是一种网络，是一种分布式计算革新的代名词。比特币通货仅是这种创新的首次应用。更详细的介绍见参考文献。

比特币系统通常由用户、交易和矿工组成。用户通过密钥控制钱包，钱包是提供给用户管理自己账户地址以及余额的。交易过程是描述了一种通过密钥签名进行交易验证的方式，每一笔交易都会被广播到整个比特币网络。矿工通过竞争计算抢夺区块打包权，生成在每个节点达成共识的区块链——包含整个比特币网络发生的所有交易。比特币代表了数十年的密码学和分布式系统的巅峰之作，它是一个独立而强大的组合，汇集了四个关键的创新点。比特币的构成如下。

1）一个去中心化的点对点网络（比特币协议）。

2）一个公共的交易账簿（区块链）。

3）一个去中心化的数学的和确定性的货币发行（分布式挖矿）。

4）一个去中心化的交易验证系统（交易脚本）。

区块链，就是"区块+链"，所谓的区块就是指数据块的意思，每一个数据块之间通过时间间隔连接起来，从而形成一条链。

区块链系统结构的基本组成包括：区块链账本、共识机制、密码算法、网络路由和脚本系统等，各种系统本质上都是在这个经典结构之上直接实现或者扩展实现。这些零部件装配在一起，组成了一个区块链软件，运行起来后就称之为一个节点，多个这样的节点在不同的计算机设备上运行起来，就组成了一个网络。在这个网络中每个节点都是平等的，大家互相为对方提供服务，这种网络被称为点对点的"对等网络"。

下面介绍区块链系统中每个基本组成的具体含义。

1）区块链账本包含每个节点之间的数据组成以及交易关系。每个区块数据在逻辑上分成了区块头和区块体，每个区块头中通过梅克尔根（一种哈希二叉树的根）关联了区块中众多的交易事务，而每个区块之间通过区块头哈希值（区块头哈希值就是一个区块的身份证号）串联起来。

2）共识机制其实就是一个规则，每个节点都按照这个规则去确认各自的数据。区块链系统就是通过各种共识算法来使得网络中各个节点的账本数据达成一致的。目前已有的共识算法有工作量证明（Proof of Work，PoW）、权益证明（Proof of Stake，PoS）、委托权益证明（Delegate Proof of Stake，DPoS）、实用拜占庭容错算法（Practical Byzantine Fault Tolerance，PBFT）等。

3）密码算法的应用在区块链系统中是很巧妙的，应用的场景也很多。首先，区块之间的连接，往往都不是靠数据地址来关联的，而是靠哈希值的数据来关联的。另外，一个密码算法的应用就是梅克尔树结构。除此之外，还有通过密码算法来创建账户地址（私钥经过 Secp256k1 算法生成了公钥，公钥再生成地址）、签名交易事务（利用椭圆曲线数字签名算法）等。

4）脚本系统可以使区块链系统形成一个有价值的网络，它就像是发动机一样，驱动着区块链系统不断进行各种数据的收发。所谓脚本，就是指一组程序规则。脚本系统使得在区块链中可以实现各种各样的业务功能，如记财务账、订单、众筹账户、物流信息、供应链信息等，这些数据一旦可以记录到区块链上，那么区块链的优点就能够被充分地发挥出来。

5）网络路由可以使区块链系统中的各个节点达到连接通信和同步数据。区块链系统是一个分布式的网络，网络路由可以说是区块链系统中的触角，通过大量的触角将每个节点连入网络，从而形成一个功能强大的区块链共识网络。

综上可以看出，在区块链中，区块链账本是"肉体"，密码算法是"骨骼"，脚本系统是"心脏"，网络路由是"血管"，共识机制是"灵魂"。区块链主要分为公有链、私有链、联盟链。区块链的特点具体包括可编程的合约、不可篡改的数据、自动共识网络、分布式存储、价值传递和匿名性。

到现在为止，已经出现了相当多的基于区块链技术的衍生系统，如比特币、莱特币、闪电网络、公证通、以太坊、超级账本项目等。同任何系统一样，区块链也有弱点，它已成为黑客和其他网络犯罪分子的诱人目标。随着这种流行度的增加，出现了许多区块链安全性问题。据统计数据显示，2021年上半年，整个区块链生态共发生78起较为著名的安全事件，涉及DeFi安全50起，钱包安全2起，公链安全3起，交易所安全6起，其他安全相关17起。

以下是与区块链相关的最紧迫的安全问题。

1）区块链端点漏洞。

2）51%攻击：绝对力量的打包权。

3）监管问题。

4）网络的大小、速度和效率。

5）区块链交易使用公钥和私钥。

6）测试不足和技术的复杂性。

其中，绝大多数区块链安全漏洞都与人为错误有关。当正确执行和保护时，区块链是透明且防篡改的。而且，这与技术所能达到的"安全"差不多。这样做，使得人们能够利用好这些好处而不必担心区块链安全性问题。

▶▶ 6.2.2　区块链在金融安全中的应用

在我国，金融机构对区块链技术的投资主要集中在银行业。这主要是因为银行能够找到更多区块链技术应用的实际场景，比如数字货币、跨境支付、数字票据等。同时，整体上看，银行业的信息建设相对较为完善，能够更多地投入资源进行区块链前沿技术的研发。相比之下，证券公司和保险公司在区块链技术上的应用场景相对较少，且基础信息化建设仍有待加强。因此，只有少数企业愿意在区块链技术的应用探索方面投入资金。区块链在金融安全中具有许多具体的应用，包括以下几个方面。

1）交易的透明性和不可篡改性：区块链技术可以确保交易的透明性和不可篡改性，所有交易记录都被记录在分布式的账本中，任何人都可以查看和验证这些交易，防止了交易数据被篡改或伪造的可能性。

2）身份验证和防止身份盗窃：区块链可以用于建立去中心化的身份验证系统，通过将用户的身份信息和认证数据存储在区块链中，可以防止身份盗窃和虚假身份的使用。

3）防止欺诈和洗钱：区块链技术可以实现实时的交易监控和追溯，通过对交易的可追溯性和可审计性，可以防止欺诈和洗钱行为的发生。

4）智能合约：区块链上的智能合约是一种自动执行的合约，可以在不需要第三方介入的情况下执行交易和合约条款。智能合约可以提高交易的安全性和效率，并减少交易中的中间环节。

5）风险管理和合规性：区块链技术可以用于建立实时的风险管理和合规性监控系统，通过对交易和市场数据的实时监控和分析，可以及时发现和应对潜在的风险和合规性问题。

6）数据隐私和安全：区块链技术可以使用密码学算法和分布式存储来保护数据的隐私和安全，确保只有授权的人可以访问和使用数据。

这些具体应用可以帮助金融机构提高交易的安全性和效率，减少欺诈和洗钱的风险，提高风险管理和合规性监控的能力，保护用户的数据隐私和安全。

6.3 量子计算与金融安全

随着量子计算的发展，传统的密码算法逐渐受到量子算法的攻击，一些可用于密码体制攻击的量子算法陆续问世，如 Shor 算法[2]、Grover 搜索算法[3]、Simon 算法[4]、HHL 算法[5]等。这些算法相比经典算法均体现了量子计算的强大优势。

2001 年，IBM 的一个小组在 7 个量子比特的计算机上展示了 Shor 算法的实例。在此之后，量子计算逐渐开始进入公众视野，其对传统密码体制的威胁也开始得到重视。一旦出现实用量子计算机，Shor 算法将对公钥密码体制造成严重的威胁，它将攻击的时间复杂度从经典计算中的亚指数级降到了多项式级。此外，Grover 搜索算法相比经典的搜索算法实现了平方级加速，在分组密码分析中，可以加快密钥的搜索。

▶▶ 6.3.1 量子计算对公钥密码算法的威胁

Peter Shor 提出的 Shor 算法是目前最值得关注的公钥密码体制量子攻击算法，该算法可在多项式时间内解决有限交换群的隐藏子群问题（Hidden Subgroup Problem，HSP），此问题涵盖了 RSA、Diffie-Hellman 密钥交换和 ECC 等常见公钥密码的底层问题。也就是说，一旦出现实用量子计算机，那么当前互联网和区块链广泛使用的公钥密码体系都不再安全。

RSA 算法的安全性基于大数分解的难题，而 Shor 算法能够在量子计算机上指数级加速大数分解问题，威胁当前网络环境中的加密体系。Shor 算法将大数分解等数学难题的破解过程转化为求某个函数的周期，由于量子环境下可高效实现量子傅里叶变换（QFT），从而将解决此类数学问题的复杂度从经典环境最优算法的指数级（$e^{1.9}n^{1/3}(\log_2 n)^{2/3}$）降低到多项式级别（$n^2\log_2 n\log_2(\log_2 n)$）。

针对 Shor 算法攻击 RSA 的逻辑比特数改进重点是在优化模乘量子线路或者通过分解量子傅里叶变换，实现量子比特数与量子门深度的权衡。表 6.1 罗列了近些年 Shor 算法攻击 RSA 所需逻辑比特数的改进情况。

表 6.1　Shor 算法攻击 RSA 所需逻辑比特数的改进时间表

研　究　者	时　　间	线 路 深 度	线 路 复 杂 度	逻 辑 比 特 数
Shor P[2]	1994	$\Theta(P_n)$	$\Theta(P_n)$	$\Theta(n)$
Vedral et al.	1995	$80n^3$	$\Theta(n^3)$	$7n+1$
Beckman et al.	1996	$\Theta(n^3)$	$\Theta(n^3)$	$5n+1$
Zalka	1998	$\Theta(n^3)$	$\Theta(n^3)$	$3n$
Beauregard	2003	$12n^3$	$\Theta(n^3\ln n)$	$2n+3$
Takahashi et al.	2006	$\Theta(n^3)$	$\Theta(n^3\ln n)$	$2n+2$
Zalka[6]	2006	$\Theta(n^3)$	$\Theta(n^3\ln n)$	$1.5n+2$
Häner	2016	$52n^3$	$\Theta(n^3\ln n)$	$2n+2$
Gidney[7]	2017	$\Theta(n^3)$	$\Theta(n^3\ln n)$	$2n+1$

结合 Shor 算法攻击 RSA 的逻辑比特数改进，基于量子纠错率和分布式求解可行性，研究者们给出了量子真机攻击 RSA-2048 所需总比特数的资源估计，具体见表 6.2。

表 6.2　攻击 RSA-2048 所需总比特数的进展

研　究　者	时　　间	总 比 特 数
Wroński M et al.	2009	6.5×10^9
Jones N C et al.	2010	6.2×10^8
O'Gorman J et al.	2017	2.3×10^8
Gheorghiu V et al.	2019	1.7×10^8
Gidney C et al. [8]	2019	2×10^7
Gouzien E et al.	2021	13436

2009 年，Van Meter R、Ladd T D、Fowler A G 等人设计了一种分布式量子计算模型，该模型的结果显示，攻击 RSA-2048 所需的量子比特数可能在 65 亿左右，此外，该算法采用了 6n 逻辑比特，总的 Toffoli 门数量约为 3200 亿，攻击耗费的总时间预计为 409 天。2010 年，Jones N C、Van Meter R、Fowler A G 等人通过构造了一种分层量子计算机模型将上述问题所需的比特数缩减到了 6.2 亿左右。2017 年，O'Gorman J 和 Campbell E T 通过详细分析纠错理论将该问题所需的量子比特数进一步缩减到 2.3 亿左右。

2019 年，Gheorghiu V 和 Mosca M 将量子比特数缩减到 1.7 亿左右，文献中采用的逻辑比特为 4098（即 2n+2 模型），理论上的攻击时间为 24 小时。同年，Gidney C、Ekerå M 等人[8] 对上述结果做出较大改进，将所需量子比特数缩减到 2 千万左右。尽管他们使用的是逻辑比特数为 3n 理论模型，但是文章成功地将线路深度下降到 $500n^2+n^2\log_2 n$，理论上的攻击时间也缩短到 8 小时。

2021 年，Gouzien E 和 Sangouard N 采用时间换量子体积的思路给出一种同样是基于 Shor 算法的构造，使用该构造攻击 RSA-2048 所需的逻辑量子比特数为 8284，但所需的物理比特数仅仅为 13436，尽管理论上的运行时间有 177 天，但相较千万级物理比特数目的差距这完全是可接受的。

ECC 算法的安全性是基于椭圆曲线群运算上的离散对数问题（Elliptic Curve Discrete Logarithm Problem，ECDLP）的困难性：已知 $K,G \in E_p(a,b)$ 且 $K=[k]G$，求 $k \bmod \text{ord}(G)$。量子算法（借助通用量子计算机）攻击 ECC 的进展见表 6.3。

表 6.3　Shor 算法攻击 ECC 的进展

研　究　者	时　　间	域	Toffoli 门	逻辑比特数
Proos J et al. [9]	2003	GF(p)	$360n^3$	$6n$
Roetteler M et al. [10]	2017	GF(p)	$448n^3\log_2 n+4090n^3$（T）	$9n+2\lceil\log_2 n\rceil+10$
Häner T et al. [11]	2020	GF(p)	$436n^3-1.05 \cdot 2^{26}$（T）	$8n+10.2\lfloor\lg n\rfloor-1$
Banegas G et al.	2021	GF(2^n)	$48n^3+8n^{\log_2 3+1}+352n^3\log_2 n+512n^2+O(n^{\log_2 3})$（T）	$7n+\lceil\log_2 n\rceil+9$

Shor 算法对椭圆曲线密码算法的攻击相比经典攻击同样可以达到指数级加速。2013 年，John Proos、Christof Zalka 等人的工作[9]中考虑素数域上的 ECDLP。在此基础上，文献给出了算法所需的逻辑量子比特数约为 6n，其中 n 为密钥长度。2017 年，美国微软研究院 Roetteler 等人[10]对 Shor 算法求解 ECDLP 需要的量子资源进行了精确估算。这些估算来自用于受控椭圆曲线点加法 Toffoli 门网络的仿真，确定可逆模块化运算的线路实现，包括模加法、模乘法和模逆运算，以及可逆椭圆曲线点加法。2020 年，Thomas Häner、Samuel Jaques 等人[11]通过"置换"总比特数、线路深度与 T 门数量，改进了针对椭圆曲线的 Shor 算法线路中的标量乘法模块，使之相较之前的线路有更短的线路深度和更少的 T 门数量，并且，还在具体的量子编程语言实现了点加模块以验证改进的正确性。

通过分析 Shor 算法攻击 RSA 和 ECC 所需的逻辑比特数，可以得出在同等安全级别下，攻击 ECC 所需的量子资源比攻击 RSA 的要少，具体见表 6.4。所以，当量子计算机发展到一定规模，ECC 相比 RSA 将更快受到攻击。

表 6.4　Shor 算法攻击同等安全级别下 ECC 和 RSA 所需的量子资源对比

求解素域F_p上的 ECDLP			分解 RSA 的模数 n		
$\lceil\log_2 p\rceil$ 比特	逻辑比特数	Toffoli 门个数	$\lceil\log_2 n\rceil$ 比特	逻辑比特数	Toffoli 门个数
110	1014	9.44×10^9	512	1026	6.41×10^{10}
160	1466	2.97×10^{10}	1024	2050	5.81×10^{11}
192	1754	5.30×10^{10}	—	—	—
224	2042	8.43×10^{10}	2048	4098	5.20×10^{12}
256	2330	1.26×10^{11}	3072	6146	1.86×10^{13}
384	3484	4.52×10^{11}	7680	15362	3.30×10^{14}
512	4719	1.14×10^{12}	15360	30722	2.87×10^{15}

近年来，很多人都在担忧量子计算破解当前加密系统的风险，目前采用 256 位椭圆曲线加密（ECC）的比特币网络也暴露在风险中，那么多少个量子比特才能破解比特币？英国和荷兰的研究

人员在 2022 年 1 月 25 日发表的 AVS Quantum Science 论文［12］中表明，在 1 小时内破解比特币加密需要一台拥有 3.17 亿个量子比特的机器。即使在一天内破解加密，这个数字也只下降到 1300 万个量子比特。这种巨大的物理量子比特需求意味着比特币网络将在多年内（可能超过 10 年）免受量子计算攻击。被誉为"现代密码学之父"的图灵奖得主惠特菲尔德·迪菲（Whitfield Diffie）曾在 2019 年的博鳌亚洲论坛上采访时表示，区块链技术在量子计算面前并不脆弱。迪菲认为，区块链中除了用到 ECC，还大量用到哈希编码算法，然而哈希编码在量子计算面前并不是那么不堪一击。

▶▶ 6.3.2　量子计算对对称密码算法的威胁

除 Shor 算法外，对传统密码算法有影响的量子算法还有 Grover 搜索算法、Simon 算法和 HHL 等算法，主要是对分组密码进行攻击。Grover 算法可以解决无结构数据搜索问题，此问题涵盖了密码中的密钥恢复、函数求逆等主要的攻击方式。针对此问题，Grover 算法较经典的暴力搜索实现了平方加速。此外，Grover 算法查找密码哈希函数的碰撞相较于经典的生日攻击算法实现了 1.5 倍加速。Simon 量子算法可以分析分组密码的加密结构和工作模式，攻击效率可实现指数级提升；Grover-meet-Simon 可以加快搜索到一个周期函数；BTM、HHL、BV 算法用于求解线性方程组，主要面向布尔函数，比如分组密码里面的 S 盒。

利用 Grover 搜索的平方级加速加快分组密码中的密钥搜索[13-17]——在经典线性攻击和经典差分攻击的基础上，将搜索部分用量子 Grover 算法来完成，从而实现攻击加速。利用 Simon 量子算法分析密码结构和工作模式，攻击效率可实现指数级提升。利用 HHL 求解线性方程组的指数级加速加快分组密码分析中的代数攻击[18]——将 AES、Trivium 和 SHA3 等密码算法的量子安全强度与布尔方程组的条件数建立了直接关联，从而将密码算法的安全分析转换成对条件数的分析。对量子攻击资源评估与优化[19,20]，以及在量子安全模型下重新设计分组密码（通过加大密钥长度与轮数）。总的来说，Grover 算法与 Simon 算法主要针对对称密码算法，其对对称密码算法的影响在可控范围内。为应对 Grover 算法，可将密码算法的安全参数（如密钥长度）加倍，达到与经典模型下同等的安全等级；对于 Simon 算法，可规避受到其影响的操作模式，使用量子模型下安全的操作模式。因此，量子算法对对称密码算法的影响较小。

为了准确评估加密算法在量子算法攻击下的安全强度，应尽可能准确地评估加密算法的量子线路实现复杂度。由于 AES 的重要性，它是研究最多的分组密码之一。2016 年，Grassl 等人[21]最早开展了 AES 的量子线路设计工作，给出了 AES-128/192/256 的量子线路实现中 Toffoli 门数量和深度、Clifford 门数量、线路的深度和量子比特数。Kim 等[22]、Jaques 等[23]和 Zou 等[24]通过改进量子线路设计，优化量子线路实现的各项复杂度指标，尽可能逼近真实的量子攻击资源需求。

一般认为，Grover 搜索算法可以平方级加快分组密码中的密钥搜索，但是在实际攻击中，考虑到结构的复杂性与量子线路的特性，对称密码算法安全性的降低仅为 $\frac{1}{4} \sim \frac{1}{3}$，并没有达到理论的分析成果，见表 6.5。密码学界普遍认为，除非量子计算机的发展远超过预期，否则 128 位强度的对称密码算法可以抵御目前可预见的量子计算攻击。

表 6.5 对称密码算法的真实量子安全参数

对称密码算法	量子安全参数
AES-128	106
AES-192	139
AES-256	172
SHA-256	166
SHA3-256	167

6.4 后量子密码算法在金融安全中的应用

6.4.1 后量子密码算法的发展

为了应对量子计算对传统密码算法（特别是传统公钥密码算法）的威胁，以美国 NIST 为首，他们最先开展后量子密码算法的征集。目前正在按部就班地执行，预计 2024 年发布最终后量子密码标准。值得注意的是，NIST 征集中欧洲有 11 个队伍参赛，俗称美国征集，欧洲参赛。2022 年 7 月，NIST 已完成第三轮 PQC 标准化过程，共有 4 种候选算法被选中标准化，分别是 CRYSTALS-Kyber、CRYSTALS-Dilithium、Falcon 和 SPHINCS+，另外还有 4 种算法将继续进入第四轮。2023 年 8 月 25 日，NIST 正式发布最终胜出的三种加密算法（CRYSTALS-Kyber、CRYSTALS-Dilithium 和 SPHINCS+）的标准化草案 FIPS 203、FIPS 204 和 FIPS 205，第四种算法 Falcon 的标准化草案也将会在 2024 年发布，具体流程包括：启动后量子密码方向的研究（2012 年），正式启动后量子密码全球征集（2016 年），开启第一轮方案评审（2018 年），公布第一轮评审结果并开启第二轮评审（2019 年），公布第二轮评审结果并开启第三轮评审（2020 年），公布第三轮评审结果并开启第四轮评审（2022 年），公布三个后量子密码算法标准（2023 年）。国际上已有许多企业和政府部门开始将 PQC 应用于重要且敏感的行业，以保证在量子计算机真正实用化和通用化之前，完成迁移部署。

2019 年，中国密码学会开始举办后量子密码算法竞赛的征集，至今连续举办三次。该项密码竞赛仅面向国内的密码学者。这场竞赛是我国在后量子密码算法标准制定的预赛，意味着我国也开始了后量子密码标准的制定进程。虽然我国当下还没有明确的标准化公开征集工作，但是很多华人学者都在积极参与 NIST 的 PQC 算法方案征集。在 NIST 第四轮 PQC 候选算法征集的方案中，华人学者大约贡献了 10%的候选算法。

目前研究较多的 PQC 方案依据其依赖的数学困难问题所属的领域大致可以分为五类：基于格的 PQC 算法、基于编码的 PQC 算法、基于多变量的 PQC 算法、基于哈希的 PQC 算法以及基于超奇异椭圆曲线同源的 PQC 算法。这几类密码算法由于不同数学领域的特点各自具有一些优势和劣势。

❶ 基于格的 PQC 算法

基于格的 PQC 算法的困难问题依赖于格（Lattice）上的难以求解的问题，例如格上的最短向量问题（SVP）以及最近向量问题（CVP）。除此之外，格中还有一些其他的困难问题，比如 LWE 问题、有界距离解码问题、小整数解问题、gap-SVP 问题等，因此，基于格的 PQC 算法大多依托这些困难问题而设计，但其本质上又都可以转化为 SVP 和 CVP。基于格的 PQC 算法与现代公钥加密算法的功能一样，均可实现加解密、数字签名、属性加密、同态加密、密钥交换等多种密码学构造。

第一个基于格的密码方案是 1997 年由 Ajtai 等人[25]提出的 Ajtai-Dwork 密码体制，该方案利用格问题中 Worst-case 到 Average-case 的规约来抵抗量子计算的攻击。第一个基于格的实用的密码方案是 1998 年由 Hoffstein 等人[26]提出的 NTRU 公钥加密体制，该方案坚持到了 NIST 第三轮的候选算法中，并且目前已经应用在某些商用的密码设备中。在后量子加解密算法方面，以 LWE 困难问题为基础的格密码方案不仅应用广泛，而且安全性更高。以 NIST 第四轮入选算法 CRYSTALS-Kyber 为例，该算法基于的困难问题是 M-LWE 问题，即 LWE 问题与 R-LWE 问题的组合，该问题相比于 LWE 问题而言，具有易于扩展和效率高的优点。M-LWE 问题的主要思想是对于在多项式环 $R_q^k \times R_q$ 中均匀随机选取的 (a_i, b_i) 与经过公式 $b_i = a_i^T s + e_i$ 计算得到的 (a_i, b_i) 是不可区分的，其中 s 和 e_i 是从二项分布 B_η 中随机均匀选取的。该问题的主要困难性在于根据已知 (a_i, b_i) 无法计算 s 和 e_i 中的任意一个，即已知公钥后无法计算私钥 s，此后再对通信的明文信息进行加密或者对通信双方的临时会话密钥进行封装。

借助于特定代数结构与参数的选取，格基密码算法的各种运行指标都能被限制在一个可接受的范围内，基于格的密码算法也因为综合性能的优秀被认为是几类算法中最具前景的一类。具体代表算法为 CRYSTAL-Kyber、CRYSTAL-Dilithium 以及 Falcon。

❷ 基于编码的 PQC 算法

基于编码的 PQC 算法，即利用纠错码的密码算法，其安全性依赖于线性码的译码问题。使用了 Goppa 码的 McEliece 算法[27]最早于 1978 年被提出，远早于各种量子算法对主流公钥密码算法的攻击，但由于这类算法需要传递巨大的矩阵信息作为公钥，在综合考虑各种现实场景的条件限制后往往被作为"备选方案"。具体代表算法有 Classic McEliece、BIKE、HQC 等。

以 [n,k,t]-Goppa 码的生成矩阵 G 作为内核，在左侧和右侧分别施加可逆矩阵 S 和随机置换矩阵 P 来掩盖 G，方案的私钥包含矩阵 S、G、P，公钥包含矩阵 G'' = SGP 以及 Goppa 码的纠错能力 t。加密时将明文编码成向量 m，计算密文 $c = mG'' + e$，其中 e 是重量不超过 t 的随机向量。解密时计算 $cP^{-1} = mG'P^{-1} + eP^{-1}$ 并施加译码操作。近年来，基于编码的密码考虑使用秩距离码、极化码等。

基于编码的 PQC 算法具有自身优势，同时也面临着挑战。一方面，基于编码的 PQC 算法相对于现有公钥密码算法表现出加密速度快的特点；另一方面，基于编码的 PQC 算法的公钥尺寸很大，影响了算法的适用领域。另外，NIST 后量子标准化的情况表明，基于编码的 PQC 算法发展较好，但是基于编码设计安全高效的实用签名体制仍然是挑战性高的研究工作。

❸ 基于哈希的 PQC 算法

基于 Hash 函数设计的后量子密码算法主要集中在数字签名算法中，Hash 函数具有一个很好的性质就是抗碰撞性，当 Hash 函数能抗强碰撞时，设计的数字签名算法便可有效抵抗量子计算的攻击。在基于 Hash 函数的数字签名算法中，具有代表性的是 1989 年 Merkle[28] 从一次性签名方案出发，借鉴 Lamport 和 Diffie 的工作[29]，发明的 Merkle 数字签名方案（MSS）。MSS 的基本思想是利用 Hash 树将多个一次性验证密钥（Hash 树的叶子）的有效性降低到一个公钥（Hash 树的根）的有效性。由于其良好的抗强碰撞性，使得其可以有效抵抗量子计算的攻击，因此，MSS 受到了学者们的青睐。随后，2006 年，Michael Szydlo[30] 提出了一种使 Merkle 树的构建更加有效和实用的方法；2011 年，Buchmann 等人[31] 在 MSS 的基础上提出了一种具有更小签名的可证明安全的 XMSS 数字签名方案。

2017 年，基于哈希的无状态签名算法 SPHINCS+ 被提交到 NIST PQC 竞赛中，经过层层筛选，该算法进入到了 NIST 第三轮候选算法中，后续通过进一步的安全性分析，该算法在 NIST 第四轮评估中脱颖而出，成为正式候选的签名算法之一。尽管目前基于 Hash 函数的数字签名方案成果并不多，但是考虑 Hash 函数独特的属性及其实用性，在量子时代，基于 Hash 函数的签名算法有望成为最有前途的数字签名方案之一。

❹ 其他类型的 PQC 算法

基于多变量的 PQC 算法的安全基础来源于求解高次多变量方程组是 NP 难题。构造有限域上高维空间映射 F，使得它的逆运算也是容易的；在左右两端引入两个线性（或仿射）映射 S、T 来掩盖 F。私钥包括映射 S、F、T，公钥是它们的复合映射 $P = S \circ F \circ T$，其表现如同随机映射。基于多变量的代表性密码算法包括 HFEv 类型的 GeMSS 签名体制[29] 和 UOV 类型的 Rainbow 签名算法，二者均已进入 NIST 后量子标准化遴选第三轮。但是，2020 年 Tao 等人提出的极小秩距离攻击，极大地降低了 GeMSS 签名算法的安全性，紧接着 2022 年 Beullens 提出 Rainbow 签名算法的攻击算法，极大地提高了密钥恢复攻击效率。因此，GeMSS 与 Rainbow 算法均未能进入 NIST 后量子标准化遴选第四轮。

基于超奇异椭圆曲线同源的 PQC 算法，其安全性是基于椭圆曲线同源问题的困难求解，即寻找任意两条椭圆曲线之间的同源。2011 年，基于超奇异同源的 SIDH[32] 被提出，该算法是一个 Diffie-Hellman 类型的密钥交换算法。2017 年，基于 SIDH 算法的高效实现 SIKE（超奇异同源密钥封装）算法[33] 被提出，随后有若干基于同源的改进版本提出，如 CSIDH[34] 与 SQIsign[35]。基于同源的密码继承了椭圆曲线密码的底层运算，公钥和密文尺寸都非常小，可以在通信量受限的环境下运行，但是其运行效率非常低，其密钥生成、加密和解密速度几乎比格基算法快若干个数量级，这使其不易在一些计算性能不足的设备上部署。在 NIST 将 SIKE 进入第四轮不久，比利时鲁汶大学（KU Leuven）的研究人员发表了一篇攻击 SIKE 的论文[36]，文献中使用单核处理器完成了安全级别为 level 1 的 SIKEp434 的有效密钥恢复攻击。对于具有更高安全级别的 SIKEp503（level 2）、SIKEp610（level 3）和 SIKEp751（level 5）均在数小时内被破解。SIKE 不安全的关键是算法过程中公开的两个扭点，由于 CSIDH 和 SQIsign 算法并未公开两个扭点，所以目前还未被攻破。

▶▶ 6.4.2　后量子密码在金融安全迁移方向的应用

后量子密码（PQC）迁移是应对量子计算挑战的主流策略之一，其研究、试点验证，已被头部银行纳入重要日程。然而，后量子密码迁移的难度也逐渐显现：标准编制、系统改造与设备替换周期长，因此，尽快考虑后量子密码迁移，引入密码敏捷性机制，成为头部银行先行探索的重点工作。

目前，将后量子密码算法迁移到金融安全中的主流方案为混合方案（hybrid mode）。该方案保留协议中原有的传统公钥算法，同时再集成一个后量子密码算法。苹果公司的 iMessage 以及谷歌公司的 PQC 产品采用基于"ECDH+PQC 后量子算法"相混合的方式进行探索，在后量子密码算法经过广泛考验前借助经典密码算法赋予混合模式更高的安全性，可被视作前量子时代向量子计算时代过渡的一种可行方案。同时，系统预留标准化接口，为后续转为纯后量子标准算法留出可拓展、可插拔的灵活空间。

后量子密码在金融安全迁移方向的应用可以概述为以下几点。

1）采用后量子密码实现软硬结合的方式，例如将后量子密码搭载在密码芯片中，将可信执行环境的传统密码更新为后量子密码。再者，将后量子密码与隐私计算结合成一体机，以提高后量子密码算法的效率和安全性。

2）采用后量子密码与国密的混合方案代替传统 Diffie-Hellman 协议来逐步重构 TLS/SSL，作为底层数据加密通信协议。许多工作[37-39]评估了 PQC 混合方案在协议层上迁移的可行性，实验结果均表明公钥和密文长度的差异并没有给在 TLS 中使用它们带来实质性的影响。

3）采用后量子密码实现基础密码模块，包括密钥协商、公钥加密、数字签名以及国密+后量子混合密钥策略。这些基础算法设计遵循标准化、可插拔思想，一旦最新研究发现某算法安全性比较弱或被攻破，可快速替换为新型的安全算法。

4）利用后量子密码算法改进隐私计算中的多种上层算法，以允许参与方在不暴露自己的数据的前提下实现后量子安全的数据融通。例如，重构实现后量子安全的不经意传输（Oblivious Transfer-OT）协议，并基于其构造后量子安全的隐私查询方案；将 VOLE 算法和 ECDH 算法替换为后量子密码算法以实现后量子安全的隐私集合求交（Private Set Intersection，PSI）协议；另一方面，设计了基于格公钥密码的多方自定义计算方案；而在联邦学习中，采用基于格的同态加密算法取代了传统的 Paillier 算法。此外，对抗量子的环签名、群签名算法和抗量子的零知识证明协议进行了部分设计与工程实现，以期提升量子计算时代区块链的安全性。

5）采用后量子密码基础模块与算法实现后量子密码分析和攻击的应用，如数据流通、数据存证、金融反诈、密态推理、电子支付等。金融行业越来越多地使用电子票据和数字资产进行交易和结算。后量子密码可以用于确保电子票据和数字资产的安全性和不可篡改性，防止欺诈和伪造。

总之，后量子密码在金融安全迁移方向的应用可以提供更高级别的安全保障，确保金融交易和数据的机密性、完整性和可靠性。这是金融行业在未来量子计算时代必须面对和解决的重要挑战之一。

本章参考文献

［1］NAKAMOTO S，BITCOIN A．A Peer-to-Peer Electronic Cash System［J］．Cryptography Mailing list at https：//metzdowd.com.

［2］ SHOR P. Algorithms for quantum computation: discrete logarithms and factoring ［C］// Proceedings 35th Annual Symposium on Foundations of Computer Science. 1994: 124-134.

［3］ GROVER L K. A fast quantum mechanical algorithm for database search ［C］//In: Proceedings of the TwentyEighth Annual ACM Symposium on Theory of Computing (STOC'96). ACM, 1996: 212-219.

［4］ SIMON D R. On the power of quantum computation ［J］. SIAM Journal on Computing, 1997, 26 (5): 1474-1483.

［5］ HARROW A W, HASSIDIM A, LLOYD S. Quantum algorithm for linear systems of equations ［J］. Physical Review Letters, 2009, 103 (15): 150502.

［6］ ZALKA C. Shor's algorithm with fewer (pure) qubits ［J］. arXiv preprint quant ph/0601097, 2006.

［7］ GIDNEY C. Factoring with $n+2$ clean qubits and $n-1$ dirty qubits ［J］. arXiv: 1706.07884v2, 2018.

［8］ GIDNEY C, EKERÅ M. How to factor 2048 bit RSA integers in 8 hours using 20 million noisy qubits ［J］. Quantum 5: 433 (2021).

［9］ PROOS J, ZALKA C. Shor's discrete logarithm quantum algorithm for elliptic curves ［J］. Quantum Inf. Comput, 2003, 3 (4): 317-344.

［10］ ROETTELER M, NAEHRIG M, SVORE K M, et al. Quantum resource estimates for computing elliptic curve discrete logarithms ［C］//Proceedings of the International Conference on the Theory and Application of Cryptology and Information Security. Hong Kong, China, 2017: 241-270.

［11］ HÄNER T, JAQUES S, NAEHRIG M, et al. Improved Quantum Circuits for Elliptic Curve Discrete Logarithms. ［C］//International Conference on Post-Quantum Cryptography, 2020: 425-444.

［12］ WEBBER M, ELFVING V, WEIDT S, et al. The impact of hardware specifications on reaching quantum advantage in the fault tolerant regime ［J］. AVS Quantum Science, 2022, 4.

［13］ GRASSL M, LANGENBERG B, ROETTELER M, et al. Applying Grover's algorithm to AES: Quantum resource estimates ［C］//Post-Quantum Cryptography—PQCrypto 2016, Springer Cham, 2016, 29-43.

［14］ KIM P, HAN D, JEONG K C. Time-space complexity of quantum search algorithms in symmetric cryptanalysis: Applying to AES and SHA-2 ［J］. Quantum Information Processing, 2018, 17 (12): 339.

［15］ ZHONG P C, BAO W S. Quantum mechanical meet-in-the-middle search algorithm for triple-DES ［J］. Chinese Science Bulletin, 2010, 55 (3): 321-325.

［16］ HOSOYAMADA A, SASAKI Y. Cryptanalysis against symmetric-key schemes with online classical queries and offline quantum computations ［C］//Topics in Cryptology—CT-RSA 2018, Springer Cham, 2018: 198-218.

［17］ KAPLAN M, LEURENT G, LEVERRIER A, et al. Quantum differential and linear cryptanalysis ［J］. IACR Transactions on Symmetric Cryptology, 2016, 2016 （1）: 71-94.

［18］ CHEN Y A, GAO X S. Quantum algorithms for Boolean equation solving and quantum algebraic attack on cryptosystems ［J］. Journal of Systems Science and Complexity, 2021.

［19］ ANAND R, MAITRA S, MAITRA A, et al. Resource estimation of Grovers-kind quantum cryptanalysis against FSR based symmetric ciphers ［J/OL］. IACR Cryptology ePrint Archive, 2020: 2020/1438.

［20］ KIM P, HAN D, JEONG K C. Time-space complexity of quantum search algorithms in symmetric cryptanalysis: Applying to AES and SHA-2 ［J］. Quantum Information Processing, 2018, 17 （12）: 339.

［21］ GRASSL M, LANGENBERG B, ROETTELER M, et al. Applying Grover's algorithm to AES: Quantum resource estimates ［C］//Post-Quantum Cryptography—PQCrypto 2016, Springer Cham, 2016, 29-43.

［22］ KIM P, HAN D, JEONG K C. Time-space complexity of quantum search algorithms in symmetric cryptanalysis: Applying to AES and SHA-2 ［J］. Quantum Information Processing, 2018, 17 （12）: 339.

［23］ JAQUES S, NAEHRIG M, ROETTELER M, et al. Implementing Grover oracles for quantum key search on AES and LowMC ［C］//Advances in Cryptology—EUROCRYPT 2020, Part II, Springer Cham, 2020: 280-310.

［24］ ZOU J, WEI Z, SUN S, et al. Quantum circuit implementations of AES with fewer qubits ［C］//Advances in Cryptology—ASIACRYPT 2020, Springer Cham, 2020: 697-726.

［25］ AJTAI M, DWORK C. A public-key cryptosystem with worst-case/average-case equivalence ［C］//Proceedings of the 29th Annual ACM Symposium on Theory of Computing, 1997: 284-293.

［26］ HOFFSTEIN J, PIPHER J, SILVERMAN J H. NTRU: A ring-based public key cryptosystem ［C］//International algorithmic number theory symposium. Berlin, Heidelberg: Springer Berlin Heidelberg, 1998: 267-288.

［27］ MCELIECE R J. A public-key cryptosystem based on algebraic ［J］. Coding Thv, 1978, 4244: 114-116.

［28］ MERKLE R C. Secrecy, authentication, and public key systems ［M］. Stanford: Stanford university, 1979.

［29］ LAMPORT L. Constructing digital signatures from a one way function ［J］. 1979.

［30］ SZYDLO M, YIN Y L. Collision-resistant usage of MD5 and SHA-1 via message preprocessing ［C］//Topics in Cryptology-CT-RSA 2006: The Cryptographers' Track at the RSA Conference 2006, San Jose, CA, USA, February 13-17, 2005. Proceedings. Springer Berlin Heidelberg, 2006: 99-114.

［31］ BUCHMANN J, DAHMEN E, HÜLSING A. XMSS-a practical forward secure signature scheme based on minimal security assumptions ［C］//In Proceedings of the 4th international conference on Post-Quantum Cryptography (PQCrypto'11), Springer-Verlag, Berlin, Heidelberg, 117-129.

［32］ JAO D, FEO L D. Towards quantum－resistant cryptosystems from supersingular elliptic curve isogenies ［C］//B. Yang（ed.）Post－Quantum Cryptography－4th International Workshop, PQCrypto 2011, Taipei, Taiwan. Vol. 7071 of Lecture Notes in Computer Science, 2011：19－34.

［33］ JAO D, AZARDERAKHSH R, CAMPAGNA M, et al. Supersingular isogeny key encapsulation november 30, 2017 ［J］. NIST Round, 2017, 1.

［34］ CASTRYCK W, LANGE T, MARTINDALE C, et al. CSIDH：An Efficient Post－Quantum Commutative Group Action ［J］. Springer, cham, 2018, 3：395－427.

［35］ FEO L D, KOHEL D, LEROUX A, et al. SQISign：Compact Post－quantum Signatures from Quaternions and Isogenies ［C］//International Conference on the Theory and Application of Cryptology and Information Security, 2020：64－93.

［36］ CASTRYCK W, DECRU T. An efficient key recovery attack on SIDH ［C］//Annual International Conference on the Theory and Applications of Cryptographic Techniques. Cham：Springer Nature Switzerland, 2023：423－447.

［37］ PAQUIN C, STEBILA D, TAMVADA G. Benchmarking post－quantum cryptography in TLS ［C］//Post－Quantum Cryptography：11th International Conference, PQCrypto 2020, Paris, France, April 15－17, 2020, Proceedings 11. Springer International Publishing, 2020：72－91.

［38］ PAUL S, KUZOVKOVA Y, LAHR N, et al. Mixed certificate chains for the transition to post－quantum authentication in TLS 1. 3 ［C］//Proceedings of the 2022 ACM on Asia Conference on Computer and Communications Security. 2022：727－740.

［39］ 张枫, 潘天雨, 赵运磊. TLS1. 3 后量子安全迁移方案、实现和性能评测 ［J］. 密码学报, 2022, 9（1）：143－163.

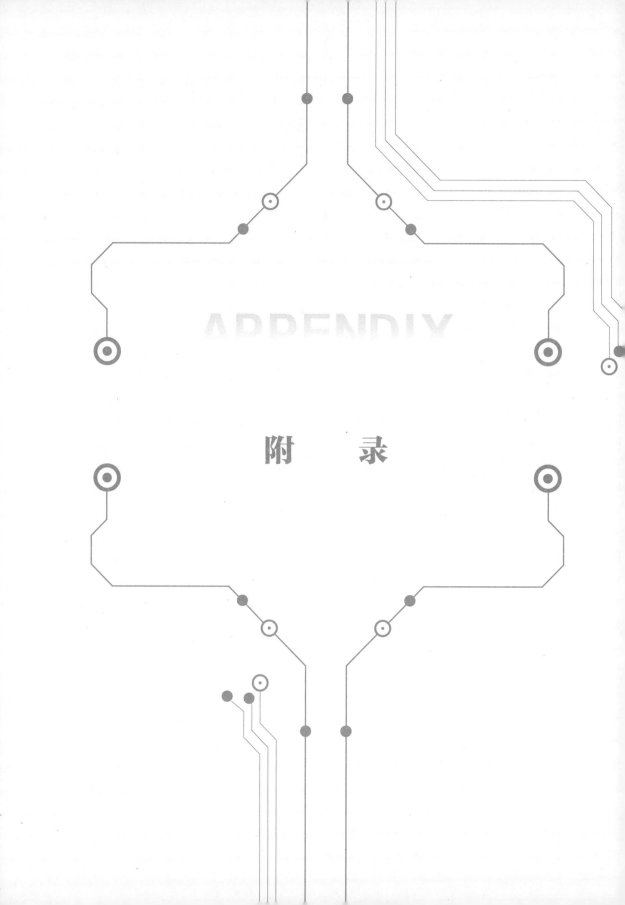

APPENDIX

附　　　录

附录 A　量子变分虚时演化算法推导

首先 $|\psi(\tau)\rangle = A(\tau)e^{-H\tau}|\psi(0)\rangle$，其中 $A(\tau) = 1/\sqrt{\langle\psi(0)|e^{-H^{\dagger}\tau-H\tau}|\psi(0)\rangle}$ 表示归一化系数，然后进行求导，得到 $\frac{\partial}{\partial\tau}|\psi(\tau)\rangle = \frac{\partial A(\tau)}{\partial\tau}e^{-H\tau}|\psi(0)\rangle - A(\tau)He^{-H\tau}|\psi(0)\rangle$，也就是 $\frac{\partial}{\partial\tau}|\psi(\tau)\rangle = \frac{1}{A(\tau)}\frac{\partial A(\tau)}{\partial\tau}|\psi(\tau)\rangle - H|\psi(\tau)\rangle$。于是可以写成：

$$\frac{1}{A(\tau)}\frac{\partial A(\tau)}{\partial\tau} = -\frac{1}{2A(\tau)}(\langle\psi(0)|e^{-H^{\dagger}\tau-H\tau}|\psi(0)\rangle)^{-3/2}\langle\psi(0)|(-H^{\dagger}-H)e^{-H^{\dagger}\tau-H\tau}|\psi(0)\rangle$$

$$= \frac{A^2(\tau)}{2}\langle\psi(0)|(-H^{\dagger}-H)e^{-H^{\dagger}\tau-H\tau}|\psi(0)\rangle$$

$$\frac{\partial}{\partial\tau}|\psi(\tau)\rangle = -\left(H - \frac{A^2(\tau)}{2}\langle\psi(0)|(-H^{\dagger}-H)e^{-H^{\dagger}\tau-H\tau}|\psi(0)\rangle\right)|\psi(\tau)\rangle$$

由麦克拉克兰变分原理，有如下要求：

$$\delta\left\|\left[\frac{\partial}{\partial\tau}+\left(H-\frac{A^2(\tau)}{2}\langle\psi(0)|(-H^{\dagger}-H)e^{-H^{\dagger}\tau-H\tau}|\psi(0)\rangle\right)\right]|\psi(\tau)\rangle\right\| = 0$$

令 $\frac{A^2(\tau)}{2}\langle\psi(0)|(-H^{\dagger}-H)e^{-H^{\dagger}\tau-H\tau}|\psi(0)\rangle = E_{\tau}$

我们使用关于 θ 的 ansatz 来替代 $|\psi(\theta(\tau))\rangle$，即写成 $|\varphi(\theta)\rangle$

而 $\left\|\left[\frac{\partial}{\partial\tau}+(H-E_{\tau})\right]|\varphi(\theta)\rangle\right\|$ 由以下四个部分组成

$$\left(\frac{\partial|\varphi(\theta)\rangle}{\partial\tau}\right)^*\frac{\partial|\varphi(\theta)\rangle}{\partial\tau} = \sum_{i,j}\frac{\partial\langle\varphi(\theta)|}{\partial\theta_i}\frac{\partial|\varphi(\theta)\rangle}{\partial\theta_j}\frac{\partial\theta_i}{\partial\tau}\frac{\partial\theta_j}{\partial\tau}$$

$$\left(\frac{\partial|\varphi(\theta)\rangle}{\partial\tau}\right)^*(H-E_{\tau})|\varphi(\theta)\rangle = \sum_i\frac{\partial\langle\varphi(\theta)|}{\partial\theta_i}(H-E_{\tau})|\varphi(\theta)\rangle\frac{\partial\theta_i}{\partial\tau}$$

$$((H-E_{\tau})|\varphi(\theta)\rangle)^*\frac{\partial|\varphi(\theta)\rangle}{\partial\tau} = \sum_i\langle\varphi(\theta)|(H^{\dagger}-E_{\tau})\frac{\partial|\varphi(\theta)\rangle}{\partial\theta_j}\frac{\partial\theta_j}{\partial\tau}$$

$$((H-E)|\varphi(\theta)\rangle)^*(H-E_{\tau})|\varphi(\theta)\rangle = \langle\varphi(\theta)|(H^{\dagger}-E_{\tau})(H-E_{\tau})|\varphi(\theta)\rangle$$

变分原理要求 $\frac{\partial}{\partial\left(\frac{\partial\theta_i}{\partial\tau}\right)}\left\|\left[\frac{\partial}{\partial\tau}+(H-E_{\tau})\right]|\varphi(\theta)\rangle\right\| = 0$

综合上述的四项可以得到：

$$\sum_k\left(\frac{\partial\langle\varphi(\theta)|}{\partial\theta_i}\frac{\partial|\varphi(\theta)\rangle}{\partial\theta_k}+\frac{\partial\langle\varphi(\theta)|}{\partial\theta_k}\frac{\partial|\varphi(\theta)\rangle}{\partial\theta_i}\right)\frac{\partial\theta_i}{\partial\tau}+$$

$$\frac{\partial\langle\varphi(\theta)|}{\partial\theta_i}(H-E_{\tau})|\varphi(\theta)\rangle + \langle\varphi(\theta)|(H^{\dagger}-E_{\tau})\frac{\partial|\varphi(\theta)\rangle}{\partial\theta_i}$$

$$\Rightarrow \frac{\partial \langle \varphi(\theta)|}{\partial \theta_i} E_{\tau}|\varphi(\theta)\rangle + \langle \varphi(\theta)|E_{\tau}\frac{\partial |\varphi(\theta)\rangle}{\partial \theta_i} = 0$$

$$\Rightarrow \sum_k Re\left(\frac{\partial \langle \varphi(\theta)|}{\partial \theta_i}\frac{\partial |\varphi(\theta)\rangle}{\partial \theta_k}\right)\frac{\partial \theta_i}{\partial \tau} + Re\frac{\partial \langle \varphi(\theta)|}{\partial \theta_i}H|\varphi(\theta)\rangle = 0$$

于是令

$$A_{ij} = Re\left[\frac{\partial \langle \varphi(\theta)|}{\partial \theta_i}\frac{\partial |\varphi(\theta)\rangle}{\partial \theta_j}\right], \quad C_i = -Re\frac{\partial \langle \varphi(\theta)|}{\partial \theta_i}H|\varphi(\theta)\rangle$$

$$\theta(\tau+\Delta\tau) = \theta(\tau) + \Delta\tau A(\tau)^{-1}C(\tau)$$

附录 B Black-Scholes-Merton 定价公式及其推导

Black、Scholes 和 Merton 的模型所直接得到的公式简称为 BSM 公式，该公式的影响深远，至今仍然在金融市场的衍生品定价实务中被广泛地应用。该公式推导过程如下。

❶ Black-Scholes 微分方程推导

首先假设股票价格 S_t 的变化率服从由时间控制的几何布朗运动，那么可以使用对应的随机微分方程为

$$\frac{dS_t}{S_t} = \mu dt + \sigma dW_t$$

看涨期权价格 $C_{(S_t,t)}$ 为关于股票价格 S_t 和时间 t 的函数，根据伊藤引理，有

$$dC_{(S_t,t)} = \left(\frac{\partial C}{\partial t} + \mu S_t\frac{\partial C}{\partial S} + \frac{1}{2}\sigma^2 S_t^2\frac{\partial^2 C}{\partial S^2}\right)dt + \sigma S_t\frac{\partial C}{\partial S}dW_t$$

上面的伊藤随机微分方程本身难以求解，需要将其转换为偏微分方程。这个部分可以利用无套利均衡条件，构造一个无风险的投资组合 V，其有 Q_s 份标的股票和 Q_c 份看涨期权。该组合价值的变化满足：

$$dV_{(S_t,t)} = Q_s dS_t + Q_c dC_{(S_t,t)}$$

$$= Q_s(\mu S_t dt + \sigma S_t dW_t) + Q_c\left[\left(\frac{\partial C}{\partial t} + \mu S_t\frac{\partial C}{\partial S} + \frac{1}{2}\sigma^2 S_t^2\frac{\partial^2 C}{\partial S^2}\right)dt + \sigma S_t\frac{\partial C}{\partial S}dW_t\right]$$

$$= \left[Q_s\mu S_t + Q_c\left(\frac{\partial C}{\partial t} + \mu S_t\frac{\partial C}{\partial S} + \frac{1}{2}\sigma^2 S_t^2\frac{\partial^2 C}{\partial S^2}\right)\right]dt + \left(Q_s\sigma S_t + Q_c\sigma S_t\frac{\partial C}{\partial S}\right)dW_t$$

由于所构造的组合 V 为无风险组合，在不存在无风险套利的市场中，该组合的收益率一定等于无风险利率，即满足 $\frac{dV}{V} = rdt$。此外为了消除上述公式中的随机项 dW_t，需要满足 $Q_s\sigma S_t + Q_c\sigma S_t\frac{\partial C}{\partial S} = 0$，令 $Q_c = -1$，则 $Q_s = \frac{\partial C}{\partial S}$。把这些条件代入上述组合价值的变化公式可以得到：

$$dV = \left[\mu S_t\frac{\partial C}{\partial S} - \left(\frac{\partial C}{\partial t} + \mu S_t\frac{\partial C}{\partial S} + \frac{1}{2}\sigma^2 S_t^2\frac{\partial^2 C}{\partial S^2}\right)\right]dt = r\left(S_t\frac{\partial C}{\partial S} - C_{(S_t,t)}\right)dt$$

化简后即可得到期权价格的 Black-Scholes（BS）微分方程：

$$\frac{\partial C}{\partial t}+\frac{1}{2}\sigma^2 S_t^2\frac{\partial^2 C}{\partial S^2}+rS_t\frac{\partial C}{\partial S}-rC_{(S,t)}=0$$

这一方程也可通过 Feynman-Kac 定理等方法得到。

❷ 热传导方程转换

BS 微分方程是一个二阶齐次线性抛物型方程，可用解热传导方程的一维泊松公式求解。对于如下的热传导方程：

$$\frac{\partial \mu}{\partial \tau}-a^2\frac{\partial^2 \mu}{\partial x^2}=0,\mu_{(x,\tau=0)}=\varphi(x)$$

其解为

$$\mu_{(x,\tau)}=\int_{-\infty}^{+\infty}K_{(x-\xi,\tau)}\varphi(\xi)d\ ,\ \text{其中}\ K_{(x,\tau)}=\frac{1}{2a\sqrt{\pi\tau}}e^{-\frac{x^2}{4a^2\tau}}$$

因此为了求解 BS 微分方程需要满足定解条件，得到初值和边值条件。需要进行换元操作：

$$S_t=Ke^{x_t}$$

其中，K 为期权行权价格。则有 $\frac{\partial x}{\partial t}=0,\ \frac{\partial x}{\partial S}=\frac{1}{S_t},\ \frac{\partial^2 x}{\partial S^2}=-\frac{1}{S_t^2}$。

类似 BS 微分方程的推导过程，再次应用伊藤引理及无套利均衡条件，经过上面的换元可以得到

$$\frac{\partial C}{\partial t}+\frac{1}{2}\sigma^2\frac{\partial^2 C}{\partial x^2}+\left(r-\frac{1}{2}\sigma^2\right)\frac{\partial C}{\partial x}-rC_{(x,t)}=0$$

将看涨期权到期收益 $C\mid_{t=T}=(S_t-K)^+$ 为终值条件。变量替换 $\tau=T-t$，则把上式转换为初值条件。

$$C\mid_{t=T}=(S_t-K)^+=(Ke^{x_t}-K)^+$$

且 $\frac{\partial C}{\partial \tau}-\frac{1}{2}\sigma^2\frac{\partial^2 C}{\partial x^2}-\left(r-\frac{1}{2}\sigma^2\right)\frac{\partial C}{\partial x}+rC_{(x,\tau)}=0$

通过函数变换，定义 $u_{(x,\tau)}$，有 $C_{(x,\tau)}=Ku_{(x,\tau)}e^{\alpha x_t+\beta x_t}$，并带入上述方程。经过化简可以得到

$$\frac{\partial u}{\partial \tau}-\frac{1}{2}\sigma^2\frac{\partial^2 C}{\partial x^2}-\left(\sigma^2\alpha+r-\frac{1}{2}\sigma^2\right)\frac{\partial u}{\partial x}+\left[\beta-\frac{1}{2}\sigma^2\alpha^2-(r-\frac{1}{2}\sigma^2)+r\right]u_{(x,\tau)}=0$$

令：

$$\sigma^2\alpha+r-\frac{1}{2}\sigma^2=0\Rightarrow\alpha=\frac{1}{2}-\frac{r}{\sigma^2}=-\frac{1}{2}(k_1-1)$$

$$\beta-\frac{1}{2}\sigma^2\alpha^2-\left(r-\frac{1}{2}\sigma^2\right)\alpha+r=0\Rightarrow\beta=-\frac{1}{8}\sigma^2(k_1+1)^2$$

$$k_1=\frac{2r}{\sigma^2}$$

则 BSM 的 PDE 可以转化为如下的热传导方程：

$$\frac{\partial u}{\partial \tau} - \frac{1}{2}\sigma^2 \frac{\partial^2 u}{\partial x^2} = 0$$

$$u_{(x_\tau, \tau=0)} = \left(e^{\frac{1}{2}(k_1+1)x_\tau} - e^{\frac{1}{2}(k_1-1)x_\tau}\right)^+$$

❸ 热传导方程求解

方程的解为

$$u_{(x_\tau,\tau)} = \int_{-\infty}^{+\infty} K_{(x_\tau-\xi,\tau)}\varphi(\xi)d\xi = \int_{-\infty}^{+\infty} \frac{1}{\sigma\sqrt{2\pi\tau}} e^{-\frac{(x_\tau-\xi)^2}{2\sigma^2\tau}} \left(e^{\frac{1}{2}(k_1+1)x_\tau} - e^{\frac{1}{2}(k_1-1)x_\tau}\right)^+ d\xi$$

换元有：$\eta = \dfrac{\xi - x_\tau}{\sigma\sqrt{\tau}}$

$e^{\frac{1}{2}(k_1+1)\xi} - e^{\frac{1}{2}(k_1-1)\xi} > 0$ 时，$\xi > 0 \Rightarrow \eta\sigma\sqrt{\tau} + x_\tau > 0 \Rightarrow \eta > \dfrac{x_\tau}{\sigma\sqrt{\tau}}$

$$u_{(x_\tau,\tau)} = e^{\frac{1}{2}(k_1+1)x_\tau + \frac{1}{4}(k_1+1)^2\sigma^2\tau}N(d_1) - e^{\frac{1}{2}(k_1-1)x_\tau + \frac{1}{4}(k_1-1)^2\sigma^2\tau}N(d_2)$$

其中，

$$d_1 = \frac{x_\tau}{\sigma\sqrt{\tau}} + \frac{1}{2}(k_1+1)\sigma\sqrt{\tau} = \frac{\ln\dfrac{S_t}{K} + \left(r + \dfrac{\sigma^2}{2}\right)(T-t)}{\sigma\sqrt{T-t}}$$

$$d_2 = \frac{x_\tau}{\sigma\sqrt{\tau}} + \frac{1}{2}(k_1-1)\sigma\sqrt{\tau} = \frac{\ln\dfrac{S_t}{K} + \left(r - \dfrac{\sigma^2}{2}\right)(T-t)}{\sigma\sqrt{T-t}} = d_1 - \sigma\sqrt{T-t}$$

所以有

$$C_{(x_\tau,\tau)} = Ku_{(x_\tau,\tau)}e^{\alpha x_\tau + \beta\tau} = S_tN(d_1) - Ke^{-r(T-t)}N(d_2) = C_t$$

根据期权平价公式，对于看跌期权可以得到

$$P_t = C_t + Ke^{-r(T-t)} - S_t = Ke^{-r(T-t)}N(-d_2) - S_tN(-d_1)$$

附录 C　本源量子衍生品定价库

自 2022 年以来，本源量子的金融团队在奇异期权的定价问题上实现了重要进展，对现有相关算法进行了改进创新。量子金融衍生品定价库是本源量子团队此次发布的国内首个面向程序开发者和金融专业人士的专业量子金融算法库，它是专门适用于分析期权等金融衍生品定价的开发者工具，包含前述复杂的奇异期权（亚式期权、篮子期权和障碍期权），是基于量子计算技术进行金融衍生品分析的一个行业利器。

同时，本源发布的量子金融衍生品定价库包含衍生品定价 API、衍生品定价 SDK 以及衍生品定价前端应用——本源量子期权计算器。该量子期权计算器是针对量子金融衍生品定价库量身定做的一款前端应用产品，涵盖了衍生品定价库中的欧式期权、亚式期权、篮子期权以及障碍期权，它可以利用量子计算相关模型进行期权定价。本源量子金融衍生品定价库的功能与特点如下。

1）衍生品定价 API：提供了一组衍生品定价库的 HTTPAPI，提供 API 调用的 Web 界面支持，允许最终用户和外部组件、内部应用与外部应用之间的相互通信，允许用户查询和操作衍生品定价库中 API 对象的状态。

2）衍生品定价 SDK：提供衍生品定价库的开发者工具套件（SDK），用户可以本地快速使用衍生品定价库。

3）量子期权计算器：作为衍生品定价库的前端展示应用，是一款利用量子计算相关模型进行期权定价的计算器，包括欧式期权、篮子期权、亚式期权以及障碍期权。

附录 D　主要术语对照表

英 文 名 称	中 文 名 称
Quantum Imaginary Time Evolution	量子虚时演化
European Option	欧式期权
Asian Option	亚式期权
Basket Option	篮子期权
Barrier Option	障碍期权
Value at Risk	风险价值
Conditional Value at Risk	条件风险价值
Credit Valuation Adjustment	信用估值调整
Quadratic Unconstrained Binary Optimization	二次无约束二值优化
Quantum Approximate Optimization Algorithm	量子近似优化算法
Quantum Random Access Memory	量子随机存取存储器
Quantum Principal Component Analysis	量子主成分分析
Quantum Support Vector Machine	量子支持向量机
Quantum Nearest Centroid	量子最近质心
Quantum Nearest Neighbor	量子最近邻
Quantum Neural Network	量子神经网络
Quantum Generative Adversarial Network	量子生成对抗网络
Long Short Term Memory	长短期记忆
Commodity Trading Advisor	商品交易顾问

（续）

英 文 名 称	中 文 名 称
Time series momentum strategy	时间序列动量策略
Quantum Reservoir Computing	量子储备池计算
Sharpe Ratio	夏普比率
Kernel Method	核方法
Anomaly Detection	异常检测
One-Class SVM	单类支持向量机